男士仪容标准

女士仪容标准

男士基本站姿

男士前腹式站姿

男士后背式站姿

男士交流式站姿

女士基本站姿

女士前腹式站姿

女士交流式站姿

男士基本坐姿

男士交叉式坐姿

男士前后式坐姿

男士重叠式坐姿

女士基本坐姿

女士交叉式坐姿

女士前后式坐姿

女士斜放式坐姿

握手的姿势

男士行姿

女士行姿

男士高低式蹲姿

女士高低式蹲姿

单膝点地式蹲姿

挥手致意

鞠躬问候

鞠躬角度 15°

鞠躬角度 30°

鞠躬角度 45°

鞠躬角度 90°

介绍手势

曲臂式引导手势

直臂式引导手势

反向式引导手势

行走引导手势

电梯引导礼仪

拉门引导手势

电梯内站立礼仪

高等职业教育财经商贸类专业系列教材

商务礼仪

齐琳 编

机械工业出版社
CHINA MACHINE PRESS

本书根据高等职业教育人才培养要求，结合编者多年的教学经验以及行业、企业的实践案例，对商务礼仪的知识和技能进行了全面、系统的介绍。本书以商务活动过程为线索构建学习模块，主要内容包括商务礼仪基础、商务形象礼仪、商务交往礼仪、商务办公礼仪、商务宴请礼仪、商务活动礼仪。每个学习模块中均包含案例导入、知识学习、能力训练、能力拓展、单元练习等，读者通过知识学习与能力训练，完成商务礼仪知识的学习与技能的提高。

本书配套了精品课程视频，提供优质网络教学资源，视频资源随时动态更新，适应"互联网＋职业教育"的发展需求；本书使用模块化形式，知识图谱为读者提供工作手册式的指导，体现商务礼仪技能化、标准化的要求；本书强调对中华传统礼仪的传承与应用，同时体现移动互联时代新的礼仪规范的要求。本书可用于职业院校商科专业课堂教学，也可作为职场人士进行礼仪学习的参考资料，还可作为企业商务人员的培训用书。

图书在版编目（CIP）数据

商务礼仪／齐琳编 . -- 北京：机械工业出版社，2025. 6. --（高等职业教育财经商贸类专业系列教材）.
ISBN 978-7-111-78366-4

Ⅰ . F718

中国国家版本馆 CIP 数据核字第 2025EL4484 号

机械工业出版社（北京市百万庄大街 22 号　邮政编码 100037）
策划编辑：孔文梅　胡延斌　　责任编辑：孔文梅　胡延斌　赵晓峰
责任校对：张亚楠　陈　越　　封面设计：王　旭
责任印制：常天培
河北虎彩印刷有限公司印刷
2025 年 7 月第 1 版第 1 次印刷
184mm×260mm · 12.5 印张 · 2 插页 · 270 千字
标准书号：ISBN 978-7-111-78366-4
定价：49.00 元

电话服务　　　　　　　　　网络服务
客服电话：010-88361066　　机　工　官　网：www.cmpbook.com
　　　　　010-88379833　　机　工　官　博：weibo.com/cmp1952
　　　　　010-68326294　　金　书　网：www.golden-book.com
封底无防伪标均为盗版　　机工教育服务网：www.cmpedu.com

前 言 FOREWORD

商务礼仪作为商业交际中必不可少的组成部分，其重要性已越来越被商界人士认识和看重。古人云："不知礼者，难为人也。"在今天的市场经济环境中，人们则说："不知商务礼仪者，难为商也。"商务礼仪是商务人员必须遵循的行为规范和职业理念，它既能够用来衡量商务人士个人的素质、道德、教养的高低，也能够反映一个企业整体精神文明素养的高低。

党的二十大报告指出，全面建设社会主义现代化国家，必须坚持中国特色社会主义文化发展道路，增强文化自信，围绕举旗帜、聚民心、育新人、兴文化、展形象建设社会主义文化强国。中国自古就是礼仪之邦，中国人也以彬彬有礼的风貌而著称于世。礼仪文明作为中国传统文化的一个重要组成部分，对中国社会历史发展起到了广泛深远的影响，其内容十分丰富。编者着重选取对今天仍有积极、普遍意义的传统文明礼仪，在本书中的商务形象礼仪、商务交往礼仪、商务宴请礼仪等模块中加以传承和发扬。这对于养成良好个人素质、协调和谐人际关系、塑造文明社会风气、进行社会主义精神文明建设具有现代价值。

本书的主要特色有：

1. 理念新

本书紧扣职业院校相关专业学生培养目标，以模拟学习场景、生活场景、工作场景为情景训练任务场景，结合课程网站，采用翻转课堂的理念，每一个模块通过学习目标引导学生进行主动的探究式学习，实现课前预习、课堂教学、课后巩固的有效衔接，体现新的课程观、教材观、学习观，使得教学过程体现新时代新的教学理念。

2. 体例新

本书打破纯粹理论叙述的编写方式，实施理论与实践、知识与技能相结合的编写方式，以改变教与学的行为。编写体例按照模块化编写，每一个模块的基本结构为：学习目标——案例导入——知识学习——能力训练——能力拓展——知识图谱——单元练习，遵循由理论到实践再到理论的学习过程，体现了马克思主义认知论的观点。

3. 原创性

本书内容体现本土化、职业化、国际化，把中华传统礼仪与现代商务礼仪相结合，把个人修养礼仪与职场商务礼仪相结合，把本土礼仪与国际礼仪相结合。编者采用了大量的师生原创图片、企业真实案例及原创视频，体现对中华传统礼仪的传承，体现商务礼仪国际化的要求，体现移动互联时代新的礼仪规范要求。

4. 实用性

本书融入了商务礼仪最新的实践教学理念，配套精品课程视频提供优质网络教学资源，视频资源随时动态更新，力求严谨，注重与时俱进，结构新颖、内容翔实、流程清晰、案例生动、贴近实际，突出实用性，注重工作过程和技能要求，注重实践能力培养。

全书由齐琳编写，同时，本书的编写和出版得到了众多人士的支持和帮助，在此感谢江苏康辉国际旅行社、华住酒店集团提供的企业案例，感谢商务礼仪知名专家的具体指导，感谢参与图片拍摄的模特，书中凝结了大家的智慧与辛勤劳动！此外，本书在编写过程中，广泛吸取了国内外现有的研究成果，在此一并向相关学者表示感谢！

虽然编者已竭尽全力编写，但水平有限，书中有疏漏之处在所难免，恳请各位专家学者和广大读者予以批评指正，不胜感激！

为方便教学，本书配有电子课件等配套教学资源。凡使用本书的教师均可登录机械工业出版社教育服务网（www.cmpedu.com）下载相关内容。咨询电话：010-88379375；或加入 QQ 群：726174087。

编　者

二维码索引

（续）

序号	名称	二维码	页码	序号	名称	二维码	页码
19	情景剧　整体搭配1		46	29	情景剧　递送名片正确示范		64
20	情景剧　整体搭配2		46	30	情景剧　接受名片正确示范		64
21	称呼礼仪		55	31	握手礼仪		65
22	情景剧　称呼对方		55	32	情景剧　握手正确示范		66
23	情景剧　称呼错误案例		57	33	情景剧　握手错误案例		66
24	介绍礼仪		58	34	情景剧　握手的基本规范		66
25	情景剧　介绍礼仪		59	35	电话礼仪		69
26	情景剧　介绍的顺序		61	36	情景剧　打电话的时间讲究		70
27	名片礼仪		62	37	情景剧　接打电话的注意事项		71
28	情景剧　接受名片错误案例		63	38	手机礼仪		72

（续）

序号	名称	二维码	页码	序号	名称	二维码	页码
39	情景剧　与人交谈时的手机礼仪错误案例		72	49	情景剧　引导礼仪错误案例		81
40	情景剧　与人交谈时的手机礼仪正确示范		72	50	情景剧　引导礼仪正确示范		82
41	微信礼仪		73	51	拜访礼仪		84
42	情景剧　添加微信礼仪的错误案例		74	52	情景剧　拜访礼仪正确示范1		85
43	情景剧　添加微信礼仪的正确示范		74	53	情景剧　拜访礼仪错误案例1		86
44	情景剧　微信交流礼仪的错误案例		74	54	情景剧　拜访礼仪错误案例2		86
45	情景剧　微信交流礼仪的正确示范		75	55	情景剧　拜访礼仪正确示范2		86
46	乘车礼仪		78	56	求职函电礼仪		95
47	情景剧　乘车礼仪错误案例		79	57	情景剧　接听面试电话礼仪错误案例		96
48	引导礼仪及电梯礼仪		81	58	情景剧　接听面试电话礼仪正确示范		96

（续）

序号	名称	二维码	页码	序号	名称	二维码	页码
59	面试礼仪		99	66	情景剧　亲密距离错误案例3		105
60	情景剧　面试礼仪错误案例		99	67	情景剧　私人距离正确示范2		106
61	情景剧　面试礼仪正确示范		100	68	情景剧　被拒绝的热情		122
62	空间距离礼仪		104	69	中餐宴请礼仪		128
63	情景剧　亲密距离错误案例1		105	70	西餐宴请礼仪		136
64	情景剧　私人距离正确示范1		105	71	情景剧　餐具使用礼仪错误案例		141
65	情景剧　亲密距离错误案例2		105				

目录 CONTENTS

01

模块一　商务礼仪基础

学习目标

知识目标

1. 认识礼仪以及商务礼仪在社会交往中的重要性。
2. 了解礼仪的概念、商务礼仪的内涵等基础性知识。
3. 掌握礼仪的特征、原则和功能。

能力目标

1. 能运用商务礼仪的学习方法。
2. 能掌握提高商务礼仪修养的途径和方法。

素质目标

1. 通过商务礼仪的训练，培养学生在商务活动情景中分析问题、决策设计的能力。
2. 通过礼仪素质的培养，强化相关职业道德教育，促进健全职业人格的塑造。

礼仪溯源

礼仪的起源与含义

"礼仪"二字最早出自《诗·小雅·楚茨》："献酬交错，礼仪卒度。"这句话的意思是：举动合规矩彬彬有礼，谈笑有分寸合乎时宜。

东汉许慎的《说文解字》对"礼"字的解释是这样的："礼，履也，所以事神致福也，从示从豊，豊亦声。"意思是实践约定的事情，用来给神灵看，以求得赐福。"礼"字是会意字，"示"指神，从中可以分析出，"礼"字与古代祭祀神灵的仪式有关。

郭沫若在《十批判书》中指出："礼之起，起于祀神，其后扩展而为人，更其后而为吉、凶、军、宾、嘉等多种仪制。"这里讲到了礼仪的起源，以及礼仪的发展过程。

"礼"字和"仪"字指的都是尊敬的方式，"礼"，多指个人性的，如礼貌、礼节；"仪"，则多指集体性的，如开幕式、阅兵式等，也就是仪式。

礼仪就是人们在社会交往活动中，为了相互尊重，在仪容、仪表、仪态、仪式、言谈举止等方面约定俗成的，共同认可的行为规范。礼仪是对礼节、礼貌、仪态和仪式的统称。

案例导入

小李的工作缘何没有起色？

学习市场营销专业的小李刚从一所大学毕业，在铂斯商贸有限公司找到一份业务推销员的工作。刚进公司他就参加了公司组织的员工培训，初步掌握了一些具体的业务知识及做好业务员推销员应具备的基本能力。但在具体开展工作时，小李由于性格内向，平时不太善于交谈，因此在进行业务推销时，常常不知道如何去敲门拜访未知的客户，有时还会因为客户过于严厉而中途打了退堂鼓，在其工作三个月后，业务仍然没有起色。而公司有一套严格的末位淘汰制的用人机制，如果下月小李仍没有完成业务量，他将被公司辞退。为此，小李不得不重新审视自己，找出工作中存在的缺陷和不足，以更好地胜任这份工作。

礼仪，是一个人、一个组织、一个民族和一个国家的精神与风貌的展示。它既是一种内在的修养，又是一种行为规范。我国素有"礼仪之邦"的美称，讲"礼"重"仪"是中华民族世代相传的传统美德。在市场经济飞速发展的今天，知书识礼、待人以礼已成为商务人员不可或缺的基本素质，成为商务人员参与社会竞争并最终赢得成功的无形资产。人们常说：不知商务礼仪者、难为商也。商务礼仪知识是商务人员从事商务活动的必修之课。

单元一　礼仪概述

礼仪是社会人际关系中用以沟通思想、交流感情、表达心意、促进了解的一种形式，是人际交往中不可缺少的润滑剂和联系纽带。一个人的礼仪修养是个人综合素质的重要组成部分，也是衡量个人道德水平和受教育程度的标准。

一、礼仪的概念及其特征

（一）礼仪的概念

1. 礼

"礼"有多重含义，其跨度和差异也比较大，《辞海》对礼的释义主要有：

（1）本谓敬神，引申为表示敬意的通称，如敬礼、礼貌等。

（2）为表示敬意或表示隆重而举行的仪式，如婚礼、丧礼等。

（3）泛指奴隶社会或封建社会贵族等级制的社会规范和道德规范，如礼制、礼乐等。

（4）表示礼物，如送礼、礼单等。

2. 礼貌

礼貌是人们在相互交往中表示敬重、友好的行为规范。它是人们言语动作的表现，属于行为方面的修养。礼貌，不仅是人际关系的润滑剂，也是个人内在修养的体现，它展现了一个人的文化层次和文明程度。

礼貌包括礼貌语言和礼貌行为。礼貌语言是一种有声的行动，如"您好""祝您旅途愉快"等；礼貌行为是一种无声的语言，如一个微笑、一个鞠躬等。这些都是礼貌的具体体现。

3. 礼节

礼节是人们在日常生活，特别是在交际场合中，相互问候、致意、祝愿、慰问等惯用的规则和形式。例如：亲友过生日，送一份礼物或一个蛋糕表示祝贺；有客来访，奉一杯香茶表示欢迎等都是礼节的具体表现。

礼节是礼貌在语言、行为、仪态等方面的具体表现形式，是礼仪具体的、外在的表现，是内在美的一种外化。

礼节与礼貌的关系是：没有礼节，就无所谓礼貌；有了礼貌，必然伴随有具体的礼节。

4. 礼仪

礼仪是礼和仪的合一。"礼"的含义如前所述，而"仪"是指"表率、标准"，兼含仪表、仪态、仪容、仪式等多重意思。

礼仪是人们在社会交往中，约定俗成的一种律己、敬人的行为规范、准则及程序。

礼貌是礼仪的基础，礼节是礼仪的基本组成部分，礼仪在层次上要高于礼貌、礼节，其内涵更深广。三者都是"礼"的具体表现形式，所表现的都是对人的尊重、敬意和友好。

（二）礼仪的特征

礼仪作为一门独立学科，在其漫长的社会存在中，有着明显的广泛性、国际性、民族性、传承性和时代性等特征。

1. 广泛性

古今中外，各种礼仪充满社会生活的各个领域，贯穿着人类社会的始终。上至国家下至家庭，从国内到国际，从政界到商界，生活中的衣、食、住、行各个方面，都有具体的礼仪规范，礼仪可谓无处不在；从古代到近代，从现在到将来，礼仪都是处理人际交往的行为规范。礼仪可谓无时不有。因此，礼仪既有涉外礼仪、商务礼仪、社交礼仪、公关礼仪、家庭礼仪、宗教礼仪等之分，也有古代礼仪与现代礼仪之分。

2. 国际性

礼仪是基于人类共同生活、交往的需要而产生、发展和完善的。作为一种文化现象，礼仪是全人类的共同财富，它跨越了国家和地区的界限。尽管各个国家、各个民族和各个地区由于自然条件、历史文化、风俗习惯等的不同，礼仪表现形式有所差异，但真诚、尊重、得体是礼仪的基本原则，为我国和世界各国人民所奉行。而在相互尊重原则基础上形成、完善、规范化的国际礼仪，亦为世界各国人民所接受和广泛使用。例如，在奥运会上，为竞赛成绩名列前茅的运动员举行升国旗仪式，为荣获冠军的运动员奏国歌，已成为无可争辩的世界通行礼仪。

3. 民族性

礼仪的民族性是指礼仪在形式及其代表的意义上都受到民族因素的影响。各民族在生存环境、文化传统、宗教信仰等方面的不同，导致了礼仪规范的差异。同一形式在不同民族有着不同的意义，而同一内容在不同民族中又可以有着不同的表现形式。例如，同是见面行礼，我国较为通行的是握手礼，日本则多行鞠躬礼，而欧美各国普遍采用的是拥抱礼。

4. 传承性

礼仪是一个国家、一个民族在自然、经济、政治、宗教、文化等因素的作用下，通过漫长的历史过程积淀下来的结晶。礼仪一旦形成，通常会长期沿袭。例如，我国古代的尊老敬贤、父慈子孝、礼尚往来等反映民族传统美德的礼仪，至今仍积极影响着人们社会生活的方方面面。今天是过去的延续，每个民族的礼仪都是这个民族历史的产物。没有传承性，民族性就不存在。

5. 时代性

礼仪是社会关系和社会文明的产物，是适应人际交往关系需要而产生的。随着社会关系和社会文明的发展变化，礼仪也必然要发展变化，与时俱进。现代生活具有多元、丰富、多变的特点，因此，现代礼仪必须正确反映时代精神，体现新的社会道德规范，在实践中不断更新其内容，改变其形式。

二、礼仪的功能与原则

（一）礼仪的功能

礼仪之所以被提倡，是因为它具有许多功能，既有助于个人，又有助于社会。

1. 沟通功能

交往的过程是信息双向传递、互动的过程。礼仪作为人们内在涵养、素质、意向、心态的体现，传递着尊敬、友好的信息，被交往双方自觉或不自觉地接收、利用，成为互相沟通感情的手段。

2. 协调功能

礼仪的协调功能体现在对人际关系的润滑和调节上。人们在交往中按礼仪规范去做，可缓和或避免某些不必要的情感对立与障碍，使交往得以顺畅融洽地进行，形成和谐的人际关系。

3. 教育功能

礼仪通过评价、劝阻、示范等教育形式，纠正了人们不正确的行为习惯，倡导人们按礼仪规范的要求去处理人际关系，维护正常的社会生活。人们互相教育、互相影响、互相促进，就会促进社会的和谐安定。

4. 评价功能

在人际交往中，礼仪往往是衡量一个人文明程度的准绳。它不仅反映着一个人的交际技巧和应变能力，而且反映着一个人的气质风度、阅历见识、道德情操及精神风貌。可以说，礼仪即教养。通过一个人对礼仪运用的程度，可察知其教养的高低、文明的程度和道德的标准。

（二）礼仪的原则

礼仪的核心是一种行为准则，用来约束人们日常活动的方方面面，要求人们在运用、遵行礼仪时，掌握一定的礼仪原则。

1. 尊重原则

尊重是人性的需要，是人际交往的基本原则。而礼仪从内容到形式都体现着尊重，尊重是礼仪的本质。孔子说："礼者，敬人也。"这是对礼仪核心思想的高度概括。

尊重包括自尊和尊重他人。自尊和尊重他人是礼仪的情感基础。人与人之间只有互相尊重，才能保持和谐的人际关系。古人云："敬人者，人恒敬之。"在人际交往中，要做到敬人之心常存，处处不可失敬于人。失敬就是失礼。

2. 平等原则

平等原则是现代礼仪的主要原则，是指对任何交往对象都一视同仁，以礼待人，给予同等程度的礼遇。礼仪的核心是平等。在人际交往中，不应该因为交往对象在年龄、性别、种族、国籍、文化、职业、身份、地位、财富，以及与自己的关系亲疏远近等方面有所不同，就厚此薄彼、区别对待。"投之以桃，报之以李""礼尚往来"，社会交往中每个人都希望得到尊重。

3. 真诚原则

礼仪讲究"诚于中，形于外"，心中有"礼"，言行才能有"礼"。在人际交往的品德因素中，真诚是基本的一项。真诚原则要求运用礼仪时，务必做到诚心待人、心口如一、言行一致、诚实无欺。如果口是心非、言行不一、弄虚作假，则不利于人际关系的营造和个人形象及组织形象的塑造。

4. 宽容原则

宽容是一种美德。在人际交往过程中，由于个人经历、文化、修养等因素而产生的差异不可能消除，这就需要求同存异、相互包容。宽容原则要求人们在交往活动中运用礼仪时，要严于律己，宽以待人。不过分计较他人在礼仪上的过失，多体谅他人，多理解他人，善解人意，有容人之雅量。

5. 自律原则

自律是对个人的要求，是礼仪的基础和出发点。自律原则要求人们在社会交往过程中自我要求、自我约束、自我对照、自我反省、自我检查。古人云："己所不欲，勿施于人。"学习、应用礼仪，最重要的就是按照礼仪规范严格要求自己，克己慎独、表里如一。

6. 适度原则

适度原则要求运用礼仪时要因人、因事、因时、因地恰当处理，要注意技巧，把握分寸，认真得体。做得过了头或者不到位，都不能体现对人的敬意和尊重，即所谓过犹不及。例如，握手时，毫不用力是失礼，用力过大同样是失礼。

7. 从俗原则

由于国情、民族、宗教信仰、文化背景的不同，在人际交往过程中，存在着"十里不同风，百里不同俗"的现象。为此，在交往中必须做到入乡随俗，尊重他人特有的风俗习惯，与绝大多数人的习惯保持一致，切勿目中无人、自以为是、我行我素，或少见多怪、妄加非议。

单元二　商务礼仪概述

商务往来是市场经济活动中一种重要的交往形式，它从本质上说也是一种交际活动，因此就有必要遵循一定的规则和规范，这就促使了商务礼仪的形成。一个人只有具备较强的交际能力，才能立足于竞争激烈的商业社会。商务礼仪作为商业交际中必不可少的组成部分，其重要性已越来越被商界人士所认识和看重。

古人云："不知礼者，难为人也。"在今天的市场经济社会中，人们则说："不知商务礼仪者，难为商也。"商务礼仪作为一种特殊的礼仪规范，它的重要作用已经越来越成为商界有识之士的共识。因此，越来越多的人开始参加商务礼仪的学习。而学习商务礼仪，首先应该了解的就是商务礼仪的内涵和特征。

一、商务礼仪的内涵和特征

1. 商务礼仪的内涵

商务礼仪是指人们在从事商品流通的各种经济行为中应当遵循的一系列行为规范。商务礼仪与一般的人际交往礼仪不同，它体现在商务活动的各个环节之中。对于企业来说，从商品采购到销售，从销售到售后服务，每一个环节都与本企业的形象息息相关。因此，企业的每一个成员，如果能够按照商务礼仪的要求去开展工作，对于塑造良好的企业形象、促进商品销售，将会起到十分重要的作用。

2. 商务礼仪的特征

商务礼仪不同于其他礼仪，它的特征主要表现在以下三个方面。

（1）信用性。从事商务活动的双方，都有利益上的需要，而不是单方面存在利益需求，因此，在商务活动中，诚实、守信就显得非常重要。所谓诚实，即诚心诚意参加商务活动，力求达成协议，而不是夸夸其谈、不着边际、毫无诚意。所谓守信，就是言必信，行必果。签约之后，一定要履行约定。如果由于客观原因不能如期履约，那就应该给对方一个满意的结果来弥补，而不应该言而无信。

（2）时效性。商务活动的时机性很强，如果时过境迁，就会失去良机。在商务活动中，如果说话、做事恰到好处，问题就会迎刃而解。有的商务人员坚持"不见兔子不撒鹰"，对方也可能会觉得没有诚意，或者机会稍纵即逝，从而失去一次成功的商业合作机会。

（3）文化性。商务活动是一种经济活动，同时也有较高的文化含量。因此，商务人员要体现文明礼貌、谈吐优雅、举止大方的风貌，就必须不断提高自身的文化素质，树立文明的企业形象，在商务活动中表现得文明典雅、彬彬有礼。

二、商务礼仪的作用

人是一种感情动物，不论做什么事，都不可能脱离感情而纯粹地就事论事。礼仪正是人们互相尊重的一种感情表现形式。正因为如此，商务礼仪的应用对促进商务活动蓬勃发展所起的巨大作用，已越来越引起人们的重视。一方面，它有利于促进商务活动中的沟通与协调；另一方面，它有利于塑造良好的个人形象和较好的企业形象。

1. 促进沟通交流

商务活动是双向交往活动，交往成功与否，首先要看双方是否能够沟通，或者说，是否能取得对方的理解。由于立场不同，人们对同一个问题会有不同的理解和看法，这就使交往双方的沟通有时变得困难。若交往双方不能沟通，不仅交往的目的不能实现，有时还会导致误解，给企业造成负面影响。因此，商务礼仪旨在消除差异，使双方相互接近，以达到沟通情感的目的。

2. 调适人际关系

在商务活动中，难免会碰到不愉快的事情，有时客户还可能不高兴。如果处理不当，不但会影响商务人员的形象，还会影响企业的形象。而商务礼仪就能起到化解矛盾、消除分歧的作用，使商务活动双方能够相互理解，达成谅解，从而妥善地解决商务纠纷。

3. 塑造良好形象

商务人员在商务交往中的个人形象直接影响着其所在企业的形象。一位知名的公共关系大师曾经说过："在世人眼里，每一名商务人员的个人形象如同他所在企业生产的产品、提供的服务一样重要。它不仅真实地反映了每一名商务人员本人的教养、阅历以及是否训练有素，而且还准确地体现着他所在企业的管理水平与服务质量。"商务人员在日常的工作和生活中，要塑造好、维护好自身形象，就必须懂得商务礼仪。

讲究商务礼仪，有助于塑造和维护企业形象。企业中的每一个商务人员，在与他人接触的过程中，其一言一行、一举一动、一颦一笑，都起着塑造企业形象的作用。良好的企业形象是企业巨大的无形资产。每一个巨大品牌价值的背后，都是企业形象的震撼力。国内外许多成功企业的背后，都蕴涵着企业形象的辉煌。

一个企业具有良好的企业形象，意味着它有较高的、良好的知名度和美誉度，它可以赢得广大客户的信赖，使销售渠道畅通，并使企业不断开拓市场，更可以赢得政府主管部门、工商部门、财税部门、金融部门及新闻传播部门等的理解、信任和支持。

★ **案例 1-1 企业的形象与谁有关？**

某酒店是一家三星级酒店，以前在社会和旅游业界有较好的声誉。但最近，酒店的经营状况不尽如人意，员工的流失情况极其严重。为了解员工流失的原因，该酒店特向与其已经有三年合作关系的当地一所高校旅游管理专业的相关教师进行咨询（该专业主要为该酒店提供酒店管理方面的知识培训，酒店则接受部分学生定期到酒店实习）。

在预约当日，两名专业教师受高校旅游管理专业委派，到该酒店了解具体情况，协助酒店改进员工管理工作。两位教师与人事部总监就员工工作情况进行了短暂交谈，之后又与主管人员了解情况并召集部分在岗员工谈话，基本掌握了一些情况。近中午 12 点，为不给酒店添麻烦，两位教师向主管人员告辞。刚走出酒店大门，一个熟悉的身影匆匆走过，一位教师打招呼说道："嗨，王总监。"结果王总监忙于低头查看手机并没有听见，与两位教师擦身而过。

三、商务礼仪的学习方法

1. 联系实际

商务礼仪本身就是一门应用学科，因此，学习商务礼仪，务必要坚持知和行的统一，要注重实践，将知识运用于实践，不断地在实践中学习。这是学习商务礼仪的最佳方法。

2. 重复渐进

学习商务礼仪是一个渐进的过程，对一些礼仪规范、要求，只有反复运用，重复体验，才能真正掌握。然而必须注意，切不可眉毛胡子一把抓，而应当有主有次，抓住重点。从与自己生活联系最密切的地方着手，往往可以事半功倍。

3. 自我监督

提高个人修养要注意反躬自省，学习商务礼仪也应进行自我监督。对自己既要在礼仪方面有所要求，又要处处注意自我检查。要善于在商务礼仪实践中发现自己的缺点，找出不足，将学习礼仪、运用礼仪真正变为个人的自觉行动和习惯做法。

4. 多头并进

在学习礼仪的同时，不应孤立地学，而应当将这种学习与其他科学、文化知识的学习结合起来。这样做不但可以全面提高个人素质，还有助于个人更好地掌握、运用商务礼仪。

单元三　商务人士礼仪修养

修养是礼仪的基础，礼仪是一个人个性修养、文化知识修养、职业道德修养等精神内涵的外在体现，在良好修养基础上体现的礼仪才是成熟而又得体的礼仪。

一、商务人士礼仪修养的内容

1. 个性修养

商务人员的良好礼仪形象的塑造，主要是商务人员在商务活动中，与他人交往时，经过长期学习、训练和积累逐渐修养而成的。而在这个过程中，商务人员的个性修养对个人形象塑造起着重要作用。个性修养包括气质、性格、心理、能力等方面。

（1）气质。气质是一个人出生时所固有的典型的、稳定的个性特点，是表现在人的情感、认识、语言和行为中比较典型的、稳定的动态方面的心理特征。良好的气质是以人的文化素养、文明程度、思想品质为基础的，同时还要看他对待生活的态度。要想培养良好的气质，必须经多方面的长期积累和锻炼。气质是一种内在美，气质美会在一个人的举手投足、言谈举止、待人接物中表现出来。

（2）性格。性格是一个人在对人、对事的态度和行为方式上所表现出来的心理特点。据心理学专家的调查发现，每个人要参加社交活动都会有一定的恐惧心理，就像初次登台一样会感到紧张，大部分心理素质好的人会很快克服这种恐惧和紧张，缺乏良好心理素质的人往往会惊惶失措、语无伦次。实践证明，人们可以采用一定的训练方法调节和控制自己的心理活动状态，克服社交中可能出现的不良心理。

（3）心理。不管主观原因，还是客观原因，工作有时顺利，有时遇到挫折或困难，都是正常现象。面对工作环境，作为商务人员，在工作中应时刻保持健康心态，以良好的姿态、高涨的热情对待工作和生活，不断取得新的成绩。面对工作中的挫折和困难，一是学会自我调节，既要努力工作、学习，又要善于休息，善于自我调节，始终使自己在良好的心理状态下工作和学习。二是自我适应，面对现实、适应环境，不仅能发挥自己的最大能力利用环境，而且能改造环境。三是自我完善，要能正确认识自己，始终自信，不断进取。四是心理健康，商务人员要善于结交知己，与人为善，始终让自己以一个乐观心态面对生活、面对工作。

（4）能力。能力是一个人顺利完成某种活动所必须具备的心理条件，并且直接影响个人活动效率。商务人员的职责是变化和复杂的，他们需要特定的能力来履行自己的职责和活动。一般来讲，他们需要技术技能、人际技能和概念技能三方面能力。技术技能是指精通各种商务礼仪及仪态等方面的知识和操作，表现为工作能力强。人际技能是指具有处理好人际关系的技能，即知道如何与员工、客户沟通，如何激励、引导和关心大家，表现为交际能力、协调沟通力强。概念技能是指商务人员对复杂情况进行抽象和概念化的技能，表现为表达能力、应变能力较强。每名商务人员都处在严格和动态的工作场所中，自己要成为组织的重要一员就必须不断更新自己的技能，激发工作热情，培养广泛兴趣，勇于承担各种风险，努力使自己成为一名出色的商务人员。

2. 文化知识修养

商务人员的文化知识修养是塑造和维护自身形象的重要前提和基础。

（1）基础文化知识。商务人员的基础文化知识是指与商务人员从事的商务活动直接相关的基础理论知识。商务人员有丰富的基础文化知识，可以令对方刮目相看，也有利于缩短与交谈对象的距离，遇到困境时也能应对自如。

（2）专业知识。商务人员的专业知识是指商务人员从事商务活动所必须掌握的相关知识。如果商务人员有丰富的商务活动专业知识，工作起来就会成为内行，向对方介绍、宣传时就可以深入浅出，解答对方的询问就可以对答如流，从而激发对方的兴趣。

（3）相关专业知识。商务人员的相关专业知识是指商务人员从事商务活动所需专业知识以外的拓展知识，即多学科的综合性知识，如文学、教育学、社会学、心理学和美学等知识。如果商务人员具备相关专业的知识，考虑问题就会全面、客观，少走弯路，处理问题也会有礼有节，减少纠纷。一旦发生问题也会采取恰当方式，按程序处理。

★ **案例 1-2** 一次成功的销售

在一次展会上，来自日本的两位客户停留在铂斯商贸有限公司的展位，拿起一方砚台窃窃私语，公司销售部的杜经理马上询问有什么疑问，客户指着刻有荷花的砚台说："这砚台大小正合适，可惜的是图案……"客人的话立刻使杜经理想到，在日本荷花是用来祭奠死者的，于是杜经理说："书画用砚台与鉴赏用砚台是不一样的，对石质和砚堂都十分讲究，一般以实用为主，您看，这方鱼子纹款砚台，造型朴实自然，保持着砚石自身所固有的特征，石质又极为细腻，比荷花砚更好，而且砚堂平阔、没有雕饰，用这样的砚台书写研墨一定很得心应手，使用自如。"接着，杜经理将清水滴在两方砚台上，请客人亲自体验这两方砚台在手感上的差异。最后，客人满意地订购了鱼子纹款砚台，并连声向杜经理道谢。

3. 职业道德修养

礼仪之中有道德，礼仪是人们道德意识、道德信念、道德情感等精神内涵的外化，即具体表现。如果说道德偏重于理论性，较为抽象的话，那么礼仪则偏重于实践性，较为具体，重在操作。

现代商务人员的职业道德是指在从事商务活动中形成的较为稳定的道德观念和行为规范，是社会主义市场经济条件下对商务人员职业行为的基本要求的概括。一般说来，一个有道德的人往往是一个知礼、守礼、用礼的人，他必定时时处处按照一定的礼仪规范行事。同样，一个人在任何时候、任何场合，面对任何对象都能体现礼仪的风范，那么他对于自己的道德要求必定是十分严格的。因此，商务人员在加强自身的礼仪修养的同时，必须提高自身的职业道德修养，以高尚的职业道德修养作为自身礼仪修养的基础。

二、提高商务礼仪修养的途径

1. 职业培训

职业培训在这里指的是结合一定职业要求对在职员工进行的礼仪培训。目前职业培训在我国商务礼仪的教育中占据非常重要的地位。我国市场经济的发展历史较短，专门的商务人才十分匮乏，为了解决这个矛盾，目前主要是从在职职工中挑选出一定数量的人员进行短期的专门培训，并在实践中不断积累经验，使能力获得提高。

职业培训虽然时间较短，但是可以反复进行，并且这种方法也具有自身的优势，即具有很强的针对性，可以联系具体的职业活动来进行。另外，职业培训的操作性比较强，可以提供现成的实验基地，避免礼仪教育走向空泛。当然，职业培训也不能把目光局限在几个人身上，而应该通过局部培训提高整个组织的素质，产生扩散效应。

2. 学校培训

目前，"商务礼仪"在许多院校成为必修课程，这门课程在培养商务礼仪专业人才方面的作用日益突出。在商务礼仪的教育方面，学校可以充分发挥师资力量雄厚、理论水平高、教学手段比较先进的优势，来进行比较全面、系统的礼仪培训。

3. 社会文化的互动

人总是生活在某一社会之中，人们首先应当了解自己所在社会的文化传统，掌握其中的行为规范。例如，生活在中国的社会文化环境中，就要了解和遵从中国社会的文明礼仪习俗，做到待人谦虚，礼让互助。如果大家都能按照这种大体相同的思维模式、行为方式和价值标准去践行礼仪，社会文化对人们的社会化就会发挥极其重要的作用。当然，在继承发扬中国的商务礼仪文化的同时，也要积极地吸收世界其他民族优秀的商务礼仪文化，相互联结、相互弥合，在发挥各自优势的基础上相互支持、文明互鉴。

三、培养商务礼仪修养的过程

商务人员礼仪修养培养的过程和方法是一个自我认识、自我磨炼、自我提高的过程，是通过有意识的学习、仿效、积累而逐步形成的，需要有高度的自觉性。每一名商务人员在具体的组织中工作，如果只是迫于组织规定的压力才对客户致以问候，似乎是彬彬有礼，而换了环境就举止轻浮、谈吐不雅，这实际上是缺乏礼仪修养的表现。作为商务人员，只有把礼仪修养看作自身素质不可缺少的一部分，是完美人格的组成，是事业发展的基础，才会真正有培养礼仪修养的自觉意识和主动性。

1. 提高现代商务礼仪认识

从事现代商务活动，就应了解与现代商务活动密切联系的商务礼仪。一名商务人员只有在商务礼仪知识的指导下，才能在各种商务活动中如鱼得水。提高对现代商务礼仪的认识是进行礼仪修养的起点，也是实现现代商务礼仪修养其他环节的前提和基础。提高现代商务礼仪认识是将礼仪规范逐渐内化的过程。商务人员通过学习、评价、认同、模仿和实践过程，逐渐学习、构造、完善自己的商务礼仪规范体系，并以此来评价他人的行为，调整自己的交际行为。人们总是通过学习伦理学、心理学、公共关系学等方面的知识，通过日常观察、学习、了解社会习俗和风土人情，积累相关的社会知识，从而开阔视野，积累和丰富礼仪知识。

2. 明确角色定位

培养商务礼仪修养的目的之一是通过提高修养，使个人的言行在商务交往活动中与自己的身份地位、社交角色相适应，从而被人理解和接受。

社会对于不同的商务活动角色提出了不同的行为规范和行为模式。商务活动中的角色既包括社会、他人对具有一定社会地位的人在社交中的行为的期待，也包括对自己应有行为的认识。具有不同社会经验的人，对于角色的评价可能有完全不同的意义。

在商务活动过程中，随着主客关系和社交对象的变化，商务人员可能是庆典嘉宾、谈判者、拜访者。每一个人在不同的商务活动中扮演着不同的角色。因此，重视商务活动角色定位，加强礼仪修养，具有十分重要的意义。

在商务活动中，每个人按自己的身份和地位为实现其存在价值实施一系列行为。商务活动角色不仅给每个人确定自己的行为提供了规范，而且为人们相互识别、相互交往、相互评价、相互理解提供了标准。商务人员在商务活动中往往需要以不同的身份出现，这种身份的变化就是角色的变化，其行为必须符合社会对这一角色所认同的规范。商务活动中角色不同，所应遵循的礼仪要求也就不同。不同的角色，如上下级之间、男女之间、亲朋之间、主宾之间，其礼仪要求也是有差别的。在人与人之间的交往活动中，社交成功的主要标志是个人使自己的行为与他人和社会的期待相符合。商务活动中角色的实现是建立在个人对自己角色的认识基础之上的。例如，一位经理在公司里是管理者，管理着几个部门，其礼仪要求主要体现在听取汇报、检查工作、指导员工、决策规划等方面，要求他能说话和气、平等待人、科学决策；面对客户时，他则是一名"推销员"，要求他热情真诚、彬彬有礼、大方得体。很明显，这两种角色的礼仪要求是不同的。

在商务活动中，要把角色扮演得恰到好处，礼貌有加，事事得体，这并不是一件容易的事情。正因为如此，每一个人一方面要重视商务活动中角色的定位，增强角色意识，另一方面要加强自己的礼仪修养，以适应多种角色的不同礼仪要求。

3. 锻炼礼仪意志

要想使遵循礼仪规范变成自觉的行为，没有持之以恒的意志是办不到的。商务人员只有自觉地坚持一些基本行为规范，如站、坐、走、微笑，遵循礼仪才能成为自觉的行为。在现实生活中，礼仪规范实际遵循起来并不是畅通无阻的，有时你积极主动地帮助别人，却有可能被别人说成是假惺惺。个人对经理说话礼貌、客气，却被视为拍马屁。凡此种种，不仅需要你能克服错误舆论的非难、朋友的责备和埋怨，更需要你有足够的勇气和毅力来克服来自本身情绪的干扰，不被眼前的局面所困扰，继续保持良好的礼仪。这种礼仪行为坚持下来，就能取得良好的效果。因此，商务人员除了需要提高礼仪认识之外，还要注意锻炼自己的礼仪意志。

4. 养成商务礼仪习惯

培养商务礼仪修养的最终目标就是要人们养成按礼仪要求去规范行为习惯。例如，见面的礼仪、电话的礼仪等日积月累的修养就会成为一种习惯。又如，养成控制自己声调、表情的习惯，时间长了也能收到意想不到的效果。总之，在商务礼仪修养培养过程中，通过一些看得见的礼仪训练，商务人员进行模仿学习，提高自己的实际操作能力，进而养成良好的礼仪习惯，对以后的商务礼仪实践将有所裨益。

四、培养商务礼仪修养的方法

1. 加强道德修养

礼仪作为一种修养，是在多层次的道德规范体系中最基本的行为规范之一，属于社会公德的内容。礼仪与道德相辅相成、互相补充。道德是礼仪的基础，礼仪是道德的表现形式。举止大方、温文尔雅、彬彬有礼的风度，是以良好的道德修养为基础的。一个缺乏修养的人，无论怎样"包装"自己，终究只能给人一种粗俗、肤浅的印象。有德才会有礼，无德必定无礼。因此，修礼宜先修德。

2. 自觉学习商务礼仪

作为一名商务人员，讲究商务礼仪最重要的是先要学习好商务礼仪的基本知识。要利用图书资料、广播电视、互联网、教育培训等渠道，全面、系统地学习商务礼仪知识，从理论上掌握在不同场合，面对不同交往对象，应该运用哪些商务礼仪。只有掌握了商务礼仪的基本知识，才能够更准确地遵守和运用商务礼仪，才能够在商务活动中不断提高自身的礼仪修养。

3. 注重践行商务礼仪

讲究商务礼仪，必须积极运用商务礼仪，做到知行合一。

（1）遵守规则。商务礼仪是人们在商务活动中形成，并得到共同认可的一种行为规范，它有许多约定俗成的规则，这些规则在一般情况下是不可以违反的，如果违反了将被视为缺乏礼貌和修养，不尊重他人。

（2）养成习惯。俗话说："习惯成自然。"习惯一旦形成，就会成为无意识的行为。把握礼仪的规范性，摸索礼仪运用的技巧，坚持以礼待人，从点滴做起，持之以恒，不断积累、升华，并抑制和纠正不良习惯，将学习、运用礼仪真正变成自觉行为和习惯做法。

（3）注意细节。商务礼仪是由许多细节构成的，从细节中可以体现出一个人的礼仪素养。这些细节体现在穿着打扮上、举手投足间、言谈举止中。有时这些细节就是一句话或是一个动作。

传承发扬

礼仪之邦，文明传承

古老的中华民族文化源远流长，在五千年的历史长河中，创造了灿烂的文化，形成了高尚的道德准则、完整的礼仪规范和优秀的传统美德，被世人称为"文明古国，礼仪之邦"，中国人也以其彬彬有礼的风貌而著称于世。

礼仪文明作为中国传统文化的一个重要组成部分，对中国社会历史发展起了广泛深远的影响，其内容十分丰富，所涉及的范围非常广泛，几乎渗透于中国古代社会的各个方面。在中国古代，礼仪是为了适应当时社会需要，从宗族制度、等级制度中衍生出来的，因而带有产生它的那个时代的特点及局限性。

时至今日，现代的礼仪与古代的礼仪已有很大差别，我们应着重吸取对今天仍有积极、普遍意义的传统文明礼仪，如尊老敬贤、仪尚适宜、礼貌待人、容仪有整等，加以改进与传承。这对于良好个人素质的修养，协调和谐人际关系，塑造文明的社会风气，建设社会主义精神文明，传承中华礼仪文明，具有十分重要的现代价值。

能力训练

训练目标

考察学生的礼仪学习能力。

训练情景

观察并学习身边或知名人士中礼仪修养得体者的具体表现，分析其可借鉴之处，结合自身实际，设计一份适合自己的提高礼仪修养的计划书。

训练内容

能力领域	技能点	名称	参考规范与标准
礼仪学习能力训练	技能 1	自我认知技能	（1）能对自己的形象举止、个性修养、文化知识修养有客观的认知 （2）能根据训练要求，分析自身存在的问题与不足
	技能 2	观察技能	（1）能根据训练要求，观察并学习身边或知名人士中礼仪修养得体者的具体表现 （2）能将观察的内容具体化，分析其可借鉴之处 （3）能做好观察记录
	技能 3	分析研究技能	（1）能通过分析找出自己的差距并提出改进建议 （2）能结合自身实际，设计一份适合自己的提高礼仪修养的计划书

训练步骤

1. 以小组为单位，每组 5 ～ 6 人，每组确定一名组长。

2. 对本组成员的礼仪修养存在的具体问题进行讨论。

3. 观察礼仪修养得体者的形象，各小组选择一位小组成员最敬佩的人，观察他们的形象举止、个性修养以及文化知识修养，加以总结，找出可学习借鉴之处。

4. 认知自己，包括自己的形象举止、个性修养以及文化知识修养，找出自身的问题与不足，撰写《自我礼仪修养提高计划书》。

5. 以小组为单位，定期训练，互相评价通过训练后，在礼仪修养方面有何改变。

6. 在学期末，各组将通过一学期的训练后，个人的改变情况以及与组员间的交流情况进行交流分享。

成果形式

《自我礼仪修养提高计划书》

能力拓展

　　刘一佳大学毕业不久到铂斯商贸有限公司求职。她来到企业人事部，临进门前，自觉地擦了擦鞋底，待进入室内后随手将门轻轻关上。见有长者到人事部来，她礼貌地起身让座。人事部经理询问她时，尽管有别人谈话干扰，她仍能注意力集中地倾听并准确迅速地给予回答。与人说话时，她神情专注，目不旁视，从容交谈。这一切都被到人事部察看情况的销售部杨总监看在眼里，当场就决定录用了小刘。

　　议一议：你如何理解细微之处见素质？在工作场合需要注意哪些问题？

知识图谱

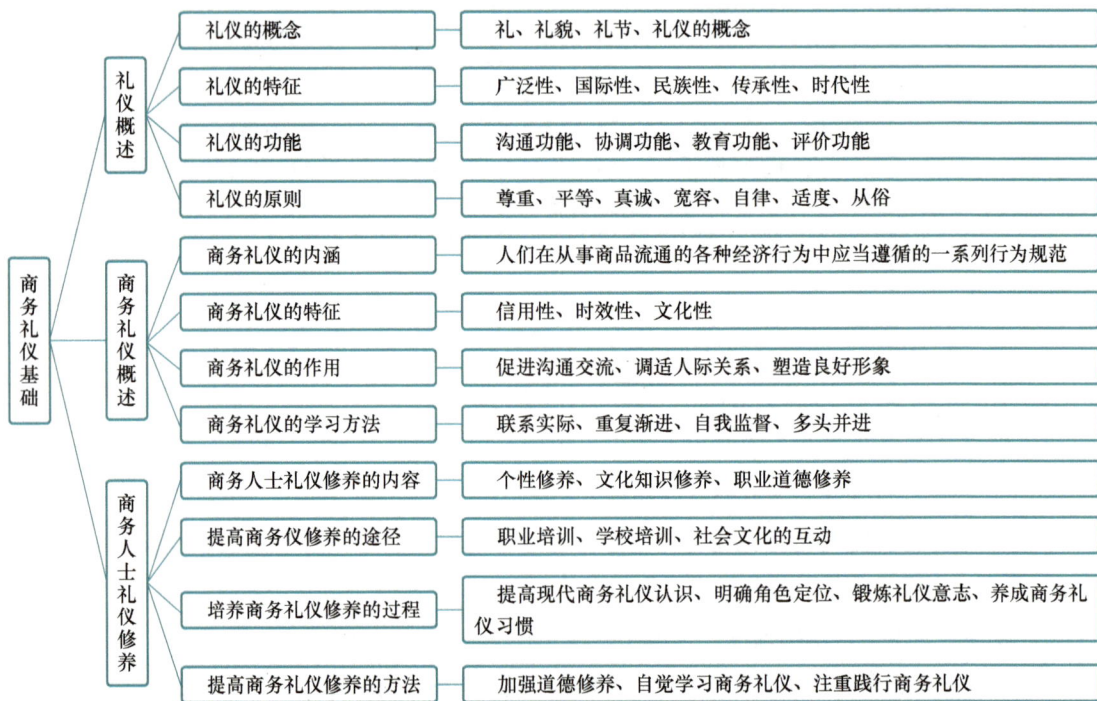

	礼仪概述	礼仪的概念	礼、礼貌、礼节、礼仪的概念
		礼仪的特征	广泛性、国际性、民族性、传承性、时代性
		礼仪的功能	沟通功能、协调功能、教育功能、评价功能
		礼仪的原则	尊重、平等、真诚、宽容、自律、适度、从俗
商务礼仪基础	商务礼仪概述	商务礼仪的内涵	人们在从事商品流通的各种经济行为中应当遵循的一系列行为规范
		商务礼仪的特征	信用性、时效性、文化性
		商务礼仪的作用	促进沟通交流、调适人际关系、塑造良好形象
		商务礼仪的学习方法	联系实际、重复渐进、自我监督、多头并进
	商务人士礼仪修养	商务人士礼仪修养的内容	个性修养、文化知识修养、职业道德修养
		提高商务仪修养的途径	职业培训、学校培训、社会文化的互动
		培养商务礼仪修养的过程	提高现代商务礼仪认识、明确角色定位、锻炼礼仪意志、养成商务礼仪习惯
		提高商务礼仪修养的方法	加强道德修养、自觉学习商务礼仪、注重践行商务礼仪

单元练习

一、填空题

1. 礼仪的特征包括广泛性、_____、_____、_____和时代性。

2. 商务礼仪不同于其他礼仪，它的特征主要表现在_____、_____、_____。

3. 学习商务礼仪的方法有_____、_____、_____和多头并进。

4. 商务人员的文化知识修养包括_____、_____、和_____。

5. 提高商务礼仪修养的途径有职业培训、_____和_____。

二、判断题

1. 气质是一个人在对人、对事的态度和行为方式上所表现出来的心理特点。　　　　（　　）

2. 能力是一个人顺利完成某种活动所必需的，并且直接影响个人活动效率的个性心理特征。　　　　（　　）

3. 我们在继承发扬中国的商务礼仪文化的同时，也要积极地吸收世界其他民族优秀的商务礼仪文化。　　　　（　　）

4. 每个人要参加社交活动都会有一定的恐惧心理。　　　　（　　）

5. 道德偏重于理论性，较为抽象，礼仪则偏重于实践性，较为具体，重在操作。　　　　（　　）

三、简答题

1. 简述礼仪的原则。
2. 简述礼仪的功能。
3. 简述商务礼仪的作用。
4. 简述商务人员礼仪修养的内容。
5. 简述培养商务礼仪修养的方法。

四、案例分析

一天，铂斯商贸有限公司销售部在某酒店宴请客户，引位员立即上前把客人引到一个包厢内，让客人各自入座，正好10位，坐满一桌。

服务员及时上前给客人一一上茶。销售部杨总监拿起一份菜单仔细翻阅起来。服务员上完茶后，便站在杨总监的旁边，一手拿小本子，一手握支笔，面带微笑地静静地等待点菜。杨总监开始点菜时问道："服务员，请问你们这儿有什么可口的招牌菜吗？我们有些客人是糖尿病人，有什么合适的菜品吗？""这……"服务员一时有点回答不上来，"这就很难说了，本餐厅招牌菜有好几种，品种档次各有不同，价格也不同，再说不同的客人口味也各不相同，所以很难说哪个招牌菜特别好。糖尿病人的话就比较麻烦了，反正菜单上都有，您还是看菜单自己点吧。"听了服务员这番话，杨总监无奈地摇了摇头。这次宴请之后便关照杜经理以后的宴请不要再安排在这家酒店。

问题：本案例中的杨总监为什么不再光顾该酒店？对你有什么启发？

分析提示：

1. 指出商务人员应有的个性修养所含的内容，说明商务人员应具备的能力和素质，分析本案例中服务员在专业素养、能力上的欠缺。

2. 商务人员首先要培养自己良好的气质、性格，并磨炼自己的心理素质，使自己能够自如地应对不同类型的顾客；其次要不断提升自身的工作技能，掌握本职工作所涉及的基本知识及相关知识；最后要提高自身人际交往能力和灵活处理各类事件的能力，这样才能把自己塑造成一名合格的商务人员。

02

模块二　商务形象礼仪

学习目标

知识目标

1. 认识商务人士职业形象的重要性。
2. 了解职业形象礼仪规范的主要内容。
3. 掌握仪容、仪态、服饰礼仪的规范要求。

能力目标

1. 能根据仪容标准正确进行个人仪容修饰。
2. 能根据着装礼仪的原则熟练运用着装礼仪。
3. 能熟练运用站、坐、行、走等仪态姿势。

素质目标

1. 通过仪容仪表的训练，塑造学生良好的职业形象，培养学生自尊敬人的良好品格。
2. 能传承运用中华优秀传统礼仪中对仪容仪表的要求，展现文明素养与精神风貌，树立文化自信，培养礼仪风范。

礼仪溯源

先正衣冠，后明事理

据《礼记》记载："礼义之始，在于正容体，齐颜色，顺辞令。"因此，古代开学仪式的第一课即"正衣冠"。古人认为："先正衣冠，后明事理。"让学生注重自己的仪容整洁，是要上的第一课。《弟子规》中有：冠必正，纽必结，袜与履，俱紧切。这是指穿戴要仪容整洁，帽子戴正，扣好衣服纽扣；袜子穿平整，鞋带应系紧。这是从古至今传承的仪容仪表规范，作为现代人的我们，每天早上照照镜子，端正容貌，正衣冠是外在形象，同时也寓意着为人者要行端坐正，提醒我们做人要正派。

案例导入

小张的面试

铂斯商贸有限公司是一家对外贸易公司，此次招聘行政助理，由于待遇优厚，应者如云。中文系毕业的小张同学前往面试，她的背景材料可以说是在众多应聘者中最棒的：大学四年中，在各类刊物上共发表了 3 万字的作品，内容包括小说、诗歌、散文、评论类文章等，还为六家公司策划过周年庆典，英语表达也极为流利，还有一定的书法水平。小张五官端正，身材高挑、匀称。面试时，面试官翻看着她的材料等她进来。小张穿着迷你裙，露出一段大腿，上身是露脐装，涂着鲜红的唇膏，轻盈地走到面试官面前，不请自坐，随后跷起了二郎腿，笑眯眯地等着问话，孰料，三位面试官让小张做了简单的自我介绍后互相交换了一下眼色，主考官说："张小姐，请回去等通知吧。"她喜形于色："好！"挎起小包飞跑出门。请问小张能够得到这家公司的录用通知吗？

个人形象指的是一个人在人际交往中留给他人的总的印象，以及由此而使他人对其所形成的总的评价和总的看法。

商务人士必须注重个人形象，这是由其工作性质决定的。在一定程度上，个人形象反映了一个国家或地区、一个组织或团体的形象和管理与服务水平，良好的个人形象会产生积极的沟通效果。

商务人士注重个人形象也是尊重职场的需要。商务人士的个人形象能满足对方视觉美方面的需要，同时又使他们感受到被尊重，自己的身份地位得到应有的承认，要求尊重的心理也会得到满足。

注重个人形象也反映了商务人士的自尊自爱。生活中需要美，人们也崇尚美。可以说，爱美之心人皆有之。良好的个人形象不仅反映了一个国家或一个民族的道德水准、文明程度、文化修养、精神面貌和生活水平，反映了企业的经营管理和服务水平，而且也通过个人形象的直接展现，体现出自尊自爱。这也是文明习惯的直接反映。文明习惯是精神文明的重要组成部分，尽管由于东西方的文明有所不同，但文明习惯在旅游业基本是相同的。至少，整洁的服装、美观的仪容、端庄的姿态、有修养的礼仪是必不可少的基础。

单元一　仪容礼仪

商务人士的个人仪容是指个人的容貌，它由发式、面容以及所有未被服饰遮掩、暴露在外的部位（如手、颈、腿）构成。在与他人交往中，人的容貌是首先被注视的部位，在人的整体形象中占有举足轻重的位置。

仪容修饰是仪容礼仪的重要组成部分，可细分为发部修饰、面部修饰、肢体修饰几方面。修饰一是指清洁，二是指采取适当的方法改善不足之处，扬长避短。

一、发部修饰

按照一般习惯，当人们注意、打量其他人时，往往是从头部开始的。而头发生长于头顶，更容易先入为主。因此，修饰仪容通常应当"从头做起"。

（一）发型的选择

发型对人的仪表影响颇大，发型不同给人的外观印象也就不同。应根据发质、脸型、身高、身形、年纪、着装、配饰、性格等，进行发型的选择。选择发型，除个人偏好可适当兼顾外，最重要的是要考虑个人条件和所处场合。

1. 个人条件

例如，国字形脸的男士不宜理板寸，看上去会像一张扑克牌；脸型宽大、额部粗短的男士不宜留长发、蓄鬓角，会给人以头重脚轻、臃肿做作之感；头发稀少或者秃顶的男士，不宜留长发，因为稀少的长发又不规则，会显得"杂草丛生"，不但不美观，反而给人以病态之感。下端向外翻翘的发型多适合鹅蛋脸的女士，它可展示此种脸型之美。如果倒三角脸型的女士选择了它，就不太合适了。

2. 所处场合

在社会生活中，人们的职业不同、身份不同、工作环境不同，发型自然也应有所不同。总而言之，在工作场合抛头露面的人，发型应当传统、庄重、保守一些；在社交场合频频亮相的人，发型应当个性、时尚、艺术一些。至于前卫、怪异的发型，更适合从事艺术、设计工作的人士。商务人士发型基调应是活泼开朗、朝气蓬勃、干净利落、端庄持重的。

（二）发部修饰的要求

1. 梳理

（1）男士在修饰头发时要做到：前发不覆额，侧发不掩耳，后发不触领。不允许上岗剃光头或留长发。

（2）女士在修饰头发时要做到：前发不挡眼，后发不过肩。长发过肩者上岗时应盘发、束发，或系好置于工作帽之内。不可长发飘飘不加约束。

2. 美化

（1）染发。在染发前，首先要考虑的是染发有无必要。中国人历来以一头黑发为美。假定自己的头发不够油黑，特别是早生白发或长有一头非黑色的头发，将其染黑，通常是有必要的。服务行业员工更要符合行业要求，头发颜色另类，是不适合的。

（2）烫发。在烫发时，要为自己选择端庄大方的发型，把美丽与时尚留给服务对象。在选择烫发的具体造型时应当切记，不要将头发烫得过于繁乱、华丽。

（3）假发。在出现白发、掉发、秃发时，或者出于妆饰方面的原因都可以佩戴假发。

> 💡 **小提示　梳理头发三注意**
>
> 　　在梳理头发时，有三点应予注意：一是梳理头发不宜当众进行。二是梳理头发不宜直接下手，最好随身携带一把发梳，以便必要时梳理头发之用。三是梳毕勿忘处理肩部的落屑与断发，断发、落屑不宜随手乱扔，因为这是缺乏教养的表现。

二、面部修饰

仪容在很大程度上指的就是人的面容。个人的形象首先是以面部映入客人的眼帘，对于这个部位的任何细节都不可以忽视。

（一）面部美的标准

关于面部美的标准，我们常常会提到"三庭五眼"，这个观点是源于我国古代画论《写真古诀》，是元末肖像画家王绎画肖像的经验之谈。自古以来，和谐与统一，一直是东方文化的核心，而"三庭五眼"作为五官最协调的比例系统性的总结，自然成为我们最广为人知的审美标准。

"三庭五眼"是人的脸长与脸宽的一般标准比例，不符合此比例，就会与理想的脸型产生距离。

三庭指脸的长度比例，把脸的长度分成三个等分，从前额发际线至眉骨，从眉骨至鼻底，从鼻底至下颏，各占脸长的1/3。五眼指脸的宽度比例，以眼形长度为单位，把脸的宽度分成五个等分，从左侧发际至右侧发际，为五只眼形的长度。"三庭五眼"标准如图 2-1 所示。

在进行面部修饰时，可根据自己的脸型尽量使面部符合"三庭五眼"的和谐比例。例如，上庭窄的人可尽量露出额头，不要以刘海遮挡额头；反之可以用刘海进行修饰，缩短上庭的视觉长度。两眼间距窄的人可通过眉毛以及眼角的修饰，增加两眼间距的视觉宽度，给人面部和谐的印象。

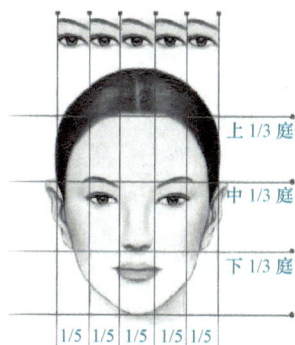

图 2-1 "三庭五眼"标准

（二）面部修饰的要求

1. 整体

（1）面部干净，其标准是无灰尘、无污垢、无汗渍、无分泌物等。

（2）养成平时勤于洗脸的良好习惯。依照常规，外出归来、午休完毕、流汗流泪、接触灰尘之后，均应及时洗脸。在洗脸时，要耐心细致，完全彻底，面面俱到。

2. 眉毛

眉形要求美观，形态自然优美，对于那些不够美观的眉形，诸如残眉、断眉、"八字眉"，或是过淡、过稀的眉毛，应采用修眉刀和眉笔等进行修整。

3. 眼部

及时除去眼角上出现的分泌物。

4. 耳部

每天进行耳部除垢，但一定要注意此举不宜在工作岗位上进行。有些人由于个人生理原因，耳孔周围会长出一些浓密的耳毛，若发现自己有此类情况应及时进行修剪。

5. 鼻部

洗脸时重点清除鼻部周围的油脂或污垢，在清理"黑头"时，一是平时对此处要认真进行清洗，二是可用专门的清洗用品，将其清理掉，切勿乱挤乱抠，以免造成局部感染。

6. 口部

（1）刷牙。刷牙既要采用正确的刷牙方式，更要坚持。正确有效的刷牙要做到"三个三"，即每天刷三次牙，每次刷牙宜在餐后三分钟进行，每次刷牙的时间不应少于三分钟。

（2）洗牙。维护牙齿，除了做到口腔无异物、无异味之外，还要注意保持牙齿洁白，及时去除有碍于口腔卫生和美观的牙斑。

（3）禁食。在工作岗位上，为防止因为饮食等原因而产生的口腔异味，应避免食用一些气味过于刺鼻的食物，主要包括葱、蒜、韭菜、腐乳、虾酱等。

（4）护唇。平时应有意识地呵护自己的嘴唇，避免自己的唇部干裂、爆皮。另外，还应避免嘴边、嘴角残留食物。

（5）剃须。男士应坚持每日上班之前剃须，切忌胡子拉碴地到达工作岗位，女士若唇上生出过于浓重的汗毛，也应及时除去。

（三）化妆

俗话说："三分容貌，七分打扮。"随着人们生活水平的提高、物质条件的不断改善，化妆已越来越被人们所重视。化妆有三个作用：第一，化妆能够使人增加神采、增加自信，体现职场人士的精神气质。第二，化妆是一种自尊自爱。职场人士化淡妆是对自我的一种尊重，同时也是爱岗敬业的标志。第三，化妆是对工作对象的一种尊重。

★ 案例 2-1　一次不愉快的用餐

铂斯商贸有限公司的销售代表李一凡接待来自某市的经销商吴总及其助理，经过连续几日的实地考察和沟通，终于圆满完成任务。李一凡打算请吴总二人庆祝一下，来到提前预订好的当地特色餐厅，接待他们的是一位五官清秀的服务员，接待流程工作做得不错，可是她面无血色显得无精打采，可能是这位服务员没有按照酒店规定化工作淡妆，在餐厅昏黄的灯光下显得病态十足，李一凡心想这怎能让客人看了有好心情就餐呢？当开始上菜时，李一凡注意到吴总的眼神落在服务员端菜的手上，原来服务员涂的红色指甲油已经脱落得斑斑点点，李一凡有些尴尬，忙招呼吴总品尝这道当地的特色菜，吴总却只是象征性地品尝了一下，这顿饭吃的李一凡心里很不舒服。最后，李一凡请柜台内收银员结账，而收银员却一直对着反光玻璃墙面修饰自己的妆容，丝毫没注意到客人的需要，走出餐厅，李一凡把该餐厅拉入了自己的订餐黑名单。

---

1. 化妆的原则

对于商务人士来说，恰到好处的妆容，可以更加充分地展示自己容貌上的优点，让自己容光焕发，神采奕奕，展示职场风采，男士仪容标准如图 2-2 所示，女士仪容标准如图 2-3 所示。化妆应该注意以下几个原则。

图 2-2　男士仪容标准

图 2-3　女士仪容标准

（1）自然。化妆的浓淡要视时间、场合而定，但商务人士只能够化淡妆，而不能够浓妆艳抹。要选择适合自己的化妆品，色彩要和谐，给人以美的享受。化妆的最高境界是自然、真实、恰到好处，过分地追求浓妆反而会适得其反。

（2）得法。化妆是一门艺术，也是一门技术，要经过认真的学习，选择合适的化妆品，并能够正确使用。还要知道什么场合应该化什么样的妆容，比如说，工作时应该化淡妆，出席宴会时应该化稍浓的妆容，且不要不分场合地使用气味过浓的香水等。

（3）协调。化妆要讲究整体的协调，应根据自己的身份、发型、服装、气质和出席的场合等来化妆，使妆面协调、全身协调、场合协调、身份协调，突出自己的品位。

（4）注意礼节。不要在公共场所化妆，这样做既可能有碍于人，也不尊重自己；不要非议他人的化妆方式，由于民族、肤色和个人文化修养的差异，每个人的化妆方式不可能都是一样的，所以要尊重别人的选择；不要去借用他人的化妆品，因为这是极不卫生的，也是很不礼貌的。

2. 化妆的步骤

（1）洁面。用温水及洗面奶彻底清洗掉脸上的油脂、汗水等污渍，使面容光洁，再用毛巾将脸擦干净。

（2）护理。将爽肤水或收缩水倒在手心，轻拍于脸部使之吸收。然后根据肤质涂上隔离露或者护肤液等。这样可以保护面部皮肤免受化妆品的刺激。

（3）底妆。

1）粉底液：选择跟肤色同色号的粉底液，均匀涂抹于面部。一般先将粉底液抹在额头、鼻梁、两颊、下颌等处，然后由上而下抹匀整个面部，可使皮肤细腻、柔润。

2）蜜粉：先对折干粉扑蘸取适量的蜜粉揉匀，再用手指弹去多余的粉末，最后均匀地按压在肌肤上，可以用大号化妆刷去除多余的粉末，千万不可遗忘眼角、鼻翼、嘴角这些油脂茂盛区域。好的蜜粉不仅仅是起到一个定妆吸走油光的效果，更重要的是起到二次修饰的作用。

（4）眉毛修饰。用与头发相近颜色的眉笔顺着眉毛的方向描出适合自己的眉形，要顺着眉毛生长的方向一根根地描画，这样画出的眉毛有真实感。

（5）眼部修饰。

1）描眼线：将镜子放在距身体 20cm 处，眼睛向下看，用无名指把眼皮轻轻向上拉。贴着睫毛根部，在上眼睑用眼线笔勾出眼线。若需要画下眼线，眼尾处上下眼线要自然重合。

2）涂眼影：要选择和自己肤色和服装颜色适合的眼影。重点是上眼帘，从上眼帘边缘到眉毛下缘，颜色由深到浅，用眼影刷轻轻刷开。在内眼角涂深色眼影，可以使鼻梁看起来挺直。在外眼角涂深色眼影，可以改变眼睛的外形，增加眼睛的立体感。

3）涂睫毛膏：先用睫毛夹把睫毛夹弯曲，使睫毛上翘，然后用睫毛刷将睫毛膏均匀地涂抹在睫毛上。使睫毛显得浓密，增加眼睛的美感。

（6）抹腮红。选择腮红时要根据肤色、个性和场合。选择好颜色后，用腮红刷轻轻刷腮红，要由下而上抹，不要由上而下，以免损害皮肤。刷腮红的部位要根据每一个人的脸形来定，一般来说上至鬓角，下至耳垂，右起眼下，左至耳根，或左起眼下，右至耳根，不宜把腮红刷在颧骨上，而应刷在靠近鬓角处。需要注意的是，高颧骨的人宜用淡色的腮红，低颧骨或扁平脸形的人可抹些深颜色的腮红。

（7）涂口红。选择口红的颜色要根据服装、场合还有妆面，一般来说，口红的颜色比自然肤色稍深便可，不宜涂得过重。涂口红时微微张开嘴，先用唇线笔勾勒出唇形，再用唇刷蘸取口红从中间向两边涂，直至全部涂满，并拢上下唇让唇膏均匀。

（8）修整。化完妆后要仔细检查化妆效果，包括局部和整体的效果。化妆不要"人工痕迹过重"，如粉打得太白、腮红涂抹得太艳等。如果化妆造成的效果与自己本身的气质相差悬殊，就不是成功的，应该进行补妆和纠正。常规的化妆步骤如图 2-4 所示。

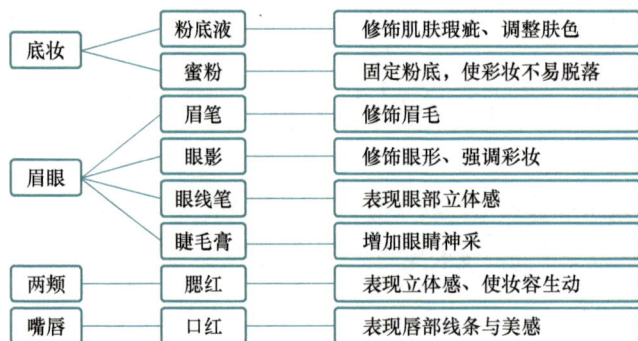

底妆	粉底液	修饰肌肤瑕疵、调整肤色
	蜜粉	固定粉底，使彩妆不易脱落
眉眼	眉笔	修饰眉毛
	眼影	修饰眼形、强调彩妆
	眼线笔	表现眼部立体感
	睫毛膏	增加眼睛神采
两颊	腮红	表现立体感、使妆容生动
嘴唇	口红	表现唇部线条与美感

图 2-4　常规的化妆步骤

三、肢体修饰

商务人员在大庭广众的注视下进行服务工作，经常是全方位地展示肢体，因此肢体的修饰也不能忽视。

肢体包括上肢和下肢，在修饰上各有规范。上肢即手臂，是服务工作中运用最为频繁的身体部位。无论是书写文字、指示方向、举手致意、与人握手、搬运物品、递接钱款等，都要运用手臂。所以手臂被视为服务人员的"第二脸面"，必须悉心保养和修饰。下肢的清洁若掉以轻心，就会出现被人称为"凤凰头，扫帚脚"的不雅现象。

1. 手臂的清洁

手臂要保持无泥垢、无污痕，一切入眼的痕迹，如手上所沾的墨水、印油、酱汁、油渍等污垢，均应清洗干净。在工作岗位上，双手务必做到"六洗"：一是上岗之前要洗手，二是弄脏之后要洗手，三是接触精密物品或入口之物前要洗手，四是规定洗手之时要洗手，五是上过卫生间之后要洗手，六是下班之前要洗手。

还须注意，在工作岗位上不可乱用双手，例如揉眼睛、掏耳孔、抠鼻、剔牙、搔头发、抓痒痒、脱鞋，或是双手四处乱摸，抓捡地上的物品等，都是极不卫生的。在一些特殊的工作岗位上服务时，为了卫生保洁起见，还应按规定戴专用的手套。

2. 手臂的修饰

在工作岗位上手臂的修饰，应以朴素庄重为美，而不应艳丽、怪诞，否则就与自身特定的社会角色不相称。

（1）不蓄长指甲。商务人员的手指甲，通常不宜长过其指尖，修剪手指甲，要养成"三天一修剪、每天一检查"的良好习惯，此外，还应注意及时剪除指甲周围形成的死皮。

（2）不涂画艳妆。商务人员不允许在工作岗位上涂抹彩色指甲油，或者进行艺术美甲，在手臂上刺字、绘画就更不适宜。

（3）腋毛不外露。一般而言，商务人员大都不会以肩部暴露的服装为工作装。若因工作特殊需要，必须穿着肩部外露的服装上岗服务时，上班前最好剃去腋毛。另外，个别人手臂上往往长有较为浓密的汗毛，必要时也应采取有效方法将其去除。

3．下肢的清洁

勤洗脚、勤换袜。做到每天换洗一双袜子，注意不要穿不易透气、易生异味的袜子。定期交替更换鞋子。在穿鞋前，务必细心清洁鞋面、鞋跟、鞋底等处，使其一尘不染，定期擦油，使其锃亮光洁。

4．下肢的修饰

（1）不要光腿。在正式场合，不允许男士的着装暴露腿部，即不允许其穿短裤，女士可以穿长裤、裙子，但不得穿短裤或是暴露大部分大腿的超短裙。越是正式的场合，要求女士的裙子越长。在庄严、肃穆的场合，女士的裙长应在膝部以下。

（2）旗袍与套裙。必须配以肉色透明丝袜与不露脚趾、脚跟的船鞋。若因气候过于炎热或工作性质比较特殊而光腿，则必须注意选择长过膝盖的短裤或裙子。

（3）不要光脚露趾。商务人员在直接面对顾客工作时，绝不允许光脚穿鞋和穿露趾的凉鞋或拖鞋。夏天光脚穿鞋自然舒适，但在顾客面前显得不够正式。

（4）不要露脚跟。商务人员在工作岗位上暴露自己的脚后跟，会显得过于散漫，令顾客产生反感，也显得企业管理不够正规。

单元二　仪态礼仪

仪态是指一个人的姿态，泛指人们的身体所呈现出来的各种姿势，即身体的具体造型。一个人的仪态包括他的所有行为举止：站姿、坐姿、行姿、蹲姿、手势、面部表情等。仪态的美丑，往往还体现出一个人是高雅还是粗俗，是严谨还是轻浮。洒脱优雅的仪态举止，常常被人们羡慕和称赞，最能给人们留下深刻的印象。我们往往可以从一个人的仪态来判断他的品格、学识、能力和其他方面的修养。

一、站姿

站姿是人们平时所采用的一种静态的身体造型，同时又是其他动态身体造型的基础和起点。常言道"站如松，坐如钟"，这是我国传统的有关于站姿的标准。人们在描述一个人生机勃勃、充满活力的时候，经常使用"身姿挺拔"这类词语。站姿是衡量一个人外表乃至精神的重要标准，优美的站姿是保持良好体型的秘诀。从一个人的站姿，人们可以看出他的精神状态、品质和修养及健康状况。

在日常的工作与社交活动场所，良好的站姿是非常重要的。一般来说，标准的站姿关键要看三点：一是髋部向上提，脚趾抓地；二是腹肌、臀肌收缩上提，前后形成夹力；三是头顶上悬，肩向下沉。只有这三个部位的肌肉力量相互制约，才能保持标准站姿（如图2-5、图2-6所示）。

图 2-5　男士基本站姿

图 2-6　女士基本站姿

（一）站姿的要求

1. 基本站姿

基本站姿要求稳重、大方，适合于严肃、庄重的场合。

（1）头正，双目平视，嘴角微闭，下颌微收，面容平和自然。

（2）双肩放松，稍向下沉，人有向上的感觉。

（3）躯干挺直，挺胸、收腹、立腰。

（4）双臂自然下垂于身体两侧，中指贴拢裤缝，两手自然放松。

（5）双腿立直、并拢，脚跟相靠，两脚尖张开约60°，身体重心落于两脚正中。

2. 交际站姿

商务人士在工作中的站姿一定要符合规范，特别是面对客人的时候，规范的站姿是良好礼仪修养的表现，是商务人士的基本素质之一。

（1）前腹式站姿。上身正直、头正目平、腰直肩平、挺胸收腹、两腿站直、肌肉略有收缩感、微收下颌、面带微笑。男士双脚分开不超过肩宽，双手在腹前相握（如图2-7所示）。女士双脚呈丁字步，双手虎口相交叠放于脐下三指处，双手相握，手指伸直但不要外翘（如图2-8所示）。

（2）后背式站姿。这种站姿适合于男士在迎宾时使用。双脚分开不超过肩宽，双手在背后腰际相握（如图2-9所示）。

（3）交流式站姿。这种站姿适合于与人交流时使用。双手相握于腰部（如图2-10所示）。

图 2-7　男士前腹式站姿　　图 2-8　女士前腹式站姿　　图 2-9　男士后背式站姿　　图 2-10　交流式站姿

3. 站姿训练方法

（1）五点靠墙：背墙站立，脚跟、小腿、臀部、双肩和头部靠着墙壁，以训练整个身体的控制能力。

（2）双腿夹纸：站立者在两大腿间夹上一张纸，保持纸不松、不掉，以训练腿部的控制能力。

（3）头上顶书：站立者按要领站好后，在头上顶一本书，努力保持书在头上的稳定性，以训练头部的控制能力。

（二）站姿的注意事项

1. 弯腰驼背

在站立时，一个人如果弯腰驼背，除去其腰部弯曲、背部弓起之外，通常还会同时伴有颈部弯缩、胸部凹陷、腹部凸出、臀部撅起等一些其他的不良体态。这会显得一个人缺乏锻炼、无精打采，甚至健康不佳。

2. 趴伏倚靠

在工作岗位上，要确保自己"站有站像"。需要站立时，随随便便地趴在一个地方，或伏在某处左顾右盼，或倚着墙壁、货架而立，或靠在台桌边，或前趴而后靠，这些都是自由散漫、极不雅观的。

3. 手位不当

在站立时，必须注意以正确的手位去配合站姿。若手位不当，则会破坏站姿的整体效果。站立时手位不当主要表现在：一是双手抱在脑后；二是用手托着下巴；三是双手抱在胸前；四是把肘部支在某处；五是双手叉腰；六是将手插在衣服或裤子口袋里。

4. 脚位不当

在正常情况下，"V"字步、"丁"字步或平行步均可采用，但要避免"人"字步和"蹬踩式"。"人"字步也就是"内八字"步；"蹬踩式"指的是在一只脚站在地上的同时，把另一只脚踩在鞋帮上，或是踏在其他物体上。

5. 双腿大叉

商务人员应切记：自己双腿在站立时分开的幅度在一般情况下越小越好；女士双腿必须并

拢，男士双腿即使是分开，也要注意不可使二者间的距离超过本人肩宽。

6. 身体歪斜

站立时身体不能歪歪斜斜。若身躯明显地歪斜，如头偏、肩斜、腿曲、身歪，或是膝部不直，不但直接破坏了人体的线条美，而且还会使自己显得颓废消沉、萎靡不振或自由散漫。

二、坐姿

坐姿与站姿同属一种静态仪态。正确规范的坐姿要求端庄而优美，给人以文雅、稳重、自然大方的美感。坐是仪态的主要内容之一，无论是伏案学习、参加会议，还是会客交谈、娱乐休息，都离不开坐。坐，作为一种仪态，有着美与丑、优雅与粗俗之分。

坐姿要求"坐如钟"，指人的坐姿像座钟般端直，当然这里的端直指上体的端直。优美的坐姿让人觉得安静、舒适、端正、舒展大方（如图 2-11、图 2-12 所示）。

图 2-11　男士标准坐姿　　　　图 2-12　女士标准坐姿

（一）坐姿的要求

1. 入座

（1）从椅子左侧入座。应在离椅前半步远的位置立定，右脚轻向后撤半步，用小腿靠椅，以确定位置。

（2）男士着西装入座时，应将西装纽扣解开，以免西装过于紧身限制人的动作。

（3）女士着裙装入座时，应用双手将后片向前拢一下，以显得典雅端庄。

（4）坐下时，身体重心徐徐垂直落下，臀部接触椅面要轻，避免发出声响。

2. 基本坐姿

（1）精神饱满，表情自然，目光平视前方或注视交谈对象。

（2）身体端正舒展，重心垂直向下或稍向前倾，腰背挺直，臀部占座椅面的 2/3。

（3）双腿自然弯曲，双脚平落地上。男士双膝双脚可稍打开，幅度不要超过肩宽，双手掌心向下分别放在双膝上；女士双膝双脚并拢，双手交叠放在大腿上。

3. 坐姿的调整

（1）双脚交叉式。它适用于各种场合，男女都可选用。男士双膝分开，双手交叉放于大腿中部，双脚在踝部交叉，但不要向前方远远地直伸出去（如图2-13所示）。女士双膝并拢，双手相叠放于大腿中部，双脚在踝部交叉，交叉后的双脚可以内收，也可以斜放，但不要向前方远远地直伸出去（如图2-14所示）。

（2）前后式坐姿。适用于侧坐与人交谈的场合，两脚前后错步，形成前后式坐姿，男士双膝分开（如图2-15所示），女士双膝并拢（如图2-16所示）。

（3）双腿叠放式。适合轻松的场合，一般用于男士，双腿一上一下交叠在一起，叠放在上的脚的脚尖不要上翘，双手相握放于膝上（如图2-17所示）。

（4）双腿斜放式。适合于穿裙子的女士就坐时所用。要求双腿首先并拢，然后双脚向左或向右侧斜放，力求使斜放后的腿部与地面呈45度角（如图2-18所示）。

图 2-13 男士交叉式

图 2-14 女士交叉式

图 2-15 男士前后式

图 2-16 女士前后式

图 2-17 男士重叠式

图 2-18 女士斜放式

4. 离座

离座时起身不要过猛，右脚向后撤半步以保持身体的平衡和正直。站起来之后男士将西装纽扣扣上，女士整理裙摆，从椅子的左侧离开座位。

> **小提示　手臂的摆放**
>
> 根据实际需要，入座后手臂的正确放置位置如下：
> 1）有扶手时，一手搭在扶手上，另一手自然放在大腿上。
> 2）无扶手，侧身和人交谈时，通常要将双手叠放或相握地放在自己所侧一方的那条大腿上。当穿短裙的女士面对男士而坐，身前又没有屏障时，为避免"走光"，可以把自己随身的皮包或文件放在并拢的大腿上，把双手或叠或握着放在双腿上。有桌子时，可双手相叠平放在桌子边沿。

（二）坐姿的注意事项

1. 双腿叉开过大

双腿如果叉开过大，不论大腿叉开还是小腿叉开，都非常不雅。特别是身穿裙装的女士更不要忽略了这一点。

2. 架腿方式欠妥

坐后将双腿架在一起，不是说绝对不可以，但正确的方式，应当是两条大腿相架，并且鞋底不要朝上。如果把一条小腿架在另一条大腿上，两腿之间还留出大大的空隙，就显得十分不雅了（如图 2-19 所示）。

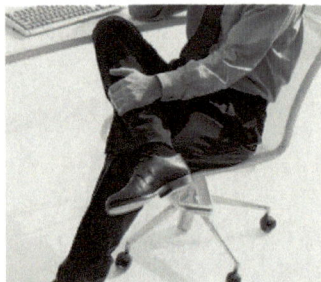

图 2-19　错误的架腿坐姿

3. 双腿直伸出去

这样既不雅也妨碍别人。身前如果有桌子，双腿尽量不要伸到桌子范围以外。

4. 将腿放在桌椅上

有人为图舒服，喜欢把腿架在高处，甚至抬到身前的桌子或椅子上，这样的行为是非常粗鲁的。把腿盘在座椅也不妥。

5. 抖腿

坐在别人面前，反反复复地抖动或摇晃自己的腿部，不仅会让人心烦意乱，而且也给人以极不安稳的印象。

6. 脚尖指向他人

不管具体采用哪一种坐姿，都不要以本人的脚尖指向别人，因为这一做法是非常失礼的。

7. 双手夹在腿间

将双手夹在两腿之间，这一动作显得其人不大方、不自信。

8. 双手抱膝

双手抱膝，本是一种惬意、放松的休息姿势，在工作中不可以这样。

9. 上身向前趴伏

坐后上身趴伏在桌椅上或本人大腿上，都仅能用于休息，而不要在工作中出现。

三、行姿

人的体态礼仪中，行姿是最难纠正的。一般来讲，站姿、坐姿、蹲姿以及手势等动作都容易统一，但人的行姿因年龄、体态、性格甚至遗传基因等差异，呈现出千姿百态。所以行姿的纠正需要付出很多的努力。总的来讲，对行姿的要求是"行如风"，当然不是指走起路来像风一样快，而是指要像风一样轻盈、稳健。

（一）行姿的要求

1. 方向

在行走时，保持明确的行进方向，会给人以稳重之感。行走时应以脚尖正对着前方，形成一条虚拟的直线。每行进一步，脚跟都应当落在这一条直线上。男子行走，两脚跟交替前进在一线上，两脚尖稍外展，通常速度较快，步稍大，步伐奔放有力，充分展示男性的阳刚之美。女子行走，两脚交替走在一条直线上，脚尖正对前方，称"一字步"，以显优美。

2. 重心

起步之时，身体须向前微倾，身体的重量要落在前脚掌上。在行进的整个过程之中，应注意使自己身体的重心随着脚步的移动不断地向前过渡，切勿让身体的重心停留在自己的后脚上。

3. 动作

走动时要以脚跟先着地，膝盖在脚部落地时应当伸直，腰部要成为重心移动的轴线。双臂要在身体两侧一前一后的摆动。行进时应面对前方，两眼平视，挺胸收腹，直起腰、背，伸直腿部，使自己全身从正面看上去犹如一条直线。

4. 步幅

在行进之时，最佳的步幅应为本人的一脚之长，即男子每步约40cm（如图2-20所示），女子每步约36cm（如图2-21所示）。同时，步子的大小，还应当大体保持一致。男子穿西装时，走路的幅度可略大些，以体现出挺拔、优雅的风度；女子着旗袍和中跟鞋时，步幅宜小些，以免因旗袍开衩较大，露出大腿，显得不雅；女子着长裙行走要平稳，步幅可稍大些，因长裙的下摆较大，更显得女子修长、飘逸潇洒；年轻女子穿着超短裙（指裙长在膝盖以上）时，步幅不宜太大，步频可稍快些，以保持轻盈、活泼、灵巧、敏捷。

5. 步速

在某一特定的场合，步速应当保持相对稳定，较为均匀，而不宜使之过快过促或者忽快忽慢。

图 2-20　男士行姿

图 2-21　女士行姿

（二）行姿的注意禁忌

（1）忌内八字和外八字。

（2）忌弯腰弓背，摇头晃脑，大摇大摆，上颠下跛。

（3）忌大甩手，扭腰摆臀，左顾右盼。

（4）忌脚蹭地面，忌手插在裤兜里。

情景剧
行姿错误案例

四、蹲姿

日常生活中，当人们取低处物品时，总是习惯弯腰、低头、撅臀，然后捡起，这个动作看起来非常不雅观，尤其是穿裙装的女士做更为不雅，而商务人员注重优雅仪态是商务礼仪的必需。因此，商务人员应该很好地掌握蹲姿的基本要求，并在日常工作、生活中不断实践。

蹲姿

（一）蹲姿的要求

1. 基本要求

蹲姿的基本要求是走到要拿取的物品旁边，利用蹲和屈膝的动作，以一膝微曲作为支撑点，两脚前后分开；身体下蹲时保持直立，不要翘臀；拿取物品时，上身微弯保持优雅的姿态，拿起地面上的物品。

2. 蹲姿的方式

（1）高低式蹲姿。这是商务人士采取最多的姿势。下蹲时左脚在前，右脚在后，两腿靠紧向下蹲。左脚全脚着地，右脚脚跟提起，脚掌着地。右膝低于左膝，形成左膝高右膝低的姿态，臀部向下，基本上以右腿支撑身体。女性应两腿靠近（如图 2-22 所示），男性可适度地分腿（如图 2-23 所示）。

（2）单膝点地式蹲姿。通常适用于下蹲时间较长时，在高低式蹲姿的基础上，右膝点地以进行身体的支撑，从而保持较长时间的蹲姿状态（如图 2-24 所示）。

图 2-22　女士高低式　　　　　图 2-23　男士高低式　　　　　图 2-24　单膝点地式

（二）蹲姿的注意禁忌

1. 突然下蹲

蹲下的时候，不要速度过快。当自己在行进中需要下蹲时，特别要注意这一点。

2. 离人太近

在下蹲时，应和身边的人保持一定距离。和他人同时下蹲时，更不能忽略与双方的距离，以防彼此"迎头相撞"或发生其他误会。

3. 方位失当

在他人身边下蹲时，最好是和他人侧身相向。正面面对他人，或者背部面对他人下蹲，通常都是不礼貌的。

4. 大腿叉开

女性商务人员无论穿着裤装还是裙装，下蹲时大腿必须贴紧。

5. 弯腰撅臀

无论男性或女性，在大庭广众面前弯腰撅臀拾取物品，姿态都不雅观（如图 2-25 所示）。标准蹲姿中永远是臀部朝下。

图 2-25　捡拾物品的错误姿势

五、手势

人际交往中，手势也是一种无声的语言，它可以很好地沟通人与人之间的关系，也可以体现一个人的礼仪修养水平。服务工作中，恰当规范的手势更能体现对客人的尊重，达到直接和客人交流的目的。

手势

★ **案例 2-2**　**小刘接机**

刘一佳是铂斯商贸有限公司的销售部行政助理，小刘的专业知识扎实，善于沟通，很适合这项工作。公司邀请来自全国的经销商参加二十周年庆典暨新品发布会，小刘与业务主管王璐共同负责这项工作。这天小刘与王璐一起前往机场迎接来自北方某市行业协会组织的经销商团队，共23人，两人根据公司要求穿着统一定制的职业装戴好胸牌，拿着接机牌在出口处等待。10:35分飞机降落，不多时就看到对方的领队向这边走来，顺利接到客人，王璐一边与领队核对人员信息，一边让小刘清点人数并带领大家上车，小刘伸出食指，清点着人数，1、2、3、……、23，小刘清点完毕告诉王璐与领队人数正确，然后伸直胳膊用食指指着停车场的方向对客人说：停车场在那边，大家可以上车了！

大家上车后，小刘再次伸出食指清点人数，这时王璐把手里的名单递给小刘说："小刘，这份名单要根据单位分配餐桌，你先统计一下。"接着王璐继续清点人数，她微笑着用目光扫视着客人，心里默数着……小刘看着王璐若有所思。"小刘，现在车上22人，还有一位客人刚才去机场的卫生间了，可能还没有回来，你去迎一下吧。"王璐查完人数对小刘说。

小刘马上回到机场寻找，看到一位身穿西装的男士拎着行李箱正在机场出口处东张西望，小刘马上举起胳膊摇着手大声呼喊："是不是铂斯的客人？这边这边啊……"，这一举动引来了周围旅客的纷纷侧目，小刘自觉不妥收起了胳膊。

（一）手势礼仪的要求

1. 递接物品

（1）递接物品时要使用双手，不能用单手，如果实在不方便使用双手，那应该尽量使用右手，用左手给别人递接物品是极不礼貌的。

（2）要将带尖、带刃的物品递给别人时，如递刀、笔、剪刀时，要将尖和刃那端对着自己递给客人，不能将尖、刃那端直对着客人。

（3）递文字物品，如文件、证件时，要将有字的一面朝上，并使正面朝向对方。递物品时应该递到客人手上为佳，不能放在别处让客人自己拿。

（4）接物品时，如果对方是站着，自己是坐着，应该站起来接物品，上身微微前倾表示尊敬。

2. 鼓掌

以右手掌心向下有节奏地拍击左掌，不可左掌向上拍击右掌，不可左掌向右、右掌向左，两掌互相拍击。时间要长短相宜，5～8秒钟为礼节性鼓掌。时间过短，有不欢迎、敷衍之意；时间过长则带有讽刺、驱赶之意。

3. 挥手

目视对方，身体保持直立、不乱动、乱晃。右手手臂伸出与肩同宽，掌心朝向对方，五指并拢，指尖朝向上，位置与眉毛水平，手腕轻轻晃动，手臂不上下或左右摆动（如图2-26所示）。

图 2-26　挥手致意

（二）手势礼仪的注意禁忌

1. 指点摆手

用手指指点别人，或用手指指点对方的面部，尤其是指点鼻尖，是

情景剧　手势

对人的极不恭敬。另外，也不要将一只手臂伸在胸前，指尖向上、掌心向外、左右摇动，或掌心向内，由内向外地摆动手臂，这些动作是拒绝别人，还有极不耐烦之意。

2. 双臂抱前抱后

在工作时若双臂抱在胸前，有旁观他人、置身事外之意，会令交往对象心生不快，双臂抱在脑后，也会给交往对象一种目中无人的感受。

3. 摆弄手指

反复摆弄自己的手指，如活动关节、握拳松拳、打响指，一只手或一双手插入口袋，这种动作通常都是不允许的，给交往对象一种烦躁、不努力的感受。

4. 弄姿抚体

在工作岗位上商务人员整理自己的服饰、梳妆打扮、抚摸自己的身体，如摸脸、擦眼、搔头、挖鼻、剔牙、抓痒等，会给交往对象矫揉造作、不专心做事的感受，也是不讲卫生、缺乏公德意识、素质低下的表现。

💡 **小提示**　**国际手势的差异**

在不同国家、不同地区、不同民族，由于文化习俗的不同，手势的含义也有很多差别，甚至同一手势表达的含义也不相同。所以，只有运用合乎规范、避免有歧义的手势，才不至于无事生非。商务人员应尽量多了解每一种手势的含义。

（1）OK手势。这个手势起源于美国，将食指和拇指弯曲构成一个圆，其他三只手指竖起来，这个手势表示"好"和对对方的赞扬，这一手势在欧洲和中国都普遍使用。但是在某些地区它的含义就发生了变化，如在法国的南部、希腊等地，它表示"劣等品"，在缅甸等地它表示"金钱"的意思，在地中海的国家它用来影射同性恋，在印度尼西亚它表示"不同意"。

（2）竖起大拇指。这个手势在中国表示对对方的赞扬，但在希腊，这种手势表示"滚开""够了"，在日本则代表"男人""老爷子"，在韩国是"父亲""首领"的意思，在美国、英国等国家则表示搭便车、表示"OK"。在某些地区，它的意思是表示数字，如澳大利亚、英国等大拇指表示"5"。

（3）大拇指向下。在中国这表示向下、下面的意思；在法国和墨西哥则表示"没用""坏运气""死了"；在英美等国表示"不同意"；在澳大利亚表示"讥笑"。

（4）"V"手势。在许多国家，这一手势表示"胜利"，但掌心要向外，如果掌心向内就变成侮辱人的信号，但在希腊，这个手势无论是掌心向外或者向内都是不能用的。

（5）右手握拳伸出食指。在中国、日本、菲律宾、韩国、墨西哥等国家都表示"一次""一个"的意思，但在中国还可以用来表示"提醒对方注意"；在美国是"请对方稍等"；在法国是学生请求回答问题时的手势。

（6）握拳伸出弯曲的食指。在中国表示数字"9"；在新加坡、马来西亚等地表示"死亡"；在英美等国家表示"招呼人"；在日本表示"小偷"；在菲律宾、泰国表示"钥匙""上锁"。

六、表情

表情是一种无声的语言。在人际交往中，表情真实可信地反映着人们的思想、情感和反应，以及其他一切方面的心理活动与变化。传播学认为：在人们所接受的来自他人的信息之中，约有45%来自有声的语言，而55%以上来自无声的语言。在后者中，又有70%以上来自表情，由此可见其在人际交往中所处的重要位置。

表情礼仪主要探讨的是眼神与笑容问题。在商务交往中，对人态度的评价往往也包含了表情神态。因此，商务人士必须了解并掌握如何运用自己的表情，表达热情、友好、谦恭、真诚的态度。同时要学会"察言观色"，了解交谈对象的心理活动与潜在需求。

（一）眼神礼仪的要求

俗话说"眼睛是心灵的窗户"。印度诗人泰戈尔说："一旦学会了眼睛的语言，表情的变化将是无穷无尽的。"这就说明，眼睛语言的表现力是极强的，是其他举止无法比拟的。一双炯炯有神的眼睛，给人以感情充沛、生机勃发的感觉；目光呆滞麻木，则使人产生疲惫厌倦的印象。眼睛最能有效地传递信息和表达情意。在人际交往中，眼神运用要符合一定的礼仪规范，不了解它，往往被人视为无礼，给人留下不良的印象。

1. 注视的时间

为表示友好，注视对方的时间应占全部相处时间的 1/3 左右。

2. 注视的角度

（1）平视。即视线呈水平状态，也叫正视。一般适用于在普通场合与身份、地位平等之人进行交往。

（2）侧视。它是一种平视的特殊情况，即位居交往对象一侧，面向对方，平视对方。它的关键在于面向对方，否则即为斜视对方，那是很失礼的。

（3）仰视。即主动居于低处，抬眼向上注视他人。它表示尊重、敬畏之意，适用于面对尊长之时。

（4）俯视。即向下注视他人，一般用于身居高处之时。它可对晚辈表示宽容、怜爱，也可对他人表示轻慢、歧视。

3. 注视的部位

（1）公务注视。通常用于洽谈、磋商等场合，注视的位置在对方的双眼与额头之间的三角区域内。

（2）社交注视。一般在社交场合，如舞会、酒会上使用，注视的位置在对方的双眼与嘴唇之间的三角区域内。

（3）亲密注视。在亲人、恋人、家庭成员等亲近人员之间使用，注视的位置在对方的双眼和胸部之间。

（二）微笑礼仪的要求

在商务场合，微笑是非常重要的技能，是良好态度的重要外在表现形式。微笑是表情中最能赋予人好感，增加友善和沟通的表现方式。商务人员礼貌、亲切的微笑会给对方带来愉悦、温暖的感觉，是热情友好的表示。俗话说"没有笑颜不开店"，笑容不仅是赢得顾客的武器，更是产生经济效益的法宝。

> ★ **案例 2-3**　他们的微笑，是奥运最好的名片
>
> 每届奥运会的成功举办都离不开志愿者服务。从礼宾接待到观众指引再到沟通联络，志愿者活跃在奥运赛场的每个角落，用语言和行动提供细致入微的服务，见证荣耀绽放，诠释志愿精神，回望 2008 年北京奥运会，赛会志愿者报名人数曾创历届之最，志愿者的微笑成为"北京欢迎您"的最好名片。2022 年北京冬奥会的顺利举办，同样离不开广大志愿者的热情参与和倾力奉献，真挚的微笑和细致的关怀成为一道独特而亮丽的风景线。开幕式上，因为大学生志愿者孙泽宇的一句"欢迎来到中国"，美国单板滑雪运动员特莎·莫德热泪盈眶。从闭环驻地、赛事场馆到城市的许多角落，都有志愿者活跃在这场冰雪盛会的不同领域，给参赛选手、海外来宾带来温暖和感动。热情而周到的志愿服务，不仅烘托了冬奥会的欢乐气氛，也架起了各国年经人"双向奔赴"的友谊桥梁。
>
> 对服务来说，微笑不是目的，只是手段。服务仅有微笑是不够的，而更重要的是要使服务发自内心，真诚地为客人服务。

1. 基本要领

微笑是工作岗位上的一种常规表情或标准表情，微笑的主要特征是：面含笑意，但笑容不甚显著。在一般情况之下，人在微笑之时，是笑而不闻其声，双唇轻启，牙齿半露。

2. 整体配合

微笑除了要注意口型之外，还须注意面部其他各部位的相互配合。微笑之时，应当目光柔和发亮，双眼略微睁大；眉头自然舒展，眉毛微微向上扬起。这就是人们通常所说的"眉开眼笑"。除此之外，还应避免耸动自己的鼻子与耳朵，并且宜将下巴向内自然地稍许含起。

3. 表里如一

微笑应该是一种内心活动的自然流露，也就是说，它应当首先是一种"心笑"，应当来自人的内心深处，发自肺腑，无任何做作之态。只有笑得真诚，才显得亲切自然、与你交往的人才能感到轻松愉快。

4. 训练方法

练习嘴部动作时，为使双颊肌肉向上抬，口里可念着普通话的"一"字音。训练眼睛的"笑容"时，取厚纸一张，遮住眼睛下边部位，对着镜子，想象美好的事物，使笑肌抬升收缩，嘴巴两端做微笑的口型，随后放松面部肌肉，嘴两端恢复原形，眼睛保持微笑的状态，以此来训练眼神带笑。

单元三　服饰礼仪

　　服饰是指服装及其装饰，是人们审美的一个重要方面。每个人的穿着打扮，都展示了自己的修养和品位。有人把服装比作人际交往中的另一张名片，虽不直接送人，却传达着更多真实的信息。商务人员的服饰也是企业形象的重要组成部分，如果选择一身得体的服饰，那么他（她）就从中获得自信，会举止从容，言谈自然大方，为自己增添光彩，也为企业提升社会形象。

　　服饰礼仪是一门艺术，掌握这门艺术，不仅要考虑到服装的样式、色彩、衣料，饰物的佩戴，还要考虑到着装者的年龄、职业、所处场合以及这些因素间的互相搭配、协调。只有把这些因素放在一个统一体中，整体协调一致，方能显现出服饰的艺术魅力，显出个人品位。

一、场合着装原则

（一）着装场合

　　从总体上来划分，在交际应酬之中人们所面临的种种场合，可被分为公务、社交、休闲这三个大类。人的全部活动，无不包含在其中。在这三类不同的场合，着装的款式应各有不同。原则上讲，公务场合、社交场合属于正式场合，总的着装要求是正规、讲究。休闲场合则属于非正式场合，总的着装要求是随意、自便。

　　1. 公务场合

　　公务场合指的是人们置身于工作的地点，公务场合对于服装款式的基本要求是：庄重、保守、传统。符合这一要求又适用于公务场合的服装款式为：制服、套装、套裙、工作服等。

　　2. 社交场合

　　社交场合是指人们置身于交际地点，用于在上班之外，在公共场合与熟人交往、共处的地点。在这个意义上，聚会、拜访、宴请、舞会、音乐会等，都是典型的社交场合。社交场合对于服装款式的基本要求是：典雅、时尚、个性。符合这一要求又适用于社交场合的服装款式为：时装、礼服、民族服装，以及个人缝制的个性化服装等。

　　3. 休闲场合

　　休闲场合指的是人们置身于闲暇地点，用于在公务、社交之外，一人独处，或是在公共场合与不相识者共处的地点。居家、健身、旅游、娱乐、逛街等，都属于休闲活动。休闲场合对于服装款式的要求是：舒适、方便、自然。符合这一要求又适用于休闲场合的服装款式为：家居装、牛仔裤、运动裤、沙滩装等。

★ **案例 2-4　小李的尴尬**

铂斯商贸有限公司受邀前往广州参加艺术品交流展会，销售部经理赵明达带着新入职的李一凡一同前往，两人到展厅的时间不早不晚，展厅里的人熙熙攘攘，李一凡感到参加此次展会的人们都西装革履非常得体，而自己的西装由于旅途中一直穿着，裤线早没了，上衣的兜盖不知怎么的反了向了，兜口老是张着，领带呢，恰巧又忘了戴，这一身打扮实在有失体面。

小李回想起当时的情景："我旁边展位的几位销售都穿着精制的西装，风度翩翩，头发梳理得光亮整齐，现场的女士也都穿着得体的套装，显得帅气干练。"

"当时，我的头发在头上横躺竖卧，尤其是脑后'旋儿'旁边的那一绺，高高地矗着，不照镜子都能'心知肚明'。脚下一双皮鞋更显得寒酸，因为上面都是灰尘。"

小李感到了一种不自在，一种与环境格格不入的不自在。更不自在的是有人到展位上来询问展品信息，问这问那，他则答非所问，因为脑子里老想着头上"旋儿"边的那一绺立着的头发……小李不自觉地低下了头，在展会上也不好意思与人打招呼，只剩下赵经理一人在递名片、介绍展品。

（二）TPO 原则

TPO 原则是有关服饰礼仪的基本原则之一。其中的 T、P、O 三个字母，分别是英文时间（Time）、地点（Place）、目的（Object）这三个单词的缩写。它的含义是：要求人们在选择服装、考虑其具体款式时，首先应当兼顾时间、地点、目的，并力求使自己的着装及其具体款式与着装的时间、地点、目的协调一致，做到和谐般配。

1. 时间

（1）根据每一天的早间、日间和晚间三个时间段考虑着装，例如人们早间在家中和户外的活动居多，无论外出跑步做操，还是在家里盥洗用餐，着装都应以方便、随意为宜。日间是工作时间，着装要根据自己的工作性质特点，总体上以庄重大方为原则。如果安排有社交活动或公关活动，则应以典雅端庄为基本着装格调。晚间的宴请、舞会、音乐会等正式社交活动居多，人们的交往空间距离相对会缩小，因此，晚间着装要讲究一些，礼仪要求也要严格一些。晚间着装以晚礼服为宜，以形成高雅大方的礼仪形象。在西方，男子午前或白天不能穿小礼服，夜晚不能穿晨礼服。女子在日出前不应该穿过于裸露的服装。

（2）根据每年春、夏、秋、冬四个季节的交替考虑着装，例如，冬天要穿保暖、御寒的冬装；夏天要穿通气、吸汗、凉爽的夏装。根据不同的时期、季节考虑着装。

2. 地点

在室内或室外，驻足于闹市或乡村，停留在国内或国外，身处于单位或家中，在这些变化不同的地点，着装的款式理当有所不同。例如，穿泳装出现在海滨浴场，是人们司空见惯的，但若是穿着它去上班、逛街，则令人哗然；西装革履地步入金碧辉煌的高级酒店会产生一种人境两相宜的效果，而若出现在大排档，便会出现反差强烈的局面；在静谧肃穆的办公室里着一套随意性极强的休闲装，穿一双拖鞋，或者在绿草茵茵的运动场着一身挺括的西装，穿一双皮鞋，都会显得极不协调。

3. 目的

根据不同的交际目的和具体的交际对象的需要来选择不同的服装。例如，一个人身着款式庄重的服装前去应聘新职、洽谈生意，说明他郑重其事、渴望成功。而在这类场合，若身着便装、不拘小节，则表示自视甚高，对求职、生意的重视，远远不及对其本人的重视。人们的着装往往体现出其一定的意愿，即自己对着装留给他人的印象如何，是有一定预期的。是想让自己显得成熟稳重、朴实诚恳，还是充满自信、富于个性，或是青春靓丽、活泼可爱，采用不同的着装就可以达到目的。

二、男士西装礼仪

西装是一种国际性服装，造型优美，做工讲究。西装的实用性非常强，四季皆宜，深受世界很多国家和很多民族人民的欢迎。一套合体的西装可以使男人显得潇洒倜傥、风度翩翩。人们常说：西装七分在做，三分在穿。西装的韵味不是单靠西装本身穿出来的，而是用西装与其他衣饰一道搭配出来的，因此学会如何穿好西装对男士非常重要。

（一）西装的种类

西装根据穿着场合的不同，可分为以下三种：

1. 日常工作用的西装

一般非正式场合，如参观、一般性聚会、办公室洽谈业务等，穿西装是必要的、基本的礼节要求。此时可穿单件上装配以各种西裤，也可视需要和爱好配以其他时装裤。在半正式场合，如一般性会见、访问、洽谈业务、较高级会议和日间举行的较为隆重的活动，应着套装。日常工作用的西装多半为深蓝色或灰色；有时也可视场合气氛及工作环境的变化选择色彩鲜明的西装。

2. 作礼服用的西装

在正式场合，如宴会、正式会议、婚丧活动、大型记者招待会、正式典礼及特定的晚间社交活动，必须穿着颜色素雅的套装（两件套或三件套），以深色、单色最为适宜。最隆重场合一定着黑色西装，配黑鞋黑袜。此时，选择花格五彩图案等是不合适的。1983 年 6 月，里根出访欧洲四国，就因穿了一套格子西装而引起了一场轩然大波。因为按照惯例，在正式外交场合应着黑色西装以示庄重。

3. 休闲时的西装

近年来，休闲西装日趋流行。休闲西装在造型结构上往往是一种中性状态，男女均可穿用。在规格上属宽松型，胖瘦体兼容，所以适用范围较大，这也是休闲西装能迅速流行的一个因素。休闲西装的质地、款式、颜色等都与传统西装不同。其质地不像传统西装那样考究，而款式新颖、活泼洒脱，颜色通常是当季流行的，图案有条纹、格子、印花等。休闲西装的风格趋向于时装，与传统西装偏向于暗色调、款式固定、给人端庄严肃的感觉完全不同。

（二）西装的穿着原则

1. 三色原则

在正式场合，穿西装套装的时候，全身的颜色，包括上装、下装、衬衫、领带、鞋子、袜子在内，应该被限定在三种以内，以保持庄重传统的风格。基本色彩应该是单色、深色、无图案。

2. 三一定律

在正式场合着装时，男士的鞋子、腰带、公文包应为同一颜色。考虑到正式场合对出席者全身服装色彩的要求，这三样服饰颜色统一为黑色最佳。

今天，虽然人们对衣服的穿着比较随意，但总的来说，上述原则对男性的服饰还是适用的。男性服饰一直处于较静止的状态，在发展不同的新式样方面较为缓慢，而女性的着装则每年都流行新颖的式样。

（三）西装穿着的要求

1. 衬衫

正式场合穿西装应配正装衬衫。正装衬衫的穿法，应从以下几方面入手：

（1）面料。正装衬衫主要以高支精纺的纯棉、纯毛制品为主，以棉、毛为主要成分的混纺衬衫可酌情选择。不宜选择以条绒布、水洗布、化纤布制作的衬衫，不宜用真丝、纯麻做成的衬衫。

（2）色彩。正装衬衫必须为单一色彩。在正式的场合中，白色衬衫是男士的唯一选择。除此之外，深蓝色、灰色、墨绿色、黑色有时也可加以考虑。杂色衬衫，或红色、粉色、紫色、绿色、黄色、橙色衬衫等，穿起来有失庄重之感，是不可取的。

（3）图案。正装衬衫以无任何图案为佳。在一般性的场合中可以穿着较细的竖条衬衫，但不可同时穿着竖条纹的西装。印花衬衫、格子衬衫，以及带着人物、动物、植物、文字、建筑物等图案的衬衫均非正装衬衫。

（4）衣领。正装衬衫的领型多为方领、短领和长领。选择衬衫衣领时，应与个人的脸形、脖子及将打的领带结的大小结合，不能使它们相互之间反差太大。立领、翼领和异色领的衬衫不适合同正装西装相配。衬衫的领头要挺括。

（5）衣袖。正装衬衫必须为长袖衬衫。正确使用单层袖口和双层袖口。双层袖口的衬衫又称法国式衬衫，主要作用是佩戴装饰性袖扣，又叫链扣、袖链，可为佩戴者平添高贵而优雅的风度，在国外是男士在正式场合所佩戴的重要饰物。但若将其别在单层袖口的衬衫上，就不伦不类了。正装衬衫衣袖应长出西装袖2厘米左右，以显出穿着的层次。

（6）纽扣。系领带时，必须将衬衫的全部扣子系好，不戴领带时可把衬衣上面第一粒扣子解开。

（7）衣袋。正装衬衫以无胸袋为佳。如果穿着有胸袋的衬衫，要尽量不往胸袋内放东西。

（8）下摆。正装衬衫的下摆要扎进西裤里面。

2. 领带

领带是西装的灵魂，在西装的穿着中起着画龙点睛的作用，凡是参加正式交际活动，穿

西装就应系领带。

（1）款式。领带的款式，有宽窄之分，这主要受到时尚流行的左右。进行选择时，应注意最好使领带的宽度与自己身体的宽度成正比，不要反差过大。领带还有箭头与平头之别。前者下端为倒三角形，适用于各种场合，比较传统；后者下端为平头，比较时髦，多适用于非正式场合。领带的色彩、图纹，可以根据西装的色彩配置，以达到相映生辉的效果。

（2）领带结。成人日常所用的领带，通常长130～150厘米。领带打好之后，外侧应略长于内侧。其标准的长度，应当是下端正好触及腰带扣的上端。这样，当外穿的西装上衣系上扣子后，领带的下端便不会从衣襟下面显露出来。领带扎得好不好看，关键在领带结打得如何。

（3）领带夹。主要用于将领带固定于衬衫上，因此不能只用其夹着领带，或是将其夹在上衣的衣领上。领带夹的正确位置，应在衬衫从上往下数的第四粒与第五粒纽扣之间。最好不要让它在系上西装上衣扣子之后外露。若其夹得过于往上，甚至被夹在鸡心领羊毛衫或西装背心领子开口处，是非常土气的。

（4）领带针。主要用于将领带别在衬衫上，并发挥一定的装饰作用。其一端为图案，应处于领带之外，另一端为细链，则应免于外露。使用它时，应将其别在衬衫从上往下数第三粒纽扣处的领带正中央。其有图案的一面，宜为外人所见。

3. 皮鞋

在正式场合，穿西装必须穿皮鞋，不能穿旅游鞋、轻便鞋或布鞋。颜色以黑色最佳，也可穿咖啡色。皮鞋要上油擦亮，不能蒙满灰尘。

4. 袜子

袜子应选择纯棉材质，袜筒要长一点，以免坐下时露出脚踝或小腿，袜子的颜色最好是黑色，或是西装和皮鞋之间的过渡色。

5. 腰带

一般来说，腰带以黑色为最好，带头要美观、大方，不要太花哨。

6. 纽扣

（1）一粒扣的西装，纽扣要扣上。

（2）两粒扣的西装，只扣上面的一粒，不能两粒纽扣全都扣上。

（3）三粒扣的西装，扣中间的一粒，也可扣上面一、二粒。

（4）双排扣的西装，站着时一般应将纽扣都扣上，当坐下时，最下端的一粒纽扣以松开为宜，以避免弄皱衣服，但再站起来时应把它重新扣好。

（5）衬衫袖口一定要扣上。

（6）驳领上的扣眼叫插花眼，是参加婚礼、葬礼或出席盛大宴会、典礼时用来插鲜花用的。

7. 口袋

（1）左上方的口袋，可以根据需要放置折叠考究的西装手帕，常见的有"一字形""三角形"和"双三角形"等。

（2）西装前襟两边内侧的口袋，可放钱夹、名片、纸巾、钥匙等物品。其他口袋不应放任何东西，以免影响西装的线条美。

💡 **小提示**

打领带结有三点技巧：①要把它打得端正、挺括，外观上呈倒三角形；②可以在收紧领结时，有意在其下压出一个窝或一条沟来，使其看起来美观、自然；③领带结的具体大小不可以完全自行其是，而应令其大体上与同时所穿的衬衫领子的大小成正比例。需要说明的是，穿立领衬衫时不宜打领带，穿翼领衬衫时适合扎蝴蝶结。

★ **案例 2-5　服饰的象征意义——中山装的文化理念**

中山装起源于 20 世纪初，是孙中山先生在广泛汲取欧美服饰文化的基础上，结合中国传统服饰特点所创立的一种新型服装样式（如图 2-27 所示）。它不仅体现了民主、平等、自由等时代精神，更成为一种具有中国特色的服饰文化。在此后的发展过程中，中山装经历了多次变革和创新，但始终保持了其基本样式和理念的一致性，其形制基本确立于 20 世纪 20 年代，特点包括立翻领、对襟、前襟五粒扣、四个贴袋、袖口三粒扣以及后片不破缝等。这些设计细节的修改，使得中山装更加符合现代审美和实用需求。同时，中山装也融入了《易经》《周礼》中的中华传统优秀文化的元素，从而赋予了其深远的意义。中山装代表着中国传统服饰文化与西方近代服饰文化的完美结合，充分体现了开放包容、与时俱进的精神风貌。

图 2-27　中山装

中山装前身的四个口袋象征着国之四维。《管子·牧民》中记载："国有四维，一维绝则倾，二维绝则危，三维绝则覆，四维绝则灭。倾可正也，危可安也，覆可起也，灭不可复错也。何谓四维，一曰礼，二曰义，三曰廉，四曰耻。"孙中山先生依据礼、义、廉、耻在中山装的上下左右设计四个明口袋，表达出对中国传统优秀文化的传承和发扬。衣袋上的四个纽扣寓意人民拥有选举、创制、罢免、复决四权。口袋盖的倒笔架设计，源于古人用毛笔书写的习惯，笔架用来搁放毛笔，以免污了文稿和桌子，代表对知识分子的重视，寓意着以文治国。

中山装的普及不仅改变了中国人的形象和气质，也象征着中国社会的进步和发展，受到后人的广泛认可和高度赞誉，成为中国服饰史上的经典之作。

资料来源：韩哲虎，郝文军. 中山装文化理念探析 [J]. 美与时代（上）2024（4）：139-142.

三、女士着装礼仪

职场女性的标准职业着装是西装套裙，西装套裙是由男士的西装演变而来的。其特点是端庄、典雅，一套合身的西装套裙能体现出女性的优美体态，增加气质，无论在正式场合或社交场合都可以穿着。女士套裙和男士西装不同的是：颜色、面料、款式的选择范围较大。穿着套裙同样有一定的规范。

情景剧　款式选择

（一）女士着装原则

1. 不过分暴露

在正式场合，女士着装一定忌短、忌露、忌透。西装套裙上衣的尺寸，

女士裙装穿法

以刚好遮住上半身为宜，腰部不应过紧，以防胸部显得过高。衣袖一定要长。套裙下身的长度以刚刚过膝盖为最佳。过分性感或暴露的服装绝不能出现在办公室中，这会惹出不必要的麻烦，更会给人留下"花瓶"的印象。若是看重自身的职业或事业心重的女性，千万要注意这一点。总之，正规场合要六不露：不暴露胸部，不暴露肩部，不暴露腰部，不暴露背部，不暴露脚趾，不暴露脚跟。

2. 强调整体美

在适当的时间、地点及场合做适宜的装扮是现代女性不可忽视的。职业女性还必须注意，除了穿着应该考究以外，从头至脚的整体装扮也应讲究整体美。

（二）女士着装的要求

1. 内衣

确保内衣要合身，身体线条曲线流畅，既穿得合适，又要注意内衣颜色不要外泄。

2. 衬衫

衬衫的颜色要与套裙相匹配，白色、黄白色和米色与大多数套裙都能搭配。衬衫面料最好选择丝绸或纯棉，要熨烫平整。

3. 丝巾

选择丝巾时要注意颜色中应包含有套裙颜色。丝巾选择丝绸质地的为好，其他质地的丝巾打结或系起来质感稍差。

4. 鞋

鞋应该是高跟、半高跟的船式皮鞋或盖式皮鞋，并且黑色的牛皮鞋最好。正式的场合不要穿凉鞋和后跟用带系住的女鞋或露脚趾的鞋。鞋的颜色有一个原则：鞋子的颜色必须深于衣服颜色，如果比衣服颜色浅，那么必须和其他装饰品颜色相配。

5. 袜

女士穿套裙应当配长筒丝袜或连裤袜，颜色以肉色、黑色、浅灰、浅棕等最为常用。丝袜的长度一定要高于裙子的下摆，不要露出袜口。不要同时穿两双袜子，也不可将九分裤、健美裤等当成袜子穿。不论是鞋子还是袜子，图案和装饰都不要过多。一些加了网眼、镂空、珠饰、吊带、链扣，或印有时尚图案的鞋袜，不适于在正式场合穿。一点图案和装饰都没有的鞋袜，穿起来效果反而更好。

四、饰品佩戴礼仪

饰品分为两种，一种是实用性的，如帽子、围巾、眼镜、手表等，一种是装饰性的，如耳环、项链、手镯、胸针等。商务人士在工作时适当佩戴饰品，增加个人魅力是允许的，但是也要遵守本行业的规范，并且了解佩戴饰品的礼仪。

（一）饰品佩戴的基本原则

1. 符合身份

戴饰品时要令其符合身份。选戴饰品时，不仅要照顾个人喜好，更应当使之服从于本人身份，要与自己的性别、年龄、职业、工作环境保持大体一致，不应把自己的喜好放在首位。商务人士在工作岗位上佩戴饰品，不应该过分的夸张和华贵，不能过度张扬，不要在宾客面前炫耀自己的饰品，否则有与人攀比之嫌，会给对方造成一定的心理压力，商务交往讲求尊重和平等，尊重的含义不仅是语言上的礼貌，还包括不与对方"争贵""争艳"。

2. 以少为佳

在一般的情况下，商务人士佩戴饰品时应该少而精。可以一件饰品也不佩戴，若有意同时佩戴多种饰品，不宜超过两个品种，每一品种不应超过两件。女士一般可以戴一枚戒指，或是将戒指与项链、戒指与胸针、戒指与耳钉两两组合在一起使用。另外，饰品宜小不宜大。男士除结婚戒指外，不要再佩戴任何饰品。

3. 色彩规定

力求同色。若同时佩戴两件或两件以上饰品，应使其色彩一致。戴镶嵌饰品时，应使其主色调保持一致。千万不要使所戴的几种饰品色彩斑斓，像是个杂货铺似的，就不好了。

4. 材质规定

争取同材质。若同时佩戴两件或两件以上饰品，应使其质地相同。戴镶嵌饰品时，应使其被镶嵌物质地一致，托架也应力求一致。这样做是为了达到整体协调。另外还要注意，高档饰品，尤其是珠宝首饰，多适用于隆重的社交场合，但不适合在工作、休闲时佩戴。

5. 习俗规则

戴饰品时，应遵守习俗上的规则。不同的地区、不同的民族，佩戴饰品的习惯做法多有不同，对此要遵守各地风俗习惯，不可依旧我行我素，这样是不礼貌的表现。

（二）饰品佩戴的要求

1. 戒指

国际上较为通行的佩戴规范是戴在左手上，拇指不戴戒指；戴在食指上，表示无偶求爱；戴在中指上，表示已在恋爱；戴在无名指上，表示已订婚或结婚；中指和无名指上同时戴，表示已婚并且夫妻感情很好；戴在小指上，表示奉行独身主义。

2. 项链

（1）短项链，约长 40 厘米，适合搭配低领上装。

（2）中长项链，约长 50 厘米，可用名贵高雅的珍珠，富贵华丽的金、银，古朴神秘的珐琅、景泰蓝，柔美的玛瑙、象牙，以及朴实的贝壳、菩提珠等，适合商务场合佩戴。

（3）长项链，约长 60 厘米，适合女士在社交场合佩戴。

（4）特长项链，约长 70 厘米，适合女士在隆重的社交场合佩戴。

（5）项链坠，在选择时，要使二者整体上协调一致，在正式场合不要选用过分怪异或令人误解的图形或文字，也不要同时使用两个或两个以上的坠子。

3. 耳环

长脸形，特别是下颌较尖的脸型应佩戴面积较大的扣式耳环，以使脸部显得圆润丰满；脸形较宽的方脸型，宜选佩面积较小的耳环。

4. 手镯

佩戴手镯，强调的是手腕和手臂的美丽。男士一般不戴手镯。手镯可以只戴一个，也可以同时戴两个。戴一个时，通常戴于左手；戴两个时，可一手戴一个或都戴在左手上。

5. 胸针

别在胸前的饰物，穿西装时，应别在左侧领上；穿无领上衣时，别在左侧胸前。高度在自上往下第一与第二粒纽扣之间。

6. 胸花

最常见的是将胸花佩戴于左胸部位，也可按服饰设计要求和服饰整体效果将其佩戴于肩部、腰部、前胸或发际处。佩戴时，花茎向下，使之与自然开放的姿态相同。个子矮小的人可选小一点的花，佩戴位置可稍高一点；个子高的人可选大一点的花，佩戴位置可稍低一点。

7. 帽子

可正戴，也可歪戴。正戴显得庄重、严肃，可使脸型更加丰满、端庄。歪戴则显得活泼、妩媚，显出清瘦、俏皮。参观各种活动及上门做客，进入室内都应脱帽。女士的传统礼帽，作为服饰的一部分则允许在室内穿戴。

8. 墨镜

原本是用作抵挡阳光保护眼睛的，现已成为一种装饰五官的脸部饰品了。戴上墨镜，会平添几分神秘感和魅力，给人以严肃、神气、深沉之感。

墨镜的忌讳：在参加室内活动时，不要戴墨镜；在室外，遇有礼仪性活动，也不应戴墨镜。有眼疾须戴墨镜时，应向主人或客人说明并致歉。在与人握手、说话时，应将墨镜摘下。

传承发扬

北京 APEC 峰会晚宴，领导人服装尽显中国韵味

唐朝经学家孔颖达在《春秋左传正义》中记载："中国有礼仪之大，故称夏；有服章之美，谓之华。"意即因中国是礼仪之邦，故称"夏"，"夏"有高雅的意思；中国人的服饰很美，故作"华"。华夏一词，不仅是地理层面的，更有深一层的价值在文化沉积方面。在当今的国际交往中，服饰的象征意义更具深意。

2014 年 APEC 峰会领导人欢迎晚宴在北京国家游泳中心"水立方"举行。参加会议的各成员经济体领导人身着中国特色服装抵达现场时，受到隆重热烈的欢迎。

为了让来北京参加 APEC 峰会的领导人穿上最具中国情调的服装，2014 年 APEC 峰会中国筹委会煞费苦心。按照惯例，东道主提供的服装应该具有当地民族特色，这种特色体现在面料和式样两方面。

按照 APEC 峰会组委会的要求，面料一定要具有中国元素，能代表中国的材质，而且低调、

内敛、不奢华，领导人服装一定要适应国家级礼仪场合，既要严谨、庄重，又要包容、大气，充分展示领导人的气质，对服装材料的材质要求非常高。

设计方根据 APEC 领导人及配偶的着装特点，面料上采用宋锦和漳缎，将中国传统文化与时代文化相适应的中国元素提取出来，与当今的服饰文化，审美需求和流行时尚相融合，使面料既有中式服装的古朴风韵，又不失现代服装的洒脱自如，既是中国的又是国际的。

2014 年 APEC 峰会是一个重要的多边外交场合，这一系列服装整体上气势恢宏，仪式感强，表达了中国人"有朋自远方来不亦乐乎"的好客之道，也深受各成员经济体领导人的欢迎。

能力训练

训练目标

考察学生的商务形象礼仪运用能力。

训练情景

职场新人李一凡（男生）和刘一佳（女生）在铂斯商贸有限公司做销售工作，第二天上午10 点两人将在主管的带领下前往某企业拜访采购部相关人员，两人需做好出发前的准备。

训练内容

能力领域	技能点	名称	参考规范与标准
商务形象礼仪训练	技能 1	仪容修饰技能	（1）掌握发部修饰、面部修饰以及肢体修饰的规范要求 （2）结合实际，演练仪容修饰礼仪规范的运用
	技能 2	仪态管理技能	（1）掌握站姿、坐姿、行姿、蹲姿、手势、表情礼仪的规范要求 （2）结合实际，演练仪态礼仪规范的运用
	技能 3	服饰搭配技能	（1）掌握场合着装原则 （2）掌握男士西装礼仪或女士着装礼仪以及饰品佩戴的规范要求 （3）结合实际，演练服饰礼仪规范的运用

训练步骤

1. 以小组为单位，每组 5 ～ 6 人，每组确定一名组长。
2. 对本次的训练情景中需运用到的礼仪技能进行讨论。
3. 实际演练，模拟角色，记录礼仪技能点的具体操作规范及标准，形成《商务形象礼仪规范报告》。
4. 小组总结，在班级交流分享。

成果形式

《商务形象礼仪规范报告》

能力拓展

　　刘一佳是某高校文秘专业高才生，毕业后就职于铂斯商贸有限公司做行政助理工作。刘一佳很注重自己的仪容仪表，上班时，她化上端庄、淡雅的"白领丽人妆"：不脱色粉底液，修饰自然、稍带棱角的眉毛，与服装色系搭配的眼影，灰棕色眼线，黑色自然型睫毛，再加上自然的唇型和略带色彩的唇色——整个妆容清爽自然，尽显自信、干练。在休息日，与闺蜜逛街时，她化上"清纯少女妆"：粉红色的眼影，彩色系的睫毛膏和眼线，粉橘色的腮红，玫瑰色带珠光的唇彩，整个妆容鲜亮活泼，身心都倍感轻松。

　　一次在接待客户时，领导让她照顾一位女士华侨。临分别时，华侨对刘一佳热情和周到的服务非常满意，留下名片并认真地说："谢谢！欢迎你到我公司来做客，请代我向你的先生问好。"刘一佳愣住了，因为她还没有男朋友呢。可是，这位华侨也没有错，她之所以这么说，是因为看见刘一佳左手无名指上戴着一枚戒指。

　　议一议：你如何评价刘一佳对她的职场仪容仪表的设计？在工作场合需要注意哪些问题？

知识图谱

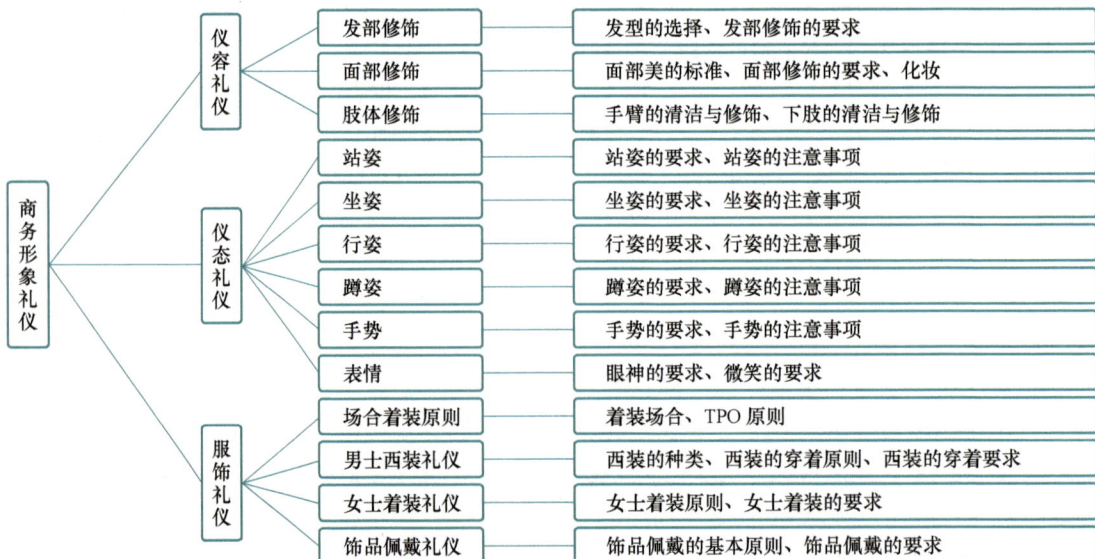

商务形象礼仪	仪容礼仪	发部修饰	发型的选择、发部修饰的要求
		面部修饰	面部美的标准、面部修饰的要求、化妆
		肢体修饰	手臂的清洁与修饰、下肢的清洁与修饰
	仪态礼仪	站姿	站姿的要求、站姿的注意事项
		坐姿	坐姿的要求、坐姿的注意事项
		行姿	行姿的要求、行姿的注意事项
		蹲姿	蹲姿的要求、蹲姿的注意事项
		手势	手势的要求、手势的注意事项
		表情	眼神的要求、微笑的要求
	服饰礼仪	场合着装原则	着装场合、TPO 原则
		男士西装礼仪	西装的种类、西装的穿着原则、西装的穿着要求
		女士着装礼仪	女士着装原则、女士着装的要求
		饰品佩戴礼仪	饰品佩戴的基本原则、饰品佩戴的要求

单元练习

一、填空题

1. 化妆的原则是_____、_____、_____、_____。

2. 发部修饰的原则有_____、_____、_____、_____。

3. 公务型注视一般注视对方_____区域，社交型注视一般注视对方_____区域，亲密型注视一般注视对方_____区域。

4. 着装的 TPO 原则中，T 代表_____，P 代表_____，O 代表_____。

5. 男士单排两粒扣西装应扣_____纽扣，单排三粒扣西装应扣_____纽扣或者_____纽扣。

二、判断题

1. 长发过肩的女士必须全部将其剪短才能上岗。　　　　　　　　　　（　　）

2. 女士职业装的裙装长度应长于膝盖。　　　　　　　　　　　　　　（　　）

3. 男士在正式场合应穿戴西装、衬衣、领带和皮鞋，注意颜色搭配，钢笔应插在西装左胸外口袋。　　　　　　　　　　　　　　　　　　　　　　　　　　　　（　　）

4. 身材苗条修长、脖子细长的人适宜佩戴较宽的项链。　　　　　　　（　　）

5. 炎热的夏季允许商务人员穿着裙装但不穿丝袜上岗。　　　　　　　（　　）

三、简答题

1. 服务中常用的站姿有哪些？

2. 运用手势应注意哪些禁忌？

3. 与人交谈时应如何注视对方？

4. 什么是着装的场合原则？

5. 饰品佩戴的基本原则有哪些？

四、案例分析

铂斯商贸有限公司的行政助理刘一佳，在机场准备迎接当天到达的巴西考察团，这是小刘第一次接待外国客人因此特别重视，出门前小刘在镜子前试了又试，红色太张扬，黑色太沉闷，还是选择了棕色，小刘穿上了棕色的职业套裙、黑色透明丝袜和黑色细高跟皮鞋赶往机场。小刘拿着接机牌在机场出口处等待，等待过程中小李拿出化妆镜察看自己的妆容，补上鲜艳的唇膏。考察团到了，小刘与领队热情打招呼微笑着用眼神关注客人，心里默念清点人数"1、2、3、4……"。在接下来的接待中，小刘带领考察团参观工厂、介绍产品、安排用餐，半天下来小刘脚趾生疼，累得满头大汗，并不时地拿出化妆镜进行补妆。小刘忙前忙后，直到坐下来用餐时才发现不知何时丝袜已经勾丝破洞了，好在小刘包里有备用丝袜，她马上到卫生间进行了更换，一天的接待结束了，小刘回到家回想自己一天的接待过程开始写工作总结。

问题：请从礼仪的角度分析该案例中小刘接待工作中有哪些得失？

分析提示：

1. 女士在工作场合着职业裙装，第一次见面的客人选择棕色套装以显示亲和力是正确的，但是应着肉色透明丝袜，不应着黑色透明丝袜。

2. 小刘的工作任务是接机并带领参观，应该穿合适的中跟皮鞋，不应该穿细高跟鞋。

3. 小刘的职业妆容不要过于浓艳，不应涂鲜艳的唇膏，不应该当众补妆。

4. 小刘清点人数用目光清点，心里进行默数，是正确的。

5. 女士如着职业裙装，应随时准备一双备用丝袜，是正确的。

总结：商务人员不注重自己的仪容、仪表或过于重视自己的仪容、仪表，都会影响服务质量。商务人员每天上岗前，都应检查自己的仪容仪表。身着制服或者适宜工作场合的服装，做到整齐、清洁、挺括、大方美观、讲究文明。化妆要求淡雅、简洁、适度、庄重，应避免以残妆示人、当众化妆等行为。

03 模块三　商务交往礼仪

学习目标

知识目标

1. 认识商务交往中礼仪的重要性。
2. 了解商务交往礼仪中见面、通信、往来礼仪的主要内容。
3. 掌握见面礼仪、通信礼仪、往来礼仪的规范要求。

能力目标

1. 能熟练运用见面礼仪中的称呼、介绍、致意、名片、握手礼仪。
2. 能熟练运用通信礼仪中电子邮件、电话、手机、微信的使用礼仪规范。
3. 能熟练运用往来礼仪中的迎送、乘车、引导、送别、拜访、馈赠礼仪。

素质目标

1. 通过商务交往礼仪的训练，培养学生在职场中待人接物应有的礼仪风度。
2. 能传承运用中华优秀传统礼仪如名片礼仪、拱手礼，展现文明素养与精神风貌。

礼仪溯源

礼尚往来

《礼记·曲礼上》记载："礼尚往来。往而不来，非礼也；来而不往，亦非礼也。人有礼则安，无礼则危。故曰：礼者，不可不学也。"意思是：礼节贵在有来有往。只有往而无来或其有来而无往，都是不合乎礼数的。人们有了礼的规范，社会便得以安定，少了礼，社会便会倾危，所以说：礼，不能不学。

礼仪上的你来我往是互相的，人在社会上总是互相联系的，自己尊重别人，别人自然也会尊重自己。

案例导入

小李应该坐哪里？

李一凡入职铂斯商贸有限公司后，因为年轻肯干，想法又多，很快引起了销售部总监杨总的注意并拟提拔为业务骨干。这次杨总要去省城参加一个商品交易会，需要带两名助手，杨总一是选择了销售部杜经理，二是选择了小李。小李自然非常看重这次机会，也想寻机好好表现一下。

出发前，由于司机小王乘火车先行到省城安排一些事务，尚未回来，所以他们临时改为搭乘杨总驾驶的轿车一同前往。上车时，小李为了加深自己在领导面前的印象，很麻利地打开了前车门，坐在驾车的杨总旁边的位置上，杨总看了他一眼，小李并没有在意。

车上路后，杨总驾车很少说话，杜经理好像也没有兴致，似在闭目养神。为活跃气氛，小李寻一个话题："杨总您驾车技术真不错，有机会也教教我们，如果都自己会开车，办事效率肯定会更高。"杨总专注地开车，不置可否，杜经理也没有应和，小李感到没趣，便也不再说话。一路上，除杨总向杜经理询问了几件事，杜经理简单地做回答后，车内再也无人说话。到达省城后，小李悄悄问杜经理："今天是不是哪里做错了？"杜经理告诉他副驾驶位为尊位，杨总开车，应该由杜经理坐副驾驶位，他才恍然大悟："噢，原来如此。"

会后从省城返回，车子改由司机小王驾驶，这次不能再犯类似的错误了，小李想。于是，他打开前车门，请杨总上车，可杨总坚持要与杜经理一起坐在后排，小李诚恳地说："杨总您如果不坐前面，就是不肯原谅来的时候我的失礼之处。"并坚持让杨总坐在前排才肯上车。

回到公司，同事们知道小李这次是同杨总、杜经理一道出差，猜测着肯定提拔他，都纷纷向他祝贺，然而，提拔之事却一直没有人提及。到底为什么呢？

商务交往礼仪是指在商务交往活动中，用于表示尊重、亲善和友好的首选行为规范和惯用形式。它体现人们在商务交往过程中所具备的基本素质、交际能力等。

　　商务活动具有社会性，是一种人与人之间的沟通，即与人打交道和广泛开展的社交活动。商务人士，其职业范畴的特殊性表现为这项工作将始终处在社会和人际交往的最前沿，其职业素养主要是通过日常的行为规范来体现的。商务人士与交往对象之间的这种交际活动的成败，在一定程度上，将影响商务活动的成败。

单元一　见面礼仪

　　见面礼仪是商务交往礼仪中最常用与最基础的礼仪。人与人之间的交往都要用到见面礼仪，特别是从事商务服务行业的人，掌握一些见面礼仪，能给客户留下良好的第一印象，为以后顺利开展工作打下基础。

一、称呼礼仪

　　称呼即称谓，指的是人们在交往应酬时，用以表示彼此关系的名称用语。不论是在口头语言，还是在书面语言中，称呼对交往都十分重要。称呼的运用与对待交往对象的态度直接相关，是给对方的第一印象。因此，称呼对方时千万不可马虎大意。在交往中，我们既要注意学习、掌握称呼的基本规律和通常的做法，又要特别注意各国之间称呼的差别，认真区别对待。

（一）称呼的要点

1. 目光注视

（1）注视的部位：对方额头与双眼之间的三角区。

（2）注视的方式：平视、友好、亲切。

2. 面带微笑

双眼略微睁大，眉头自然舒展，眉毛微微向上扬起，嘴角上翘，嘴唇微张，真诚微笑，表示友好。

3. 称呼对方

（1）泛尊称。这种称呼几乎适合于各种社交场合。对男子一般称"先生"，对女子称"夫人""小姐""女士"。应该注意的是，在称呼女子时，要注意其婚姻状况。已婚的女子称"夫人"，未婚女子称"小姐"，对不知婚姻状况和难以判断的，可以称之为"女士"。在一些国家，"阁下"一词也可以作为泛尊称使用。泛尊称可以同姓名、姓氏和行业性称呼分别组合在一起，在正式的场合使用，如"李先生""王夫人""秘书小姐"等。

（2）职务称呼。在公务活动中，可以对方的职务相称。例如，称其为"部长""经理""处长""校长"等。职务称呼还可以同泛尊称、姓名、姓氏分别组合在一起使用，如"部长先生"等。对职务高的官方人士，如部长以上的高级官员，不少国家可称"阁下"，如"总统阁下""大使先生阁下"。对有高级官衔的妇女，也可称"阁下"。但在美国和德国等国家没有称"阁下"的习惯，对这些国家的相应人员，应该称"先生"或"女士"。

（3）职衔称呼。对交往对象拥有社会上备受尊重的学位、学术性职称、专业技术职称、军衔和爵位的，可以"博士""教授""律师""法官""将军""公爵"等称呼相称。这些职衔称呼还可以同姓名、姓氏和泛尊称分别组合在一起在正式场合使用，如"乔治·马歇尔教授""卡特博士""法官先生"等。

（4）职业称呼。对不同行业的人士，可将被称呼者的职业作为称呼，如"老师""教练""警官""医生"等。有些职业不便当成称呼，如公司职员、公务员、服务行业员工、商界人士等，一般约定俗成地按性别的不同分别称为"小姐""先生"等。在这些职业称呼前面，还可以同姓名、姓氏分别组合在一起使用。

（5）姓名称呼。在一般性场合，彼此比较熟悉的人之间，可以直接称呼他的姓名或姓氏，如"乔治·史密斯""张志刚"等。中国人为表示亲切，还习惯在被称呼者的姓前面加上"老""大"或"小"等字，而免称其名，如"老王""小张"。更加亲密者，往往不称其姓，而只呼其名，如"志刚""伟东"等。

（6）特殊性的称呼。对于君主制国家的王室成员和神职人员应该用专门的称呼。例如，在君主制国家，应称国王或王后为"陛下"；称王子、公主、亲王等为"殿下"；有爵位的应称爵位或"阁下"。对神职人员应根据其身份称为"教皇""主教""神父""牧师"等。

💡 **小提示　外国人的姓名称呼**

1. 英、美语系人名

姓名结构一般为"教名＋自取名（中名）＋姓"，如 George Walker Bush（中译：乔治·沃克·布什）；"名字＋姓"，如 William·Shakespeare（威廉·莎士比亚）；"名字＋父名＋姓"，如 George·Gordon·Byron（乔治·戈登·拜伦）。另外在英美等国家的风俗习惯中，女人出嫁前跟从父姓，出嫁后改用丈夫姓，去掉父姓。

在口头称呼时一般称其姓氏，并加上"先生""小姐""夫人"或"女士"，如"布朗先生""撒彻尔夫人"等。在十分正式的场合，则应称呼其姓名，并加上"先生""小姐""夫人"或"女士"。

2. 俄罗斯人名

在俄罗斯语系中，姓名结构的一般顺序为"本名＋父名＋姓"，如亚历山大·谢尔盖耶维奇·普希金"。女子的姓名婚前也由这三部分组成，但婚后则使用夫姓。

平时人们口头称呼时，一般只称姓氏或本名，在特意表示客气与尊敬时，可同时称其本名与父名。

3．阿拉伯语人名

一般由三或四节组成，常见的姓名结构是"本名＋父名＋祖父名＋姓"，如"穆罕默德·阿里巴·艾哈迈德·沙特"，表示自己名字是"穆罕默德"，父亲名叫"阿里巴"，祖父名叫"艾哈迈德"，姓"沙特"。一般只用自己的名字，但很多有社会地位的上层人士都简称其姓，如穆罕默德·阿贝德·阿鲁夫·阿拉法特，可简称为阿拉法特。

4．日本、朝鲜、越南、新加坡等一些亚洲国家人名

与我国相似，姓名结构为"姓＋名"。称呼时一般可与其姓氏或姓名合并使用，并加上"先生""小姐""夫人"或"女士"，如"田中先生""李明基先生"等。

（二）称呼的禁忌

在交往中，称呼不当就会失敬于人，失礼于人，有时后果不堪设想，因此一定要注意称呼的禁忌。

1．错误的称呼

称呼对方时，记不起对方的姓名或张冠李戴，误读他人姓氏，都是极为不礼貌的行为。有许多汉字是多音字，在作姓氏使用时读音与常用方法不同。人们都爱惜自己的姓名，如果被读错了音或写错了字，都会很不愉快的。外国人的姓名，在发音和排列顺序上同中国人的姓名有很大的差别，如果没有听清楚或没有把握，宁可多问对方几次，也不要贸然叫错。对被称呼者的年龄、辈分、婚否以及同其他人的关系做出错误判断，也会出现错误的称呼，如将未婚女士称为"夫人"等。

2．易产生误会的称呼

不论是自称还是称呼他人，要注意不要使用让对方产生误会的称呼、过时的称呼或者不通用的称呼。例如有些称呼具有一定的地域性，如北京人爱称人"师傅"，山东人爱称人"伙计"。但在南方人眼中，"师傅"就是出家人，"伙计'指的是打工者。使用这样的称呼往往让对方不知如何理解。

3．带有歧视、侮辱性的称呼

在正式场合，不要使用低级、庸俗的称呼或用绰号作称呼，如"哥们儿""姐们儿""死党"等。而对于对方具有侮辱性质的绰号，如"罗锅""四眼""北佬""南蛮"等更不恰当，尤其是当对方身有残疾时，借此起绰号并呼之，只能体现自己修养低、风度差。

💡 **小提示　生僻姓氏读音**

仇（qiú）	单（shàn）	舍（shè）	朴（piáo）	区（ōu）
召（shào）	华（huà）	查（zhā）	种（chóng）	解（xiè）
繁（pó）	任（rén）	纪（jǐ）	折（shé）	万俟（mòqí）
单于（chányú）	澹台（tántái）	拓跋（tuòbá）	尉迟（yùchí）	

二、介绍礼仪

介绍是一切社交活动的开始，是人际交往中与他人沟通、建立联系、增进了解的一种最基本、最常见的形式，通过自己主动沟通或者通过第三者从中沟通，能使交往双方相互认识，建立联系，加强了解和促进友谊。因此在人际交往中，介绍可以缩短人与人之间的距离，扩大社交的范围，也可以增进彼此的了解，消除误会和减少麻烦。

介绍可以分为自我介绍和他人介绍。

（一）自我介绍的形式

根据场合、目的不同，自我介绍又可分为以下五种形式。

1. 应酬式

它适用于某些公共场合和一般性的社交场所，如旅途中，宴会、舞会上，或通电话时。它的对象，主要是进行一般接触的交往对象。对介绍者而言，对方是泛泛之交，所以介绍的内容要少而精，往往只包括姓名一项即可。例如："你好，我叫张路。"

2. 工作式

工作式的自我介绍，主要发生在工作场所或工作中。它是以工作为中心的自我介绍，因工作而交际，因工作而交友。

工作式自我介绍的内容，应包括本人姓名、供职单位及部门、担任的职务及从事的具体事务等三项，介绍时缺一不可。其中，姓名必须报全，有姓有名；供职单位及部门最好全部报出，具体工作部门有时也可以暂不报出；若担任职务低或无职务，则应报出目前所从事的具体工作。例如："你好，我叫李东，是××××大学英语系主任"。

3. 交流式

它主要适用于社交活动中，是一种刻意寻求与对方进一步交流，希望对方认识自己、了解自己、与自己建立联系与沟通的自我介绍。它的内容，大体包括介绍者的姓名、工作、籍贯、爱好、兴趣以及与交往对象有某些熟人关系等。这些内容不一定非要面面俱到，而应依照具体情况而定。例如："我叫王芳，现在在海欣公司当财务总监，我和您先生是高中同学。"

4. 礼仪式

礼仪式的自我介绍，适用于讲座、报告、演出、庆典、仪式等一些正规而隆重的场合，是一种表示对交往对象友好、敬意的自我介绍。它的内容，要包含自己的姓名、单位职务等项，还要多加入一些适宜的谦辞敬语，以符合这些场合的特殊需要。例如："各位来宾，大家好，我叫张国强，是盛天酒店的总经理。我代表本酒店热烈欢迎大家光临我们的开业活动，谢谢！"

5. 问答式

问答式的自我介绍，适用于应试、应聘和公务交往，它通常的形式是有问有答。例如，主考官问："请介绍一下你的基本情况。"应聘者答："各位好，我叫林海，现年35岁，2016年毕业于西安交通大学船舶工程系，获工学学士学位。现在北京首钢船务公司任工程师，其间，曾去阿根廷工作 2 年。本人除精通专业外，还掌握英语、日语，懂计算机，会驾驶汽车和船只。曾在国内正式刊物上发表过 6 篇论文，并拥有一项技术专利。"

（二）如何做自我介绍

1. 把握时机

（1）本人希望结识他人。在社交场合或公共聚会上，当对不相识者或身边的陌生人感兴趣并有意愿交往时，可主动做自我介绍。

（2）他人希望结识本人。在社交场合中，有不相识者表现出对自己感兴趣时，可主动做自我介绍；有不相识者请求自己做自我介绍时，也可做自我介绍。

（3）本人认为有必要让他人了解或认识本人。若存在下列情况，如有求于他人，而对方对自己不甚了解时；交往对象因为健忘等原因而记不清自己，或自己担心这种情况的发生时；在出差、旅行途中，与他人相遇，有必要与之建立临时接触时；拜访熟人遇到不相识者挡驾，或是对方不在，而需不相识者代为转告时；前往其他工作单位进行业务联系时；应聘求职、求学时，均可做自我介绍。

2. 注意时间

在做自我介绍时一定要力求简洁，尽可能地节省时间，愈短愈好。如果没有特殊情况，不宜超过 1 分钟。切忌在做自我介绍时信口开河、借题发挥、滔滔不绝，那样极易引起别人的反感。

3. 讲究态度

进行自我介绍时，态度应自然大方，语速适中，条理清楚，热情坦率地目视对方。目光游离不定，甚至根本不去注视对方都是失礼的。

4. 实事求是

在进行自我介绍时，一定要实事求是，不要过分谦虚，也不宜自吹自擂，应该实事求是地进行介绍。

（三）他人介绍的形式

他人介绍又称第三者介绍，是经第三者为彼此不相识的双方引荐、介绍的一种介绍方式。根据实际需要的不同，为他人做介绍时的内容会有所不同。通常有以下六种形式可借鉴。

（1）标准式。它适用于正式场合，内容以双方的姓名、单位、职务等为主。例如："我来给两位介绍一下。这位是金陵酒店餐饮部经理王燕小姐，这位是恒通集团总经理邓丽萍小姐。"

（2）简介式。它适用于一般的社交场合，其内容往往只有姓名一项，甚至只提姓氏即可。例如："我来介绍一下，这位是老李，这位是小王，你们认识一下吧。"

（3）强调式。它适用于各种交际场合，其内容除双方姓名外，还会刻意强调一下其中一位被介绍者与介绍者之间的特殊关系，以便引起另一位被介绍者的重视。例如："这位是江海公

司经理孙庆先生。这位是钱红，她是我的侄女，请孙经理多多关照。"

（4）引荐式。它适用于普通的社交场合。介绍者把被介绍双方引见在一起，而不需要表达任何具有实质性的内容。例如："两位认识一下如何？你们自报家门吧。"

（5）推荐式。它适用于比较正规的场合，多是介绍者有备而来，有意要将某人举荐给某人，因此在内容方面，通常会对前者的优点加以重点介绍。例如："这位是周畅先生，这位是我们公司的刘鑫总经理。周先生是博士毕业，在专业领域有很深造诣。刘总，我想您一定乐于认识他吧！"

（6）礼仪式。它适合于正式场合，是一种最为正规的他人介绍。其内容略同于标准式，但语气、表达、称呼上都更为礼貌、谦恭。例如："孟小姐，你好！请允许我把上海环通公司的采购部经理张凯先生介绍给你。张经理，这位就是北京新生集团的业务部经理孟彤小姐。"

> **★ 案例 3-1 会议偶遇老同学**
>
> 李一凡陪同公司杜经理参加一个行业会议，在签到处碰到在另外一家商贸公司任职的大学同学付志强，小李马上打招呼："强子，太巧了，你也来参加这次发布会呀！""小李！是啊，好久不见，我们公司有个展位，你们公司的展位在哪里啊？"付志强碰到老同学也很开心，两人热络地聊了起来，从同学各自的发展聊到上学时共同的爱好，两人哈哈大笑，杜经理站在一旁看着两人对话。
>
> 聊了许久，小李突然回过神来："对了，强子，这是我的顶头上司，杜总，对我特别关照。"一边用一根手指指向杜经理，然后拉着付志强的胳膊对杜总说："杜总，这是我上学时同宿舍的好哥们，强子，目前在欣冉商贸公司任职。"付志强马上伸出手："杜总，您好，我叫付志强，听我们公司邱经理提起过您，久仰大名，向您学习。"杜经理握手之后点了点头对他们说："你们先聊，我先进会场了。"小李忙把手上的入场券递给杜经理，然后和付志强又继续着刚才的话题，浑然不觉杜经理已然有些不快。

（四）如何做他人介绍

1．介绍者的人选

他人介绍时，介绍者的确定是有一定规则的。通常，具有下列身份者，理应在他人介绍中充当介绍者。

（1）社交活动中的东道主。

（2）社交场合的长者，地位、身份较高者，或主要负责人员。

（3）家庭聚会中的女主人。

（4）公务交往中的专职人员，如公关人员、礼宾人员、文秘、接待人员。

（5）熟悉被介绍双方者。

2．介绍的顺序

为双方做介绍时，首先要解决介绍的先后顺序问题。根据规范，处理这一问题，必须遵守"尊者优先了解情况"的原则。它的含义是：在为他人做介绍前，先要确定双方地位的尊卑，然后先介绍位卑者，后介绍位尊者。

为他人做介绍时的顺序大致有以下几种情况。

（1）介绍年长者与年幼者相识时，先介绍年幼者，后介绍年长者。

（2）介绍长辈、晚辈相识时，先介绍晚辈，后介绍长辈。

（3）介绍师生相识时，先介绍学生，后介绍老师。

（4）介绍上级、下级认识时，先介绍下级，后介绍上级。

（5）介绍女士与男士认识时，先介绍男士，后介绍女士。

（6）介绍已婚者与未婚者认识时，先介绍未婚者，后介绍已婚者。

（7）介绍同事、朋友与家人认识时，先介绍家人，后介绍同事、朋友。

（8）介绍来宾与主人认识时，先介绍主人，后介绍来宾。

（9）介绍社交场合的先至者与后来者认识时，应先介绍后来者，后介绍先至者。

（10）介绍职位、身份高者与职位、身份低者认识时，应先介绍职位、身份低者，后介绍职位、身份高者。

情景剧
介绍的顺序

3. 介绍的姿势

在为他人介绍时，介绍者应该热情、诚恳，手势动作文雅大方。无论介绍哪一位，介绍者应手心朝上，手背向下，四指并拢，以肘关节为轴，指向被介绍者一方，并向另一方点头微笑。切不可用手指头指来指去。必要时，可以说明被介绍一方同自己的关系，以便介绍的双方增进了解和信任。

4. 介绍的应对

介绍者在为双方做介绍时，被介绍双方均应起身站立，面带微笑，目视被介绍者或对方，显得高兴、专注。介绍后，身份高的一方或年长者，应主动与对方握手，问候对方，表示非常高兴认识对方等。身份低的一方或年轻者，应根据对方的反应做出相应的反应，如果对方主动伸手与你握手，你应立即将手伸出与对方相握。当双方身份相当时，主动、热情地对待对方是有礼貌的表现。

三、致意礼仪

致意是一种人际交往中使用频率较高的一种礼节。它对于沟通人际情感、协调人际关系有很大的好处。致意是指向他人表达问候、尊重、敬意的心意，由理解、行为举止表现出来。它通常在迎送、被别人引见、拜访时作为见面的礼仪，常见的致意礼仪有目光致意、点头致意、举手致意、欠身致意、鞠躬致意、脱帽致意等。

（一）致意的顺序

男士应当首先向女士致意，年轻者应当首先向年长者致意，学生应当首先向教师致意，下级应当首先向上级致意。当年轻的女士遇到比自己年纪大得多的男士的时候，应首先向男士致意。在社交场合遇见身份高的熟人，一般不宜立即起身去向对方致意，而应在对方的应酬告一段落之后再上前致意。

（二）致意礼的种类

1. 目光致意

即注目礼，双眼注视对方，在升旗仪式时双眼凝视所升旗帜运用此礼，仪仗兵接收检阅时目光随检阅者的移动而移动运用此礼。

2. 点头致意

即额首致意，一般用于同级或同辈之间，目光注视对方，面带真诚，微笑点头。适用于同一场合已多次见面或不便于与对方交谈的场合。例如，遇长者、贤者、女士应驻足点头致意；在迎送客人或其他没有必要正式鞠躬行礼，却又需要向对方示意的场合，可以点头致意。

3. 举手致意

举手致意时，应全身直立，面向对方，手臂轻缓地由下而上地向上伸起，手臂可全部伸直，也可稍有弯曲，掌心向外对着对方，不要上下摆动。多用于向他人表示问候、致敬、感谢之意。既可悄然无声地进行，也可以伴之以相关的言辞。当人们忙于工作，而又看见相熟的人，且无暇分身时，用举手致意，可立即消除对方的被冷落感。

4. 欠身致意

一般用于坐着时与客人打招呼，只需将上身微微向前躬，不必完全站起。例如，在饭店的前厅设有大堂经理或副经理台，当他们看到熟人时，可用欠身致意的方式打招呼。有客人到办公室来访时，也可用欠身致意的方式，表示对客人的欢迎和尊重。

5. 鞠躬致意

鞠躬是中国、日本、韩国、朝鲜等国家传统的、普遍使用的一种礼节。鞠躬主要表达"弯身行礼，以示恭敬"的意思。行鞠躬礼时面对客人，并拢双脚，目视对方，由腰部开始的上身向前弯曲，视线随之下落，是表示对他人敬重的一种郑重礼节。

6. 脱帽致意

与朋友、熟人见面时，若戴着有檐的帽子，则以脱帽致意最为适宜。即微微欠身，用距对方稍远的一只手脱帽子，将其置于大约与肩平行的位置，同时与对方交换目光。

💡 **小提示**

致意方法可以在同一时间内使用一种以上，如点头与举手、欠身与脱帽均可同时使用。遇到对方向自己致意，应以同样的方式向对方致意，否则是失礼的。致意要注意文雅，一般不要在致意的同时向对方高声叫喊，以免妨碍他人。

四、名片礼仪

名片是现代社会生活中一种雅致而实用的交际工具和手段，是一种最为经济实用的介绍性媒介。它源于我国，使用已长达 2000 多年。最初写在竹片上，以后才是写在纸上。汉初称为"谒"，元朝时称为"名"，唐朝时称为

名片礼仪

"状"，到明清时期，使用名片之风更盛，其称为"门状""名刺"或"名帖"，一直沿用到近代。

现代生活中，由于名片印制规范、文字简洁、使用方便，且易于保存，因此用途广泛，各行各业，男女老幼都有使用。一张印制精美、独特的名片一经递出，会给对方留下深刻的印象。

（一）名片的用途

1. 自我介绍

见面时名片是最重要的自我介绍辅助工具。在初次与交往对象见面时，除了必要的口头自我介绍外，还可以使用名片进行身份的介绍。这样不仅能向对方明确身份，而且还可以节省时间，强化效果。

2. 结交他人

在社交中若想要结识某人，通常以名片表示结交之意。主动递交名片给初识之人，既意味着友好信任，又暗含"可以交个朋友吗？"之意。在这种情况下，对方一般会"礼尚往来"，从而完成双方结交认识的第一步。

3. 保持联系

名片大多都印有联络方式。名片可以时刻提醒持有人你是谁，如何与你联系。同时，利用他人名片上提供的联络方式，可与对方取得并保持联系，促进各方的认识和交往。

4. 通报变更

若变换了单位、调整了职务、改动了电话号码或者公司乔迁至新址后，都会重新制作自己的名片。向惯常的交往对象递交新名片，可以把本人的最新情况通报对方，以一种更简单的方式避免联系上的失误，也可以显示自己对他人的尊重。

★ **案例 3-2** **小刘的第一次拜访**

刘一佳要去金融大厦拜访客户曹经理，这是她参加工作以来拜访的第一个客户，因此她做好了充分的准备。到了客户公司，在前台引领下来到曹经理门口，虽然门开着，小刘还是礼貌地敲了门，进门口进行了自我介绍："曹经理，您好！我是柏斯商行的刘一佳，请多多关照。"同时双手递上自己的名片，曹经理微笑着接过名片也没有看上面的文字，随手放到了自己办公桌上的一堆杂物上，然后取出自己的名片递给小刘。小刘双手接过名片，认真看了名片上的文字，说："曹经理真是年轻有为，初次见面，希望未来合作愉快。"接着小刘开始介绍铂斯公司的商品，曹经理一边听小刘说着，一边用手来回转动小刘的名片，小刘看着，心里感到无奈，心想这曹经理根本不重视我啊，对我介绍的商品也不感兴趣，看来这次是白来了。

情景剧
接受名片错误案例

走出金融大厦，小刘知道自己未来面对的挑战还有很多。

（二）名片递接礼仪

1. 递送的时机

递送名片要掌握适宜时机，只有在确有必要时发送名片，才会令名片发挥功效。一般可递送名片的时机有：初次相识自我介绍或别人为你介绍时；当双方谈得较融洽表示愿意建立联系时；当双方告辞时并表示愿结识对方，希望能再次相见时。参加会议时，应该在会前或会后交换名片，不要在会中擅自与别人交换名片。如果尊者、长者不主动交换名片，可委婉提出，不宜直接索取。

2. 递送的姿势

（1）起立或欠身用双手递送名片，面带微笑，注视对方，双臂自然伸出，四指并拢，用双手的拇指和食指分别持握名片上端的两角送给对方，名片正面朝上文字内容正对对方（见图 3-1），递送时可以说"我叫张文涛，这是我的名片，请多关照"之类的客气话。

（2）自己的名字如有难读或特别读法的，在递送名片时不妨加以说明，忌目光游移或漫不经心。

3. 递送的顺序

在社交场合中，交换名片的顺序一般是"先客后主，先低后高"。当与多人交换名片时，应依照职位高低的顺序，或是由近及远，依次进行，切勿跳跃式地进行，以免对方误认为有厚此薄彼之感。如果是圆桌应按顺时针的顺序，这是吉利的方向。

图 3-1 递送名片的手势

4. 名片的接收

（1）态度谦和。接受他人名片时，不论有多忙，都要暂停手中一切事情，并起身站立相迎，面含微笑注视对方。

（2）阅读名片。在接名片时，要双手接捧或以右手接过，并以客气的语言表示感谢，接过对方名片后，至少要用一分钟时间认真浏览一遍内容，第一表示对对方的尊重，第二可以了解对方确切的身份。在默读名片的过程中，如遇有显示对方荣耀的职务、头衔时不妨轻读出声，以示尊重和敬佩。若对方名片上的内容有所不明，可当场请教。

（3）有来有往。接受了他人的名片后要当即回敬对方（递上自己名片）。假如没有名片、名片用完了或者忘了带名片时，应向对方表示歉意、主动说明，并告知联系方式，如"很抱歉，我没有名片""对不起，今天我带的名片用完了，过几天我会寄一张给您"。

（4）精心收藏。名片应放在较精致的名片夹里。男士的名片夹应该放在左胸内侧的西装口袋或专门的公文包里，女士的名片夹应该放在手包里。将名片夹放置于其他口袋，尤其是后侧袋里是一种失礼的行为。在保管存放自己和他人的名片时，最好分开放置，以免误将他人的名片当作自己的送给别人，这会使自己在交际中陷于尴尬境地。

5. 名片的整理

名片的整理也非常重要，要养成及时整理名片的习惯，按照姓名、国籍、性别、单位、类别

等输入计算机。

小提示　名片的特殊用途

（1）简短留言。拜访某人或需要向某人传达信息而对方不在时，可留下自己的名片，附上便签简单写上具体事由，然后委托他人转达。

（2）充当礼单。以私人身份向他人馈送礼品或花卉时，可将本人的社交名片充当礼单，置于礼物或花卉包装之内。

（3）拜会他人。初次拜访他人时，可将名片交由对方门卫、秘书或家人转交被访者，以便对方决定见与不见，避免冒昧造访。

五、握手礼仪

握手礼仪是国际普遍通用的见面礼仪，多用于见面时的问候与致意。对久别重逢和多日未见的老朋友，以握手表示对对方的关心和问候。人们彼此之间经过他人介绍相识，通过握手，向对方表示友好和愿意与对方结识的心情。告别时，以握手感谢对方，表示愿意保持联系、再次见面的愿望。除此之外，握手礼仪还是一种祝贺、感谢、理解、慰问、支持和鼓励的表示。在交往中，握手礼仪运用得当，会令人显得彬彬有礼，很有风度。

（一）握手的顺序

伸手顺序：由位尊者先伸手，位卑者予以响应。

（1）职位高的人与职位低的人握手，应由职位高的人先伸手。

（2）女士与男士握手，应由女士先伸手。

（3）长辈与晚辈握手，应由长辈先伸手。

（4）已婚者与未婚者握手，应由已婚者先伸手。

（5）老师与学生握手，应由老师先伸手。

（6）社交场合先到者和后到者握手，应由先到者伸手为礼。

（7）主人迎客时应由主人先伸手，客人告辞时，应由客人先伸手。

（8）服务人员与客人握手，应由客人先伸手，服务人员不能贸然伸手去握。

（二）握手的要点

1. 握手的姿势

握手时两人相距约一米，双腿立正，上身微前倾，右臂自然向前伸出，伸出右手，掌心向左，四指并拢，拇指张开与对方相握。可上下稍许晃动三四次，然后松开手，恢复原状。与他人握手，一般应起身站立，除非是长辈或女士，否则坐着与人握手是失礼的。握手的姿势如图 3-2 所示。

情景剧
握手正确示范

图 3-2　握手的姿势

2. 握手的神态

握手时要注意神态，握手前，双方可打招呼或点头示意。握手时，应面带微笑，目视对方双眼，并且寒暄致意，表现出关注、热情和友好之意。

3. 握手的力度

为表示对交往对象的热情友好，握手时可以稍许用力，但切不可用力过大。遇到亲朋故旧，握手时用力可以稍大一些，但与异性和初次相识者握手时，千万不可用力过大。用力的大小，要因人而异，把握好分寸，以不轻不重，适度为好。

4. 握手的时间

与他人握手的时间不宜过长或过短。握手时间过短，给人以应付、走过场的感觉；握手时间过长，尤其是握住异性和初相识者的手时间过长，是失礼的表现。通常情况下，握手的全部时间应控制在三秒钟以内。

（三）握手的禁忌

（1）不要用左手与他人握手，尤其是在与阿拉伯人、印度人打交道时要牢记此点，因为在他们看来左手是不洁的。

情景剧
握手错误案例

（2）不要交叉握手。

（3）不要在握手时戴着手套，只有女士在社交场合戴着薄纱手套与人握手，才是被允许的。

（4）不要在握手时戴着墨镜，患有眼疾或眼部有缺陷者方可例外。

（5）不要在握手时将另外一只手插在衣袋里。

（6）不要在握手时面无表情，不置一词，好像根本无视对方的存在，纯粹是为了应付。

（7）不要在握手时长篇大论，点头哈腰，滥用热情，会显得过分客套。过分客套不会令对方受宠若惊，而只会让对方不自在、不舒服。

情景剧
握手的基本规范

（8）不要在握手时只递给对方一截冷冰冰的手指尖，像是迫于无奈似的，这被公认是失礼的做法。

（9）不要以肮脏不洁或患有传染性疾病的手与他人相握。

（10）不要在与人握手之后，立即擦拭自己的手掌，好像与对方握一下手就会使自己受到"污染"似的。

（11）不要拒绝与他人握手。在任何情况下，都不能这么做。

单元二 通信礼仪

一、电子邮件礼仪

网络时代，尤其是在外贸业务中，电子邮件是国外商业伙伴接洽的重要交流手段。在商务交往中要体现尊重，首先要懂得替他人节省时间，而节省他人时间的重点就是提供有价值的信息给需要的人。掌握必要的电子邮件礼仪可以减少垃圾邮件的数量，促进双方交流与协作。

（一）电子邮件收发的基本操作

1. 收件人

收件人是所发送邮件的接收者，可以直接填写对方的邮件地址，或者单击写信页右侧的通信录中的联系人来添加。群发邮件时，收件人可以并列多个，通常以分号隔开。

2. 抄送地址

群发邮件时，单击"添加抄送地址"打开抄送地址输入框，抄送地址也是所发送邮件的接收者，可以直接填写对方的邮件地址，或者选择写信页右侧的通信录中的联系人来添加。

3. 密送地址

单击"添加密送地址"打开地址输入框，密送地址也是所发送邮件的接收者，可以直接填写他的邮件地址，或者选择写信页右侧的通信录中的联系人来添加。对方收到邮件时，收件人和抄送人的邮箱中不会显示密送人地址。假如给很多客户一起发邮件，此时就不应当使用"并列收件人"和"抄送"，否则原本不认识的客户之间，可能通过邮件，得到了其他不认识的客户的邮件地址，从而泄露了客户个人信息，此时使用"密送"更为妥当。

4. 回复

选择一封邮件，单击"回复"链接，进入写邮件页，回复邮件给发件人。此功能是一对一形式，即"谁发给我，我就给谁回复"。

5. 全部回复

选择一封邮件，单击"全部回复"链接，将进入写邮件页，有的邮箱的"全部回复"功能是只回复给"发件人"和"抄送"中的邮件地址。注意，有的邮箱的"全部回复"功能超级强大，选择后会回复邮件给所有并列发件人和发件人在发送该封邮件时填写的所有"抄送"及"密送"中的全部邮件地址。

小提示

（1）给重要人物的重要邮件一定要一对一单独发送。

（2）群发操作之前一定要慎重考虑所采用的操作方式是否妥当。一旦发出，"覆水难收"。

（3）不重要的通告式非保密邮件，可以在特定地址非保密组群里以三种形式群发，但要根据对方邮箱特性，慎重选择使用"并列收件人""抄送"和"密送"功能。

（4）回复他人邮件时，一定要再次检查收件人地址是否正确，慎用"全部回复"。

（二）电子邮件收发关键点

1. 注意保密

一般单位的文件秘密级别可以分为"绝密""机密""密""普通"等四个级别，只有其中的"普通"文件可以通过电子邮件发送，凡带有"密"的文件，严禁使用电子邮件发送。发送时，要清楚群发的"并列收件人""抄送"和"密送（暗送）"功能的区别。

2. 简明扼要的主题

主题不清楚或无主题邮件，可能会被对方当成垃圾邮件删除掉。一定不要发送空白标题邮件，这是最失礼的，标题要能反映文章的内容和重要性，切忌使用含义不清的标题，如"王先生收""有个问题"等，可适当使用大写字母或特殊字符（如"！"等）来突出标题，引起收件人注意，但应适度，特别是不要随便就用"紧急"之类的字眼。

3. 邮件内容篇幅不宜过长

如果发送的是长篇的资料，应选择以附件形式发送。每次所发的附件不可过大，要考虑到对方邮箱的容量大小。附件过大时可分几次发送，便于对方查收。发送附件时应以正文说明，正文不可为空。合理提示重要信息，但不要过多地使用大写字母、粗体、斜体、颜色字体、加大字号等手段对一些信息进行提示，过多的提示会让人抓不住重点，影响阅读。

4. 邮件用语要礼貌规范

以撰写英文邮件为例，不可全部采用大写字母，否则像是在向对方"吼叫"。邮件的开头要称呼收件人，这既显得礼貌，也明确提醒收件人，此邮件是面向他的，要求其给出必要的回应。发给多个收件人的情况下，可以称呼大家"ALL"。邮件开头结尾要有问候语，如"你好""祝您顺利"等。根据收件人与自己的熟悉程度、等级关系、邮件是对内还是对外性质的不同，选择恰当的语气进行论述，以免引起不必要的误解，带有请、谢谢之类词语的语句要经常出现。

5. 结尾签名

每封邮件在结尾都应签名，这样对方可以清楚地知道发件人信息。签名档可包括姓名、职务、公司、电话、传真、地址等信息，但信息不宜行数过多，一般不超过四行。可引用一个短语作为自己签名的一部分，如自己的座右铭，或公司的宣传口号，但是要分清收件人对象与场合，切记一定要使用得体。

6. 提醒对方查收

重要邮件发送后，可短信告知对方，提醒对方查收。发送之前，养成再次检查的好习惯。可考虑替代性的沟通渠道，如电话或当面签复。在国际业务的沟通中大多数人都是以非母语的英文进行电子邮件沟通，产生误解与纠纷自然在所难免，通过电话等方式反复确认是非常必要的。

7. 定期查看新邮件，并注意及时回复

收到他人的重要电子邮件后，即刻回复对方，理想的回复时间是 2 小时内，特别是对一些紧急重要的邮件。涉及较难处理的问题时，可先回复邮件已收到，再择时另发邮件予以具体回复。如果正在出差或休假，应该设定邮箱自动回复功能，提示发件人，以免影响工作。回复对方邮件时，可以根据回复内容更改标题，避免邮件标题前出现长串的"Re"。为避免无谓的回复，浪费资源，可在文末添上以下语句："全部办妥""仅供参考，无需回复"等。

二、电话礼仪

在现代社会里，电话的应用早已十分普遍。从某种意义上讲，运用电话这一行为本身，对于商务人员而言，也是一种服务。在具体运用电话时，尤其是与服务对象直接进行通话时，商务人员所作所为是否得当，与其服务水平有紧密联系。影响通话直接效果的主要因素有通话者的声音、通话者的态度和通话者所使用的言辞，这三者一般被人们称为"电话三要素"。商务人员在运用电话时要做到彬彬有礼、表现得体，就必须在通话方式上对自己严格要求。

（一）基本礼仪

1. 重要的第一声

当打电话给某单位时，若一接通，就能听到对方亲切、优美的招呼声，心里一定会很愉快，使双方对话顺利展开，并对该单位有了较好的印象。在电话中只要稍微注意一下自己的行为就会给对方留下完全不同的印象。因此要记住，接电话时，应有"代表单位形象"的意识。

2. 喜悦的心情

打电话时要保持良好的心情，这样即使对方看不见自己，但是也会被欢快的语调感染，给对方留下极佳的印象，由于面部表情会影响声音的变化，所以即使在电话中，也要抱着"对方在看着"的心态去应对。当拿起电话听筒的时候，一定要面带笑容。不要以为笑容只能表现在脸上，它也会藏在声音里。亲切、温情的声音会使对方马上对自己产生良好的印象。如果紧绷着脸，声音会变得冷冰冰。应注意使嘴和话筒保持 4 厘米左右的距离，要把耳朵贴近话筒，仔细倾听对方讲话。

3. 清晰明朗的声音

打电话过程中绝对不能吸烟、喝茶、吃零食，即使是懒散的姿势对方也能够"听"得出来。如果在打电话的时候，弯着腰躺在椅子上，对方听到的声音就是懒散的、无精打采的，若坐姿端正，所发出的声音也会亲切悦耳、充满活力。因此打电话时，即使看不见对方，也要当作对方就在眼前，尽可能注意自己的姿势。对方打来电话，一般会自己主动介绍。如果没有介绍或者没有听清楚，就应该主动问："请问是哪位？我能为您做什么？您找哪位？"但是，人们习惯的做法是，拿起电话听筒盘问一句："喂！哪位？"这在对方听来，陌生而疏远，缺少人情味。接到对方打来的电话，在拿起听筒时应首先自我介绍"你好！这里是某某公司"或者"你好！我是某某某"。

4. 迅速准确的接听

商务人员业务繁忙，桌上往往会有两三部电话，听到电话铃声，应准确迅速地拿起听筒，最好在三声之内接听。电话铃声响一声大约 3 秒钟，若长时间无人接电话，或让对方久等是很不礼貌的，如果电话铃响了五声才拿起话筒，应该先向对方道歉，即便电话离自己很远，这样的习惯是每个商务人员都应该养成的。

5. 认真清楚的记录

随时牢记 5W1H 技巧，所谓 5W1H 是指：① When 何时；② Who 何人；③ Where 何地；④ What 何事；⑤ Why 为什么；⑥ How 如何进行。在工作中这些资料都是十分重要的。对打电话、接电话具有相同的重要性。

6. 挂电话前的礼貌

要结束电话交谈时，一般应当由打电话的一方提出，然后彼此客气地道别，说一声"再见"，再挂电话，不可只管自己讲完就挂断电话。

小提示

如果接到找他人的电话，应先礼貌询问对方如何称呼，再征询对方找的人是否接听，即使对方要找的人就在旁边，也应说："请稍等。"然后用手掩住话筒，轻声询问同事接电话。如果对方找的人不在，应该告诉对方，并且问："需要留言吗？我一定转告！"

（二）拨打电话的注意事项

1. 准备充分

（1）清楚对象。打电话之前要确定对方的公司名、职务及姓名，避免产生误会。

（2）找准时间。在拨打电话前一定要慎重考虑何时给对方打电话最适宜，约好何时打电话，一定要守时。通话的最佳时间是双方事先约定的时间或者是对方方便的时间。在给工作上的合作伙伴拨打电话时，最好避开临下班的时间和午休时间。若非紧要的事情，节假日、用餐时间和休息时间不要打电话。平时，在早 6 点前，晚 9 点后不要打电话。如果一定要在私人时间或休息时间打电话，首先要表示歉意，而且要解释原因，取得对方的谅解。如果是给身在国外的人打电话，则要先了解一下时差。因为时差关系，在我国处于白天时，对方可能正处于深夜的睡眠状态。

（3）列明提纲。主动打电话的人作为电话沟通的发起者，必须意识到电话沟通的时间有限，要把事情讲清楚，又不能占用对方太多的时间。因此，如果电话中要讲的事情比较多，或者问

题比较复杂，最好准备一份通话提纲。在提纲里对需要说的问题排列出先后次序，这样就不会因为一时疏忽而遗漏事项，说起话来也不会颠三倒四，前言不搭后语。在电话里，条理清晰而简明扼要地把问题阐述清楚，会给人留下熟悉业务、精明干练的好印象。

（4）准备记录。打电话前要准备好记录工具，如纸笔、计算机等，通电话时，左手持听筒右手拿笔，随时准备记录。

2. 礼貌问候

（1）问候对方。用尊称称呼对方并问候，如果受话人身旁还有其他人，也要附带问候。

（2）自我介绍。自报家门，做简单的自我介绍，用简洁得体的语言说明打电话的目的。

（3）礼貌询问。要主动问询对方现在通话是否方便，如果对方感到不方便，就另约时间再打。如果预计通话时间较长，拨打电话的人应当事先告知受话人并征求受话人的意见，还要在通话结束时表示歉意。

3. 内容精炼

（1）打电话时忌讳通话内容不着要领、语言啰唆、思维混乱，这样很容易引起受话人的反感。

（2）在通话时，要牢记通话三分钟原则，即打电话的时间最好不要超过三分钟。拨打电话的人一定要对通话的具体时间长度有所控制，长话短说、废话少说、没话不说。自觉、有意识地做到通话简洁明了，不漫无边际地闲扯，以致造成对方时间上的浪费。

4. 表现有礼

（1）拨打电话的人在通话的过程中，始终要注意待人以礼，举止和语言都要得体大度，尊重通话的对象，并照顾到通话环境中其他人的感受。

（2）打电话时，若非可视电话，一般互相看不到对方的举止，但仍然可以感觉到对方的一些动作和声响。因此，通话时要注意自己的举止行为，不可掉以轻心。在打电话时，不要嘴里含着东西或者咀嚼东西，也不要把话筒夹在脖子下，或者抱着电话来回走动，或者躺着、趴着甚至高架双腿与人通话。在拨号的时候，如果对方的电话一直占线，要表现出适度的耐心，不要急躁。

5. 礼貌结束

通话结束时，与对方道别，如果不说"再见"就挂断电话，会给人以突兀和生硬的感觉，别人也不能确定通话是否结束。结束话题并不意味着马上挂断电话。一般来说，应由通话双方中地位较高的人先挂断，这是电话礼仪中的惯例。通话双方地位相近时，一般由拨打电话的一方先挂断。

情景剧
接打电话的
注意事项

💡 **小提示** 通话时遇到另一个电话打进来怎么办？

如果在接听电话的时候，适逢另一个电话打了进来，切忌不要中断通话，而要向来电话的人说明原因，请他不要挂断电话，稍等片刻。去接另一个电话的时候，接通之后也要请对方稍候片刻或者请他过一会儿再打进来，或者自己过一会儿再打过去。等对方理解之后，再继续方才正接听的电话。纵然再忙，也不能拔下电话线，或者来电不接就直接挂断。这些都是非常不礼貌的行为。

（三）手机礼仪

手机是现代商务和社交必不可少的通信工具，无论是在社交场所还是工作场合随意地使用手机，已经成为文明礼仪的大忌，手机礼仪越来越受到人们的关注。

1. 公共场合手机礼仪

（1）在公共场合或工作场所，手机应尽量设置成静音模式，尤其会议中有人正在发言，手机铃声突然响起会打断发言者的思路，这是非常不礼貌、不专业的。

手机礼仪

（2）在公共场合遇到必须接听的电话时，可以离场接听或接通后轻声交谈，快速解决问题，尽可能不影响他人。

（3）商务人士应避免在办公场所接打私人电话，否则不但会影响办公室同事的情绪，还会让人产生不专业、不严谨的印象。既干扰别人的工作，又不利于自身形象。最好的方式是，若忙于公事无法接听，可暂不接听，或接通后立即移步至办公场所外进行接听。

情景剧
与人交谈时的手机
礼仪错误案例

★ **案例 3-3　不和谐的手机铃声**

铂斯商贸有限公司的李一凡和刘一佳一同前往参加行业新品发布会，外贸行业很多企业都派了代表参加。由于公司的业务规模处在行业前列，两人被主办方安排在第一排的 VIP 座席，小李和小刘坐在第一排也为公司感到骄傲。会上主办邀请的公司代表进行新品展示，参会人员纷纷举起手机拍照，正当主办方在做新品介绍时一阵摇滚乐的手机铃声吸引了大家的目光，原来是小李的手机响了，小李忙按掉了铃声，一看是重要客户的电话，马上弯腰走出室外去回了电话。

待小李回到会场，小刘低声提醒他把手机铃声调到"振动"，以免再招来周围人不满的目光。

2. 手机铃声礼仪

（1）铃声选择。铃声的内容有乐曲、歌声、仿人声、仿动物叫声等，铃声设定应健康活泼，避免粗俗和低级的铃声。个性彩铃本是无可厚非，但在公共场所，尤其是相对比较安静的场合，手机铃声的设置直接体现了使用者的公共意识程度。

情景剧
与人交谈时的手机
礼仪正确示范

（2）调低铃音。在办公室手机铃声要适当调低，同时应选择柔和悦耳的铃声，避免声音过大影响他人。

（3）关闭铃音。在会客、会议中，或身处剧院、影院、图书馆、医院等场所中，手机应设置成静音或振动状态。

3. 收发信息礼仪

（1）言简意赅。发送信息要有诚意、有针对性，如不要群发祝福等。在有事找别人的时候，省去那些客套的话语，不要发"在吗"，直接开门见山，真诚说明，会更容易博得他人的好感。

（2）方便对方。考虑到对方查看方便，尽量不要发送如语音，更不能连续十几条内容没有重点，应该用简短的文字发送信息，这既方便了他人，又有利于提高效率。

（3）及时回复。收到别人的信息要及时回复，如不能及时回复要表示歉意，避免不回复却在双方都能看到的其他社交媒介上活跃频繁而产生误会。

💡 **小提示　手机放置的位置**

> 无论在什么场合，手机在不使用时，最好放在合乎礼仪的常规位置。不要在并不使用的时候放在手里或是挂在上衣口袋外。放手机的常规位置有：随身携带的公文包里（这种位置最正规），上衣的内袋里。开会的时候手机应交给秘书、会务人员代管，也可以放在不起眼的地方，如手袋里，但不要放在桌上，特别是不要对着对面正在聊天的客户。

三、微信礼仪

网络时代，微信已经成为职场、商务场合最常用的沟通工具。商务人士几乎每天都在发朋友圈，通过微信商讨洽谈，在微信群中讨论、布置工作，微信礼仪也成为商务人士需要掌握的技能和必备素养。

⭐ **案例 3-4　加不上的微信**

> 铂斯商贸有限公司的李一凡参加行业交流会议，会议上日盛公司的陈总做了精彩的发言，小李对陈总是早有耳闻，一直想联系对方拓展业务，便想借此机会添加微信。趁着开会的茶歇间隙，小李走到陈总旁边做了自我介绍表示希望添加陈总的微信，方便日后的交流、拜访，陈总欣然答应，两人同时递出手机，上面都显示的是自己的微信二维码，这时陈总的电话响了，陈总对小李表示歉意，便接了电话走出会场，留下小李望着陈总远去的背影，心里想着不知道一会儿还能不能有机会再跟陈总交流呢。

（一）微信相关概念

1. 昵称

昵称是个人在微信上的名字，商务人士的昵称可体现商务信息、个人特征，应易懂易读，避免庸俗怪异。昵称力求简单，不必像名片一样展现过多的头衔，避免过于复杂、冗长。

2. 头像

头像是展示个人喜好、心态的媒介，应使用健康、积极的图片，大多数人还是喜欢和积极向上的人做朋友，客户都喜欢和专业的人士打交道，如果微信只用于商务交往，可用本人职业照，且尽可能接近本人。

3. 签名

签名是对个人微信的说明，可以展现一些有用信息，例如想告诉别人的内容，可以是业务范围、可以是个人感悟，以便对方快速了解。

4．朋友圈

朋友圈是微信上的一个社交功能，商务人士可通过朋友圈推广业务，加深联系。朋友圈就是自己的自画像，它代表着自己是一个怎样的人。商务人士的朋友圈更不能随便发，以免降低自己的可信任感、专业度和权威性，得不偿失。

5．微信群

微信群是多人聊天交流的一个平台，可以通过网络快速发送语音、信息、视频、图片和文字。微信群应该有清晰明了的群名称，加入微信群后应针对群的主题修改自己的群昵称，并遵守微信群的相关规定。

（二）微信使用礼仪

1．加微信礼仪

（1）微信扫码添加好友微信，应按照礼仪长幼有序、主客适宜的原则，添加微信时遵循长辈、客户、领导等尊者为上，对方出示二维码，另一方负责扫码。不论是晚辈还是长辈提出添加微信，晚辈都应该去扫描长辈的微信二维码。

情景剧
添加微信礼仪
的错误案例

（2）在主动添加好友时，需简单备注上介绍及添加理由。谁先加的微信，谁就应该自报家门，第一时间打招呼和问候，简单介绍自己，写明自己的姓名、单位、手机号码及合适的礼貌用语，留下良好的第一印象。

（3）不管是主动加别人为好友，还是别人加自己为好友，通过后第一时间修改备注，可简单备注介绍人或见面的地点，避免遗忘。

2．发送微信礼仪

（1）发送消息的时间不要在半夜或清晨，别人的休息时间里不要发，因为提示消息可能会打扰别人休息。

情景剧
添加微信礼仪
的正确示范

（2）发送消息前需三思，发送文字消息时要考虑周到，不要频繁使用"撤回"这一功能，会给人留下思考不周到的印象。工作微信要注意排版。切忌一次发一句话，没有条理。既不要一行几个字，也不要几百字一大段，分段、标点符号要清晰。

（3）如果是发送快递地址或其他需要编辑的文件信息给别人，最好以文字的方式发给对方，不要发截图。

（4）打语音电话或视频之前要先问问对方是不是方便。

（5）原则上不发语音，特别是工作微信，优先选择文字。在工作中很多场合都不适合发出声音，语音消息不方便读取，虽然可以使用"语言转文字"功能，但如果普通话不标准或方言就会在转换时因为语义不清产生歧义。

情景剧
微信交流礼仪
的错误案例

（6）工作微信最后要指明需要干什么。比如发通知，可以加上"收到请回复"；发请示，最后可以说"请领导批示"；发提醒，可以告诉"不需要回复"。

3．收微信礼仪

（1）及时回复。如果还需要时间考虑，那也应及时回复"我考虑一下"或"晚点回复"。如果是接收到语言类的工作微信，即使当前不方便接听，也可以回复"现在不方便接听语音，如有急事，可以发送文字"。

（2）重要的群和人最好置顶。通过置顶可以把最重要的群和人放在微信最上面，这样不容易遗漏重要的信息。

4．微信群礼仪

（1）拉群。拉群之前请一定要征求被拉对象的意见以及群管理员的意见。群管理员应向群成员介绍群功能，如果人数不多，如工作群，应介绍群成员，介绍的顺序是把晚辈介绍给长辈，把下级介绍给上级，把男士介绍给女士。这些细节会让群成员加强了解，也有助于工作的顺利开展。

（2）群红包。红包不要只抢不发还不说话，要道谢或回赠红包。不要强行要求别人发红包，不是所有群的红包都可以抢，因为有些群红包是指定发给某人的，抢之前要先看清楚群中的对话，避免误抢的尴尬。

（3）能私聊的不群聊。群交流如果是两个人对话较多，就不要在群里持续交流，可选择私聊，避免扰众。不要在群里多次连续地 @ 某个人，会显得强势和突兀，使对方产生压迫感，这个时候不如用私信和电话沟通解决。

（4）发文件或链接要进行说明。在工作群中发送文件的时候请一定先写好发送文件的用意，否则大家看到文件时会一头雾水，无所适从，从而浪费了时间。

5．朋友圈礼仪

（1）切忌每天发送多条朋友圈，造成他人的困扰。如果确实有很多信息要发，可以将自己的微信好友按照家人、朋友、同事、客户等分组，以免对他人造成困扰。

（2）朋友圈的评论应及时回复。

（3）不要盲目随意点赞，应在点赞、评论前看好对方发的是什么内容，这是对他人的一种尊重。

（4）一直点赞、留言的人，也应主动到对方朋友圈点赞、留言。

（5）尽量别把跟朋友的私人对话截图并发送到朋友圈。特别想截图的话，要取得对方同意，去掉对方姓名，确保不会给对方带来任何困扰。

（6）不要在别人朋友圈评论里说涉及隐私的事情，在别人的朋友圈评论里和他人来回多次的聊天也是不礼貌的。

单元三　往来礼仪

办公接待工作是企业办公室工作系统的重要环节，接待工作水平的高低能够集中反映一个企业的整体形象，能够展示出接待人员的素质和能力，对于推动工作的开展具有十分重要的作用。在办公接待过程中，尊重他人、讲究礼仪的程序和规范、重视礼仪就成为决定服务工作成败的重要环节。

一、迎接礼仪

（一）迎接规格

迎接是接待服务中最常见的礼仪活动。迎接活动的规格有高低，仪式有简繁，但几乎任何一次接待活动都不能缺少。迎接的对象按其性质分，有专程前来也有顺道路过；按其级别分有职务高低；按人数分有一人也有数人乃至大型代表团的。接待中通常根据其身份地位、来访性质及其与当地的关系等因素，安排相应的迎接活动。

不同身份、不同国籍、不同单位的人有着不同的迎接规格，最高级的迎接规格就是迎接外国元首、政府首脑。一般来说，各国对外国元首、政府首脑的正式访问，都会举行隆重的迎接仪式。对应邀前来的访问者，无论是官方人士、专业代表团，还是民间团体、知名人士，在他们抵达时均应安排相应身份的人员前往机场、车站、码头迎接。

涉外礼仪的迎接规格：①隆重迎接。这种规格的迎接仪式，一般适用于来访的重要官方代表团。举行此类迎接仪式，必须讲求规范性和严肃性，还须遵从一般的国际惯例。②一般迎接。这种规格的迎接用于一般人员或代表团，不论是政治性的还是商业性的团体，这种规格的迎接在平时使用较多。对应邀来访的客人，在他们抵达时，均应安排相应身份的人员前往迎接。③私人性质的迎接。如果来访者是朋友，是属于私人性质的访问，则迎接要安排得方便、实际和礼貌。而且视彼此关系，适当加以调整，但这并不意味着可以不讲礼节，随随便便。

★ **案例 3-5** **小李错在哪里？**

中秋节前两天，办公室陈主任通知李一凡，第二天下午3点钟本公司的合作伙伴上海华强贸易有限公司的刘君副总经理将到本市（铂斯商贸有限公司的出口订单主要来自上海华强贸易有限公司），这次来的主要目的是了解铂斯商贸有限公司是否有能力、有技术在60天内完成美国的一批圣诞玩具订单。铂斯商贸有限公司很希望拿到这份利润丰厚的订单，杨总将亲自到车站接站。由于陈主任第二天将代表杨总出席另外一个会议，临时安排李一凡随同杨总一起去接刘总。小李接到任务后，在征得杨总同意后，在一个四星级宾馆预订了房间，安排公司最好的一辆车去迎接刘总。

第二天上午，小李忙着布置会议室，通知一家花木公司送来了一批绿色植物，准备了欢迎条幅，又去购买了水果，一直忙到下午2:30。司机已经催了几次，穿着休闲服的小李才急急忙忙上了车随杨总一起到车站，不料，市内交通拥挤，到车站后发现，刘总已经等待了十多分钟。杨总不住地打招呼，表示抱歉。小李也跟着说，公司离市区太远，加上堵车才迟到的。

到了酒店，小李报上公司名，前台却说没有预定，小李翻看自己的预定记录才发现由于一字之差找错了酒店，小李悄悄请示杨总，杨总指示刘总旅途劳顿不宜再打扰，就安排刘总下榻该酒店。小李通过与前台沟通给刘总安排了一间豪华商务房，由于这家酒店跟铂斯商贸有限公司没有协议价，虽然档次相当但是比原预定酒店多付了不少费用。

安排好刘总，小李随杨总出来后，感到非常抱歉，杨总安慰了小李，说以后的工作要注意的地方还很多啊。

（二）迎接程序

1. 确定迎接规格

迎接规格，一般应遵循对等或对应原则，即主要的迎接人员应与来宾的身份相当或相应。若由于种种原因，主方主要人员不能参加迎接活动，使双方身份不能完全对等或对应，可以灵活变通。以对口原则为依据，由职位相当的人或由副职出面，但应及时向对方做出解释以免对方产生误解。

2. 确定迎接地点

为了简化迎接礼仪，目前主要迎接人员更多地在来宾下榻的饭店迎接，而另由职务相宜人员负责机场（车站、码头）的迎接。

（1）到达之处。迎接通常应当是来宾到达的地点，如机场、火车站、长途汽车站、码头等。

（2）下榻之处。倘若来宾到达时可直接乘坐专门的交通工具，可以来宾的临时下榻之处作为迎接的地点，如宾馆、饭店、旅馆、招待所等。

（3）广场大厅。举行迎接仪式的话，迎接的地点还可以选择宜于举行仪式的广场、大厅等。

3. 掌握来宾到达的时间

（1）接站时，迎候人员应留足途中时间，提前到达机场（车站、码头），以免因迟到而失礼。

（2）准确掌握来宾所乘交通工具的航班号、车次以及抵达时间。

（3）将这些情况和迎送人员名单一并通知机场（车站、码头），以便做好接站工作。

（4）保持与机场（车站、码头）的联系，随时掌握来宾所乘航班号（或车次）的变化情况。如有晚点，应及时做出相应安排。

4. 安排车辆

（1）根据来宾和迎接人员的人数以及行李数量安排车辆。

（2）乘车座位安排应适当宽松，正常情况下，附加座一般不安排坐人。

（3）如果来宾行李数量较多，应该安排专门的行李车。

（4）如果是车队行进，出发前应明确行车顺序，并通知有关人员，以免行进中发生错位。

5. 发放乘车表和住房表

（1）如果来宾人数较多，为了在接站时避免混乱，应事先排定乘车号和住房号，并打印成表格。

（2）在来宾抵达时，将乘车表发至每一位来宾手中，使之明确自己所乘的车号。

（3）接待人员应清点每辆车上的人数。

（4）发放住房表，住房表可以使来宾清楚自己所住的房间，也便于来宾入住客房后相互联系。

6. 适时献上鲜花

（1）迎接普通来宾，一般不需要献花。

（2）迎接十分重要的来宾，可根据接待规格献花。

（3）所献的花要用鲜花，并保持花束整洁、鲜艳。忌用菊花、杜鹃花、石竹花等花卉，且不能使用黄色花朵。

（4）献花的时间，通常由儿童或服务人员在参加迎送的主要领导与主宾握手之后将鲜花献上。可以只献给主宾，也可向所有来宾分别献花。

7. 主客双方介绍

（1）主客双方见面时，应互相介绍。按通常礼仪，应先把主人介绍给来宾，然后再把来宾介绍给主人，介绍顺序以职务的高低为先后。介绍人可由双方职务最高者或工作人员担任。如果主宾双方职务最高者本已认识，则最好由他们分别依次介绍各自随行人员，也可以由双方的工作人员介绍。介绍形式一般以口头介绍为主，如果人数不多，也可以用互换名片的形式。

（2）不同的客人按不同的方式迎接。对大批客人的迎接，可事先准备特定的标志，让客人从远处即可看清；对首次前来，又不认识的客人，应主动打听，并自我介绍；而对比较熟悉的客人，则不必介绍，仅向前握手，互致问候即可。

8. 提取行李

（1）如果来宾行李较多，应安排专门的工作人员负责清点、运送行李，并协助来宾办理行李的提取。

（2）提取行李时如需等候，应让迎宾车队按时离开，留下有关人员及行李车装运行李。

9. 与饭店的协调

（1）来宾抵达饭店时，具体事务较多，更应做好有关事项的协调衔接。

（2）当重要来宾抵达时，接待工作人员应及时通知饭店，以方便饭店组织迎接、安排客房、就餐和进出行李等服务。

二、乘车礼仪

接待工作中，接待人员经常会协助客人上下车，或者与客户、上级等同乘一辆车，怎样才能显示出礼节，表达对客人的尊重呢？

（一）乘车座次

在比较正规的场合，乘坐轿车时一定要分清座次的尊卑，并在合适自己之处就座。而在非正式场合，则不必过分拘礼。座次礼仪规则可概括为"四个为尊，三个为上"。"四个为尊"是客人为尊、长者为尊、领导为尊、女士为尊，此四类人应为上座；"三个为上"是方便为上、安全为上、尊重为上，以这三个原则安排座次，其中"尊重为上"原则最重要。

（1）乘坐小轿车。客人抵达后，如果需要陪车，乘坐小轿车时，通常有两种情况：第一种，当主人或领导亲自驾车的时候，此时一般称之为社交用车，上座为副驾驶座。这种情况，一般前排座为上，后排座为下；以右为尊，以左为卑。这种坐法体现出"尊重为上"的原则，体现出客人对开车者的尊重，表示平起平坐，亲密友善（如图3-3所示）。

第二种，专职司机驾车时，由于右侧上下车更方便，因此要以右尊左卑为原则，同时后排为上，前排为下。在接待非常重要客人的场合，如说政府要员、重要外宾、重要企业家等，这时候上座是司机后排右座，因为该位置的隐秘性好，而且是车上安全系数较高的位置（如图3-4所示）。

情景剧
乘车礼仪
错误案例

图 3-3　主人或领导驾车座次　　　　图 3-4　专职司机驾车座次

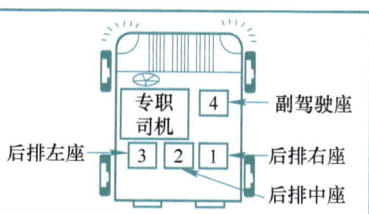

（2）乘坐三排七座商务车。乘坐顺序是中排右座→中排左座→后排右座→后排左座→后排中座→副驾驶座（如图3-5所示）。

（3）乘坐三排九人座商务车。乘坐顺序是二排右座→二排左座→三排右座→三排左座→四排右座→四排左座→四排中座→一排右座（如图3-6所示）。

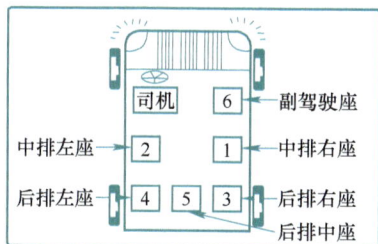

图 3-5　七座商务车座次　　　　图 3-6　九人座商务车座次

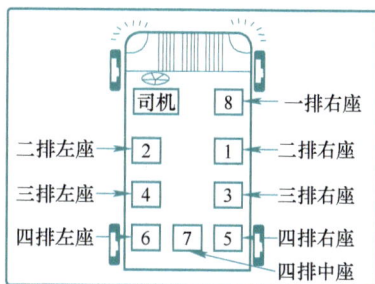

（4）乘坐其他车辆。如果是中巴、大巴，中间是过道，座次原则是离门近者为主座，由前向后，由右往左，离门越近，位置越高，也就是说，司机后排靠门的位置是主座，这个位置前面通常有扶手，领导上下车方便，也兼顾安全。

（二）上下车礼仪

1. 开车门的礼仪

（1）给自己开车门以顺手为原则。

（2）为他人开车门应把手背朝上，手心朝下挡在车门上框，防止入车人头部被碰到（如图3-7所示）。

图 3-7　开车门动作

2. 上车礼仪

（1）上车次序。乘坐小轿车时，女士、长辈、领导、客人先上车，男士、晚辈、下级、主人后上车，后上车者开车门以照顾先上车者。

（2）上车姿势。男士上车应一只脚先踏入车内，臀部坐到位子上，再将另一只脚收进车里，入座后解开西装纽扣（如图3-8所示）。女士上车需先站在座位边上，臀部坐到位子上，再将双腿一起收进车里，双膝一定保持合并的姿势（如图3-9所示）。

图 3-8　男士上车动作

图 3-9　女士上车动作

3. 座次礼仪

按照座次的礼仪要求陪同客人乘车。

4. 下车礼仪

（1）下车次序。男士先下车，女士、长辈后下车，服务人员先下车，领导后下车，先下车者开车门以照顾后下车者。

（2）下车姿势。男士下车应一只脚先伸出，身体前倾，以手助推，迈出车门，系上西装纽扣，轻抚领带。女士下车应正面朝车门，双脚一同伸出，身体前倾下车，同时对帮助开车门者表示感谢。

💡 小提示

1）乘坐主人驾驶的轿车时，最重要的是不能冷落主人，也就是不能令前排座位"虚位以待"，一定要有人坐在那里，以示相伴。由男士驾驶自己的轿车时，若夫人或女友在场，一般应坐在副驾驶座上。

2）由主人驾车送其友人夫妇回家时，其友人之中的男士，一定要坐在副驾驶座上，与主人相伴，而不宜形影不离地与自己夫人坐在后排，那是失礼之举。若同坐多人，中途坐前座的客人下车后，在后面坐的客人应改坐前座，此项礼节最易被疏忽。

3）具体到副驾驶位、司机后位、司机对角线位哪个重要，要因人而异，因时而异，最标准的做法是客人坐在哪里，哪里就是上座。所以，不必纠正并告诉对方"您坐错了"。尊重别人就是尊重人家的选择，这就是商务礼仪中"尊重为上"的原则。

4）服务人员坐面包车、中巴或大巴时，应坐副驾驶位或尽量在后排就座。

三、引导礼仪

接待人员应懂得基本的引导礼仪，带领客人到达目的地，应该有正确的引导方法和引导姿势。

（一）引导位置与引导语言

1. 引导位置

接待人员站在来宾的左前方，距离来宾 0.5～1.5 米，传达"以右为尊、以客为尊"的理念。来宾人数多，引导的距离应该稍远，以免照顾不周，但始终应与客人保持一定的距离，接待人员的步伐应适应来宾的速度，切忌独自走在前面。

引导礼仪及
电梯礼仪

2. 引导语言

要有明确而规范的引导语言，多用敬语如"您好！""请"，以表达对来宾的尊重。引路时要注意客人，适当地做些介绍、提醒，确保来宾心情舒畅并且能安全到达目的地。

（二）引导手势

1. 直臂式

在表示"请进""请"或指引方向时常用直臂式引导手势。做法是，五指并拢，手掌自然伸直，手心向上，右臂从体侧抬起，以肘为轴轻缓地向一旁摆出，到腰部并与身体正面成 90° 时停止。头部和上身微向伸出手的一侧倾斜，另一手下垂或背在背后，目视宾客，面带微笑，表现出对宾客的尊重、欢迎（如图 3-10 所示）。

情景剧
引导礼仪
错误案例

2. 曲臂式

需要给宾客指示方向、介绍物品时，采用曲臂式。做法是五指伸直并拢，手心斜向上，右臂曲肘由腹前抬起，向应到的方向摆去，摆到肩的高度时停止，肘关节基本伸直。应注意在指引时，身体要侧向来宾，眼睛要兼顾所指方向和来宾（如图 3-11 所示）。

3. 反向式

用右手指引相反方向时使用反向式引导手势。做法是，五指并拢，手掌自然伸直，手心向上，小臂由身体侧抬起以肘为轴轻缓地向腹部摆出，小臂与大臂成 90° 时停止。头部和上身微向伸出手的一侧倾斜，另一手下垂或背在背后，目视宾客，面带微笑，表现出对宾客的尊重、欢迎（如图 3-12 所示）。

图 3-10　直臂式　　　　图 3-11　曲臂式　　　　图 3-12　反向式

（三）引导场合

1. 门口

引导客人进门时，接待人员应先开门，用靠近把手的手拉住门，站在门旁，用反向式手势请客人进门，然后把门轻轻关上。

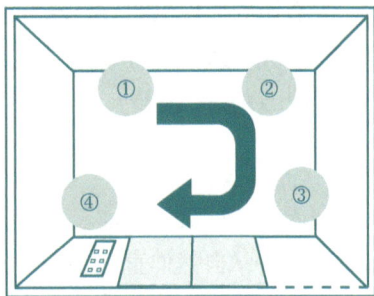

2. 走廊

接待人员应在客人左侧二三步之前，客人走在内侧。

3. 楼梯

引导客人上楼时，应让客人走在前面，接待人员走在后面；若是下楼时，应该由接待人员走在前面，客人走在后面。上下楼梯时，应注意客人的安全。

4. 电梯

引导客人乘坐电梯时，接待人员应站在操作按钮近端，引导客人进入电梯。

（1）电梯内的站位。电梯内的次序排位：距离电梯控制按钮近端为次位，远端为尊位（如图3-13所示）。领导或者客户要在①和②的位置，下属在③和④的位置。

（2）有电梯员时。接待人员将客人引导至电梯口，右

图 3-13　电梯内的站位次序

手按住控制按钮，左手屈臂反向做请的手势并护住电梯门，引导客人先进入电梯，再陪同进入。进入电梯后，接待人员应该身体背对电梯壁，与电梯门形成90度角，侧对客人以随时提供帮助。

（3）无电梯员时。如果只有一位来宾，则请来宾先进入电梯，然后紧跟进入，站到电梯内控制按钮附近。如果有两位以上，接待人员应按住控制按钮，说"请稍等"后走进电梯，右手按住开门按钮，另一只手请来宾进入。

（4）出电梯时。接待人员按动按钮后，左手做请的手势并护住电梯门，请客人先走出电梯，等来宾都走出去后，再走出去引导。

5. 会议室

引导客人走入会客厅，接待人员用手指示，请客人坐下。客人坐下后，行点头礼后离开。如果客人错坐下座，应请客人改坐上座（一般靠近门的一方为下座）。

四、送别礼仪

送别通常是指在来宾离去之际，出于礼貌而陪着对方一同行走一段路程，或者特意前往来宾启程返还之处，与之告别，并看着对方离去。最为常见的送别形式有道别、话别、饯别、送行等。

（一）送别的种类

1. 道别

道别指的是与交往对象分手。按照常规，道别应当由来宾率先提出，假如主人首先与来宾道

别，难免会给人以厌客、逐客的感觉，所以一般是不应该的。在道别时，来宾往往会说"就此告辞""后会有期"，而此刻主人则一般会讲"一路顺风""旅途平安"。有时，宾主双方还会向对方互道"再见"，叮嘱对方"多多保重"，或者委托对方代问其同事、家人安好。在道别时，主人特别应当注意以下四点：一是主人应当加以挽留，二是主人应当起身在后，三是主人应当伸手在后，四是主人应当相送一程。

2．话别

话别亦称临行话别。与来宾话别的时间，一要讲究主随客便，二要注意预先相告。最佳的话别地点，是来宾的临时下榻之处。在接待方的会客室、贵宾室里，或是在为来宾饯行而专门举行的宴会上，亦可与来宾话别。参加话别的主要人员，应为宾主双方身份、职位大致相似者，或对口部门的工作人员、接待人员等。话别的主要内容有：一是表达惜别之意，二是听取来宾的意见或建议，三是了解来宾有无需要帮忙代劳之事，四是向来宾赠送纪念性礼品。

3．饯别

饯别又称饯行。它所指的是，在来宾离别之前，主人一方专门为对方举行一次宴会，以便郑重其事地为对方送别。为饯别而举行的专门宴会，通常称作饯别宴会。在来宾离别之前，专门为对方举行一次饯别宴会，不仅在形式上显得热烈而隆重，而且往往会使对方产生备受重视之感，进而加深宾主之间的相互了解。

4．送行

在此特指主人在异地来访的重要客人离开本地之时，特地委派专人前往来宾的启程返还之处，与客人亲切告别，并目送对方渐渐离去。在接待工作中需要为之安排送行的对象主要有：正式来访的外国贵宾、远道而来的重要客人、关系密切的协作单位的负责人、重要的合作单位的有关人员、年老体弱的来访之人、携带行李较多的人士等，当来宾要求主人为之送行时，一般可以满足对方的请求。

考虑为来宾送行的具体时间问题时，重要的是要同时兼顾下列两点：一是切勿耽误来宾的行程，二是切勿干扰来宾的计划。

（二）送别的流程

1．确定送别规格

（1）送别规格，一般应遵循对等或对应原则，即主要的送别人员应与来宾的身份相当或相应。若由于种种原因，主方主要人员不能参加送别活动，使双方身份不能完全对等或对应，可以灵活变通。以对口原则为依据，由职位相当的人或由副职出面，但应及时向对方做出解释以免误解。

（2）为了简化送别礼仪，目前主要送别人员更多是在来宾下榻的饭店送别，而另由职务相宜人员负责机场（车站、码头）的送别。

2．确定送别的地点

（1）启程之处。为来宾正式送行的常规地点，通常应当是来宾返还时的启程之处，如机场、火车站、长途汽车站、码头等。

（2）下榻之处。倘若来宾返程时将直接乘坐专门的交通工具，从自己的临时下榻之处启程，可以来宾的临时下榻之处作为送行的地点，如宾馆、饭店、旅馆、招待所等。

（3）广场大厅。举行送行仪式的话，送行的地点还可以选择宜于举行仪式的广场、大厅等。

3. 掌握来宾离开的时间

（1）准确掌握来宾所乘交通工具的航班号、车次以及离开时间。

（2）将这些情况和送别人员名单一并通知机场（车站、码头），以便做好送站工作。

（3）送站时，送别人员应留足途中时间，提前到达机场（码头、车站），以免耽误客人行程。

4. 安排车辆

（1）根据来宾和送别人员的人数以及行李数量安排车辆。

（2）乘车座位安排应适当宽松，正常情况下，附加座一般不安排坐人。

（3）如果来宾行李数量较多，应该安排专门的行李车。

（4）如果是车队行进，出发前应明确行车顺序，并通知有关人员，以免行进中发生错位。

5. 提取、托运行李

（1）如果来宾行李较多，应安排专门工作人员，负责清点、运送行李并协助来宾办理行李的托运手续。

（2）送别时，如果来宾需交付托运的行李较多，有关人员应随行李车先行，提前办理好托运手续，以避免主宾及送行人员在候机（车、船）厅等候过久。

6. 与饭店的协调

（1）来宾离开饭店时，具体事务较多，更应做好有关事项的协调衔接。

（2）当重要来宾离开时，接待人员应及时通知饭店，以方便饭店组织送别、结账退房和进出行李等服务。

7. 送别礼节

（1）与来宾亲切交谈。

（2）与来宾握手作别。

（3）向来宾挥手致意。

（4）在对方走后，自己才能离去。

五、拜访礼仪

拜访是社交中的一种重要礼仪形式，是指亲自或派人到有业务往来的客户单位或相应的场所去拜见、访问某人或某单位的活动。拜访作为商务交往活动，能起到加强联系、促进交流、沟通思想和增进感情的作用。商务拜访是当今最流行的一种办公形式，也是对礼仪要求最多的活动之一。掌握好上

述礼仪要领，将有助于商务工作顺利进行。

（一）拜访的类型

按照不同的标准划分，拜访有不同的类型。

1. 以目的的不同为标准划分

（1）商业拜访。是为了加强业务联系、推销产品、购进产品而进行的拜访。

（2）政治拜访。是国家首脑或党政要员等为达到政治目的而进行的拜访。

（3）情感拜访。是为了交流感情、增进友谊而进行的拜访。

（4）礼节性拜访。是为了表达对对方的尊重、关心而进行的拜访。

2. 以公私性质的不同为标准划分

（1）公务拜访。是机关团体、工商企业为达到团体的目的而进行的拜访。

（2）友情拜访。是个人、家庭之间为促进感情交流、加强联系而进行的拜访。

3. 以拜访方式的不同为标准划分

（1）应邀拜访。是拜访者接到有关团体或个人发出的正式邀请后进行的拜访。

（2）主动拜访。是团体或个人为自己的目的而主动联系的拜访。

无论何种拜访，要成为一个受欢迎的拜访者，都必须遵循一定的礼仪规范和要求。

★ 案例 3-6 小李的拜访

李一凡和付志强是大学同学。大学毕业后，各奔东西，李一凡听说最近付志强在欣冉贸易公司做了业务部副经理，铂斯商贸有限公司正好准备和欣冉贸易公司做一笔买卖（第一次），小李得知此事后，便自告奋勇承接此项工作，一来想去探望一下老同学，二来也想提升一下自己在公司的地位。这天下午，小李便去了欣冉贸易公司的经理室，结果在门口被秘书拦下。经过一番解释，秘书告诉他付经理不在，并将公司的电话留给他。

隔了几天，小李打电话给欣冉贸易公司，预约成功，定于星期三下午两点半见面。结果由于堵车，小李晚去了将近1个小时。到了以后，经打听，付经理还在，就推门进去。老同学相见，十分欢喜。小李马上冒出一句："强子，这几年混得不错啊！"付经理感到有些尴尬。接着两人寒暄了几句。小李便往沙发上一坐，跷起二郎腿，掏出一支烟递给付经理，付经理不抽，小李自己便大口大口地抽了起来，整个经理室顿时烟雾笼罩。付经理实在觉得不适，就打开窗户，说："我这几天咽喉发炎，闻不得烟味。请原谅！"小李也就不抽了。

接着两人聊起了大学生活……临走之际，小李说明来意，并将一块手表送给付经理。付经理死活不接，并解释公司有规定：对500元以上的礼品概不接受。

（二）拜访的程序

1. 拜访前的准备

（1）提前预约。拜访之前必须提前预约，这是最基本的礼仪。一般情况下，应提前三天给被拜访者打电话，简单说明拜访的原因和目的，确定拜访时间，对方同意以后才能前往。

情景剧
拜访礼仪
正确示范1

（2）明确目的。拜访必须明确目的，出发前对此次拜访要解决的问题应做到心中有数。最终要得到什么样的结果，明确谈话的主题、思路和话语。

（3）准备资料。阅读拜访对象的个人和公司资料，准备拜访时可能用到的资料：名片、笔、记录本、笔记本计算机、计算器、供货公司、产品介绍和合同等。

（4）准备礼物。无论是初次拜访还是再次拜访，礼物都不能少。礼物可以起到联络双方感情、缓和紧张气氛的作用。所以，在礼物的选择上还要下一番苦功夫。既然要送礼就要送到对方的心坎里，了解对方的兴趣、爱好及品位，有针对性地选择礼物，尽量让对方感到满意。

（5）自身仪表。整理头发、面部干净、服装整洁，女士应着深色套裙、中跟浅口深色皮鞋配肉色丝袜；男士最好选择深色西装配素雅的领带，外加黑色皮鞋、深色袜子。

2．准时赴约

（1）拜访他人可以早到却不能迟到，这是一般的常识，也是拜访活动中最基本的礼仪之一。早些到可以借富裕的时间整理拜访时需要用到的资料，并正点出现在约定好的地点。而迟到则是失礼的表现，不但是对被拜访者的不敬，也是工作不负责任的表现，被拜访者会产生看法。

情景剧
拜访礼仪
错误案例 1

（2）如果因故不能如期赴约，必须提前通知对方，以便被拜访者重新安排工作。通知时一定要说明失约的原因，态度诚恳地请对方原谅，必要时还需约定下次拜访的日期、时间。

3．通报进入

（1）到达约会地点后，如果没有直接见到被拜访者，拜访者不得擅自闯入，必须经过通报后再进入。一般情况下，前往大型企业拜访，首先要向负责接待的人员交代自己的基本情况，待对方安排好以后，再与被拜访者见面。

情景剧
拜访礼仪
错误案例 2

（2）若被拜访者身处某一宾馆，如果拜访者已经抵达宾馆，切勿鲁莽直奔被拜访者所在房间，而应该由宾馆前台接待人员打电话通知被拜访者，经同意以后再进入。

4．见面礼节

（1）致意问候，如果双方是初次见面，拜访者应主动向对方致意，简单地做自我介绍，然后行见面礼节。如果双方已经不是初次见面了，主动问好致意也是必须的，这样可显示出诚意。

情景剧
拜访礼仪
正确示范 2

（2）见面礼行过以后，在被拜访者的引导之下，进入指定房间，待被拜访者落座以后，自己再坐在指定的座位上。

5．沟通交谈

（1）谈话切忌啰唆，简单的寒暄是必要的，但时间不宜过长。因为，被拜访者可能有很多重要的工作等待处理，没有很多时间接见拜访者，这就要求谈话要开门见山，简单的寒暄后直接进入正题即可。

（2）当对方发表自己的意见时，打断对方讲话是不礼貌的行为。应该仔细倾听，将不清楚的问题记录下来，待对方讲完以后再请求就其不清楚的问题给予解释。如果双方意见产生分歧，一定不能急躁，要时刻保持沉着冷静，避免破坏拜访气氛，影响拜访效果。

6. 把握时间

（1）如果双方在拜访前已经设定了拜访时间，则必须把握好已规定的时间。

（2）如果没有对时间问题做具体要求，那么就要在最短的时间里讲清所有问题，然后起身离开，以免耽误被拜访者处理其他事务。

7. 拜访结束

拜访结束时，如果谈话时间已过长，起身告辞时，要向被拜访者表示打扰、歉意。出门后，回身主动与被拜访者握别，说"请留步"。待被拜访者留步后，走几步再回首挥手致意再见。

六、馈赠礼仪

馈赠是人们在社交过程中通过赠送给交往对象一些礼物来表达对对方的尊重、敬意、友谊、纪念、祝贺、感谢、慰问、哀悼等情感与意愿的一种交际行为。馈赠通过礼品作为媒介，能够与交往对象建立很好的沟通渠道，充分表达对对方的友情与敬意。馈赠的目的在于沟通感情和保持联系，所以它不仅是一种行为方式，更为重要的是通过这种方式体现馈赠者的人品和诚意。

（一）馈赠的原则

1. 轻重原则

通常情况下，礼品的轻重在于其所代表的意义和赠礼者的心意，因为礼物是言情寄意表礼的，它仅仅是人们情感的寄托物，人情无价而物有价。"千里送鹅毛"的故事在我国广为人知，体现的正是人们看重的是情义的重要性而不是礼物的轻重。在赠礼时应根据馈赠目的，择定不同轻重的礼物。

2. 时机原则

就馈赠的时机而言，及时、适宜是最重要的。要注重送礼的时效性，如纪念日、节日、庆典等，在特殊时刻收到的礼物往往令人难忘，因此，要注意把握好馈赠的时机。

3. 效用原则

受赠对象多种多样，由于各自的阅历、爱好不同，对物品的喜好也会各不相同。根据受赠对象的爱好和实际需求来选择礼品，往往可以增加礼品的实效性，增强对赠礼者的好感和信任。因为在受赠对象看来，只有了解和关心他的人，才会明白他的需求。正如鲜花赠予美人，宝刀赋予英雄，可以使礼品获得增值效应。

4. 避忌原则

由于民族、生活习惯、生活经历、宗教信仰以及性格、爱好的不同，不同的人对同一礼品的态度是不同的，因此要避其禁忌。

（二）馈赠的要点

1. 包装

对礼物进行包装，有如下作用：

（1）体现诚意。精心选择的礼品配以精美的包装，能体现赠礼者的诚意。

（2）体现品位。礼品的包装能显现出赠礼人的文化和艺术品位。

（3）保持神秘。包装可以使礼品产生和保持一种神秘感，既有利于交往又能引起受赠对象的兴趣、探究心及好奇心。

邮寄赠送或托人赠送时，包装内应附上一份礼笺，用规范、礼貌的语句解释送礼缘由。

2. 赠礼的时机

（1）节日。在节日赠送相应的礼品，会使交往双方感情更为融洽。

（2）特殊日子。在纪念日、乔迁、升职等特殊日子，赠以礼品是尊重对方的表现。

（3）相见或道别。一般说来，可在相见或道别时赠礼。但在涉外交往中要注意，与有些国家的人初次见面是不宜赠礼的。或者一见面就送上自己的礼品，甚至会使交往难以为继。

3. 赠礼的场合

（1）公务场合。在公务交往中，一般应选择工作场所或交往地点赠送礼品。

（2）私人场合。在私人交往中，则宜于私下赠送，受赠对象的家中通常是最佳地点。

（3）注意禁忌。当众只给一群人中的某一个人赠礼是不合适的。因为那会使受赠对象有受贿和受愚弄之感，而且会使没有受礼的人有受冷落和受轻视之感。只有那些能表达特殊情感的特殊礼品，如一本特别的书、一份特别的纪念品等，方能在公众面前赠予，因为这时公众已变成真挚友情的见证人。

4. 礼品的馈赠方式

亲自赠送时，一般按说明意图、赠礼、说明寓意的方式进行。

（1）说明意图。送礼前应先向对方致以问候，简要委婉地说明赠礼的意图，如"祝你生日快乐""真是感谢你上次的帮助"等。

（2）赠礼。在面交礼品时，赠礼者应起身站立，面带微笑，目视对方，双手递交。

（3）说明寓意。赠礼者还应对礼品寓意、礼品使用方法、礼品特色等适当解释。

5. 礼品的接受

若受赠者接受赠予，则一般应以如下方式接受。

（1）仪态大方。受礼时，受赠者应落落大方，起身相迎，面带微笑，目视对方，耐心倾听，双手接受。受礼后与对方热情握手。不可畏畏缩缩、故作推辞或表情冷漠、不屑一顾。

（2）当面拆封。按照国际惯例，受礼后应将礼品包装当场拆封，仔细欣赏，表示自己看重对方，同时也很看重所获赠的礼品。在启封时，动作要轻柔、舒缓切不可草率打开，或丢置一旁，不理不睬。

（3）感谢赞美。接受礼品时，应充分表达赞美和谢意。一般应赞美礼品的精致、典雅或实用，夸奖赠礼者的周到和细致，并伴有感谢之词，如"我很喜欢它的花色和式样"，或是"这条围巾正是我喜欢的"，表达时应让对方觉得真诚、友好。若是贵重礼品，往往还需要用打电话、电子邮件等方式再次表达谢意，必要时还应选择适当的时机加以还礼。如果是不符合自己心意的礼品，也要表示赞美和感谢，如果确实有不得已的问题不能接受礼品，应该婉言说明，礼貌的谢绝。

传承发扬

拱手礼的现代应用

拱手礼又称作揖、抱拳礼，是最具中国特色的见面问候、祝福或道谢的日常礼节，《论语•微子》曾记载"子路拱而立"。这里子路对孔子所行的就是拱手礼。拱手礼可一对一、一对多行礼，站、坐皆可行此礼。

1. 基本姿势

双腿并步站立，上身挺直（用于平辈之间）或上身微前倾（对方是尊长）。

2. 基本手势

双手五指屈拢，握空拳呈拱形合于胸前，拳掌距胸前约20厘米。手位置最高不超过额头，最低不低过胸口。

3. 男女有别

双手握空拳相合时，男子左手在上，女子右手在上（如图3-14所示）。

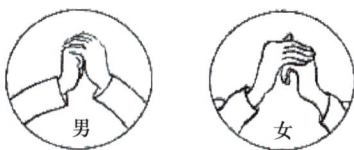

图 3-14　拱手礼手位图解

4. 古今区别

古代行拱手礼，身体和手都不动。现代行拱手礼，身体立正，双手握空拳于胸前自上而下或内外有节奏的晃动。平辈之间行礼，身体不动，双手握空拳有节奏地前后晃动两三下。对尊长行礼，身体微俯，晃动手势。对晚辈回礼，身体不动，双手握空拳有节奏地前后晃动两三下。

5. 向单人和多人行礼

向单人行礼，目视对方，手向对方晃动。向多人行礼，应对不同方向的人分别晃动手势行礼。

我国的传统礼节拱手礼讲究距离美，不像双向礼节那样强调肌肤之亲，拱手礼保持一定距离，文雅、庄重、大方，可避免不必要的尴尬，同时也比较符合现代卫生要求，免除了传染疾病之虞。

能力训练

训练目标

该项目训练考察学生的商务交往礼仪运用能力。

训练情景

广东静雅纺织公司产品总监一行3人，分别是产品总监刘明、总监助理区雯雯、产品经理章涛，应邀到铂斯贸易公司拜访，公司安排销售部杜经理和李一凡当天前往机场迎接。

训练内容

能力领域	技能点	名称	参考规范与标准
商务交往礼仪训练	技能 1	见面礼仪运用技能	（1）掌握称呼、介绍、致意、名片、握手礼仪的规范要求 （2）结合实际，演练见面礼仪规范的运用
	技能 2	通信礼仪运用技能	（1）掌握电子邮件、电话、微信礼仪的规范要求 （2）结合实际，演练通信礼仪规范的运用
	技能 3	往来礼仪运用技能	（1）掌握迎接、乘车、引导、送别、拜访、馈赠礼仪的规范要求； （2）结合实际，演练往来礼仪规范的运用

训练步骤

1. 以小组为单位，每组 5 ～ 6 人，每组确定一名组长。
2. 对本次的训练情景中需运用到的礼仪技能进行讨论。
3. 实际演练，模拟角色，记录礼仪技能点的具体操作规范及标准，形成《商务交往礼仪规范流程报告》。
4. 小组总结，在班级交流分享。

成果形式

《商务交往礼仪规范流程报告》

能力拓展

李一凡接待来自加拿大的两位客人，即高德斯商贸的汉斯夫妇二人，李一凡在机场接到客人后，打开司机右后位的车门示意两位客人上车，可是汉斯先生却走过来打开了司机副驾驶的车门请汉斯夫人坐进了副驾驶位，并向小李解释自己的夫人由于晕车习惯于坐前排，于是小李与汉斯先生坐在了后排。

车辆抵达酒店，迎宾人员迎上前来，以职业性的动作和姿势，先为后排右侧的客人开门，做好护顶姿势，并目视着客人，礼貌亲切地问候。关好车门后，迎宾人员又迅速走向前门，以同样的礼仪迎接汉斯夫人下车，小李发现两位外国宾客互相看了一眼耸了耸肩膀，小李感到有点不解。

议一议：请问迎宾人员应该如何开车门？为什么？

知识图谱

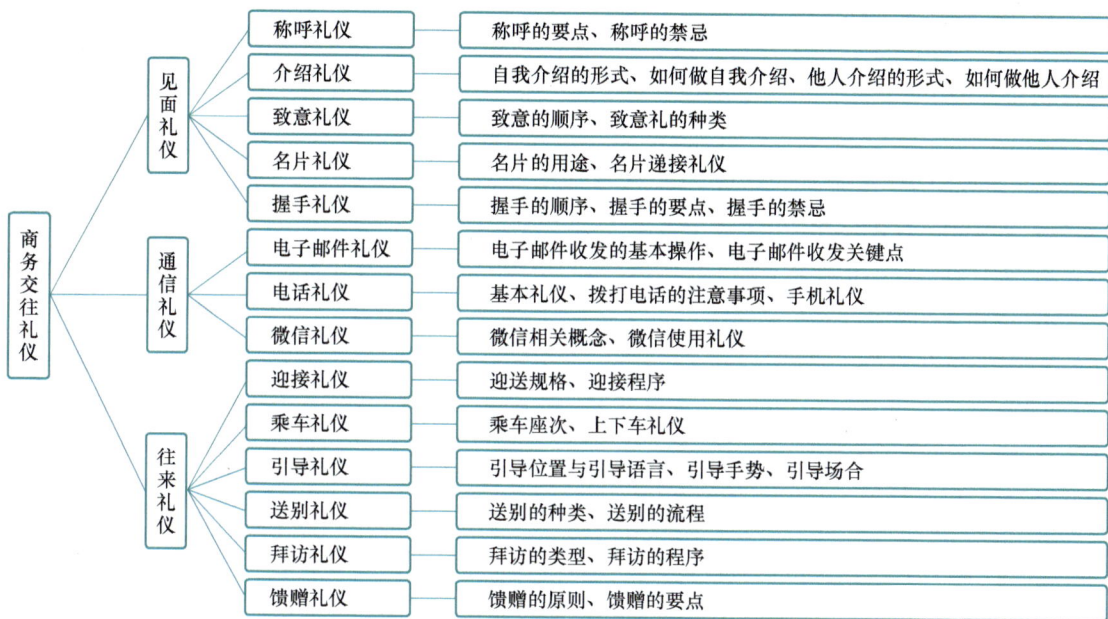

单元练习

一、填空题

1. 正式场合的称呼的种类有_____、_____、_____、_____和姓名称呼、特殊性称呼等六种。

2. 介绍人在介绍顺序上应遵循_____原则。

3. 致意礼包括_____、_____、_____、_____和脱帽致意。

4. 交换名片的顺序一般是_____。

5. 电梯内的次序排位_____为次位，_____为尊位。

二、判断题

1. 同学之间打电话，先挂电话的是接听电话方。   （   ）

2. 当你正在和重要客人谈话时电话响了，在无人代接的情况下，为表示对客人的尊重可以

置之不理。 （   ）

    3. 收到对方的名片时应认真浏览、轻读对方的头衔，并回赠自己的名片。 （   ）

    4. 不要在握手时戴着手套，只有女士在社交场合戴着薄纱手套与人握手，才是被允许的。

（   ）

    5. 电话接听应该越快越好，铃声一响就赶紧接听。 （   ）

三、简答题

    1. 不同场合的自我介绍的内容有什么不同？

    2. 握手时伸手的次序如何？

    3. 简述迎送规格的要求。

    4. 简述乘车的座次礼仪。

    5. 选择礼物有什么原则？

四、案例分析

    刘一佳端着咖啡杯从办公室的过道走过来，远处放在她办公桌上的手机铃声突然响起，铃声是一首很卡通的歌曲，声音非常大，小刘赶紧跑过来坐到座位上接电话："珊珊啊！怎么突然想起来给我打电话啦！……晚上约我吃饭啊？没问题啊，我今天不加班！在哪里见面呢？"这时小刘办公桌上的办公座机响了，小刘正忙着和珊珊聊天，电话铃声响个不停，小刘便跟珊珊说："等一下哈。"便接起了电话，原来是找苏菁菁的电话，小刘冲着打印机的方向喊："菁菁！电话。"然后对着听筒说："稍等一下啊。"说完放下了电话继续跟珊珊聊晚上去哪里吃饭。

    问题：请从礼仪的角度分析该案例中小刘有哪些不妥之处。

    分析提示：

    1. 在会议室、办公室、图书馆、电影院等公共场合、工作场所，手机应尽量设置成静音模式。

    2. 商务人士应避免在办公场所接打私人电话，否则不但会影响办公室同事的情绪，还会让人产生不专业、不严谨的印象。

    3. 接听办公电话应问好并自报家门，如："您好，铂斯贸易有限公司，刘一佳。"

    4. 当接到找同事的电话时，应先征求同事的意见再转告对方是否接听，应说："请问您怎么称呼，请您稍等，我为您转告。"

04 模块四　商务办公礼仪

学习目标

知识目标

1. 认识商务办公礼仪的重要性。

2. 了解商务办公礼仪的基本概念与主要内容。

3. 掌握求职面试礼仪、办公室礼仪和商务礼仪文书的规范要求。

能力目标

1. 能熟练编写求职函电、简历。

2. 能在面试中熟练运用相关礼仪。

3. 能在办公场合熟练运用环境礼仪、人际交往礼仪、空间距离礼仪以及言谈礼仪。

4. 能熟练进行商务礼仪文书的写作与实施。

素质目标

1. 通过商务办公礼仪的训练，培养学生在特定业务情景中分析问题、决策设计的能力。

2. 能传承运用中华优秀传统礼仪，强化职业道德与诚信教育，促进职业人格的塑造。

礼仪溯源

唐代选拔人才"四才"制度

我国古代选拔人才的制度到唐代已发展得十分完备，当时有四条标准，称为"四才"。《新唐书·选举志》记载："凡择人之法有四：一曰身，体貌丰伟；二曰言，言辞辨证；三曰书，楷法遒美；四曰判，文理优长。四才皆可取，则先德行。德均以才，才均以劳。得者为留，不得者为放。"

身，指身体，要求相貌端正，体格健壮。言，指口才，要求口齿清楚，语言流利，能言善辩。书，指书法，要求字体优美，遒劲有力。判，指判牍，通过对国家大事和疑难案件的分析判断，考察其实际工作能力，要求思维敏捷，论事有理，判辞优美。

四才以书、判为重点，如果书、判通不过，则不能入选。四才相等者以德行高者优先；德行相等，以才能高者优先；才能相等，以劳绩大、效率高者优先。

论事有理、书文优美、相貌端正、语言流利，这也是我们现代人进入职场所需要具备的基本能力。

案例导入

职场需要什么样的人

欣舟商贸公司销售部邱经理想招聘一位实习生做自己的助理，想到自己的老同学赵铭是本地大学市场营销专业的教授，便让老同学推荐几位得意门生来公司面试。

赵教授推荐了刘一佳、李一凡和付志强三人，三人按照约定的时间到达欣舟商贸公司，邱经理热情地接待了三位同学。在经理办公室落座后，邱经理给同学们倒茶，李一凡问道："邱经理，这天太热了，有没有冷饮啊？"随后，邱经理给同学们分发公司的介绍材料，刘一佳、李一凡都坐在沙发上单手接过来，只有付志强站起来用双手接过了材料。接着邱经理给三人介绍销售部的业务范围，一阵手机铃声响起，刘一佳发现是自己的手机没有静音，马上按掉了铃声，连声道歉。

面试后最终付志强被留下试用，刘一佳和李一凡不服气地问："为什么留他，我们三个条件都差不多！"邱经理对他们说了一句话："因为职场需要懂得尊重别人的人。"

商务办公礼仪是指商务人员在执行公务、办理公事时所应遵守的行为规范准则。办公室是商务人员工作的地方，是人生的重要舞台，也是与同事朝夕相处的地方，所以这里的每个人都应表现出良好的行为举止、高度的责任心和职业行为礼仪。良好的礼仪不仅能树立个人和企业的良好形象，也关系到一个人的前程和事业发展。

单元一 求职面试礼仪

现代社会对每个人提出种种挑战的同时，也提供了各种各样难得的机遇，如何在竞争激烈的人才招聘中一举应聘成功，是每个应聘者必须认真思考的问题。

温文尔雅的谈吐、得体大方的举止是商务人士的重要品质，这已经成为许多用人单位的共识。正因为如此，求职面试礼仪已成为当下求职者的一门必修课。

一、求职函电礼仪

求职的第一步通常通过邮件和电话与招聘方取得联系，招聘方对求职者的考察从这一刻就已经开始了，人事专员通过邮件和电话开始判断求职者是不是适合公司的那个人，那么，如此重要的沟通，都需要注意哪些礼仪呢？下面介绍有关求职函电礼仪的一些小技巧。

（一）求职信的格式

求职信（又称求职书、自荐信、自荐书）是求职者向有关单位推销自己以获取某个职位的专用书信。它包含了应届毕业生、在职人员的求职信。真实可信、针对性强是求职信的最大特点。

作为一种专用书信，求职信有其基本的格式。一般来讲，求职信可分为标题、称谓、正文、祝语、落款五大部分。

1. 标题

求职信的标题一般用"求职信"（求职书、自荐信、自荐书）即可。当求职信不是单独递交，而是装订在众多求职材料中时，也可以不用标题。

2. 称谓

称谓有多种写法，可以直接写给单位，如"×××公司"；在不知道具体负责招聘事项的领导是谁或姓名时，可称"尊敬的各位领导"或职务，如"尊敬的人事部部长"。注意，一定得是敬称，单位名称切不可简写，称某领导时不要称"先生""女士"，以表示尊重和慎重。

3. 正文

正文是求职信的核心部分，一般包含以下内容：

（1）简单介绍个人情况。求职者的基本情况是给招聘方的初步印象，主要介绍求职者的姓名、性别、年龄、职称、学位等相关内容，有时还要写明户口所在地。

（2）明确表达求职意向和缘由。求职意向及缘由的说明要明确、肯定、恳切，不可含糊。

（3）详细说明求职者的有利条件。主要包括与所求职位有关的知识储备、实践或工作经历、业绩，对所求职务的认识，重点突出工作经历和能力。

（4）结语。再次强调自己想要获取这个职位的诚挚心愿，表明对应聘成功的殷切期待和被聘后的工作决心。

4. 祝语

祝语的内容可以是对招聘单位前景的美好祝愿，可以是对招聘负责人的美好祝福，也可以简洁地写上"此致敬礼"，但要注意其正确的书写格式。

5. 落款

写明求职者的姓名和书写日期，但如果开头写明了姓名，此处可以省略。

★ 案例 4-1　小李的面试电话

李一凡即将毕业，每天的日程都安排得满满的，白天参加招聘会、网上搜索招聘信息，发出求职简历，晚上在宿舍里撰写毕业论文，时不时和宿舍同学打游戏轻松一下。这天李一凡参加了两场招聘会回到宿舍，想到连日来投递的简历都没有收到回复，不免有些沮丧。同宿舍的付志强正在打游戏，看到李一凡回来，邀请李一凡组队一起玩，李一凡欣然应允，两人玩得热火朝天，暂时忘却了找工作的不顺。

情景剧
接听面试电话
礼仪错误案例

这时一阵手机铃声响起，李一凡看了看是不认识的号码，便没有及时接，铃声响了几遍，才腾出一只手来接听并按了免提以便双手继续打游戏。

——"喂？"

——"你好，请问是李一凡先生吗？"

——"是啊。"

——"我是荣盛鼎信公司，收到了您投递的简历，现在通知您……"

——"稍等，稍等……"小李忙停下游戏，示意付志强关掉游戏声音，继续接听电话，"不好意思，请问是什么公司，刚才没有听清。"

——"荣盛鼎信公司，现在通知您本周五下午三点到中山东路……"

——"哦哦，稍等一下我拿笔记一下……"小李在杂乱的书桌上找到一支笔，"周五下午是吧？是几点？"

——"请您本周五下午三点到中山东路 364 号鼎信大厦二楼会议室参加面试。"

情景剧
接听面试电话
礼仪正确示范

——"好的好的，我记下来了，谢谢！"

通话结束，小李心想终于收到面试通知了，可要好好准备一下。

（二）投递简历的要点

1. 关于邮箱

发送求职邮件时，尽量选择专业邮箱（学校邮箱），避免使用社交化的私人邮箱，发件人的姓名一定要用自己的真实姓名，不要用昵称（一串莫名其妙的数字可能会被当作垃圾邮件）。这对于人事专员来说，易记易查找，方便别人就是方便自己。

2. 邮件标题

如果企业招聘有格式要求，一定要按照要求撰写标题，这也是人事专员考察求职者理解能力的第一步，如果没有格式要求，应该仔细阅读招聘中的重要条件，标题应为"应聘职位＋姓名＋重要条件"。比如招聘方的招聘需求比较急，可命名为"销售＋李某某＋随时上岗"；如果对方的招聘岗位要求在某某市，可命名为"销售＋李某某＋某某市"；如果对方的招聘需求要有某项经验，可命名为"销售＋李某某＋某某经验"。像"我的简历""李某某的简历"这样的标题都是不可取的。

3. 正文和附件

一定要用附件上传，千万不要直接粘贴为正文，简历附件的命名也要跟邮件标题一致，附件的格式最好为 PDF 格式，以免由于办公软件的不同造成精心设计的简历出现乱码、无法阅读的情况。

在发送邮件的时候，正文不能没有内容一片空白，或者只写一句"求职简历见附件"，这样的邮件很不礼貌。正文应该附上求职信，让人感觉到求职者是了解这家公司并且认同公司的文化和价值观的。求职信应简明扼要，有称呼、有问候、表达真诚、留联系方式。

4. 保持通信通畅

投出简历后要保持通信通畅，手机关机、无人接听电话、电话无法接通，出现这些问题基本上会被第一个淘汰。在给应聘单位留下电话号码时，可注明本人接听电话的时间段，例如：13399999×××下午 13:00-21:00。

5. 接听电话

面试从求职者接听电话的那一刻就已经开始了，首先保持环境安静。礼貌询问对方如何称呼、以便到达面试地点找到相应的人员。电话结束时应再次称呼对方，可加深彼此印象，这也是建立融洽关系的第一步。注意要等待对方先挂断电话。接电话的过程中要面带微笑，语速适中，语言顺畅，声音、性格已经从电话中传递给了对方，有了良好的开始，这对接下来的面试会大有益处。

二、简历编写礼仪

简历是有针对性的自我介绍的一种规范化、逻辑化的书面表达。对求职者来说，简历是求职的"敲门砖"。

（一）求职简历的格式

求职简历是应聘者为了顺利谋求职位而准备的一系列个人资料。它与求职信的功能是殊途同归的，但比求职信内容更完备。

1. 简表式

它是一份简明扼要的履历表，一般包括以下几个部分：

（1）基本信息。包括姓名、性别、年龄（或出生年月）、民族、籍贯、婚姻状况、健康状况、政治面貌、联系地址与联系方式。

（2）教育经历。包括最高学历、毕业院校、所学专业、主修课程、培训与训练经历、语言能力等。

（3）工作经历。也为实践经历，主要包括实训、实习经历（最好注明时段）。社会工作中经历尤为重要，最好体现出被提升的经历，以此证明工作的稳定性。

（4）所拥有的专业知识与能力。所获的奖励是最有力的证明。

（5）求职意向。一定要明确提出自己所期望的工作岗位，亦可写出希望获得的报酬。

2．完备式

它是一份内容比较全面的求职材料，一般包括以下几个部分：

（1）封面封底。封底一般不作要求，净面也行。封面是给招聘者的第一印象，需要做一番设计。封面上一般有应聘者的姓名、毕业学校、系别、专业，有简笔画式的图案设计。学校名称有时也可以不写，视情况而定。整个封面设计要求简洁美观，整体感强，个性突出，表现出积极向上的精神风貌。

（2）目录。要求将简历中所载材料类别按序列出，让招聘者对里面的内容要点一目了然，同时也显示出应聘者做事井井有条。

（3）求职信。要求根据求职信的写作格式写作。

（4）个人简历。即简表式个人简历。其中应届毕业生的工作经历主要指见习、实习、兼职。应届毕业生的求职简历可在个人简历后附《就业推荐表》。

（5）证明材料。证明材料的排序顺序依次为：文凭；从业资格证书；等级证书；获奖证书；其他相关证书及作品。应届毕业生还应有《成绩一览表》。各获奖证书按级别或日期排放，且都必须是复印件。

（二）简历写作礼仪

1．基本礼仪

个人简历是一种书面的自我介绍，首先称呼要准确，要有礼貌。收信人第一眼从信件中接触到的就是称呼。因为求职信往往是首次交往，求职者未必对用人单位有关人员的姓名熟悉，所以在求职信件中可以直接称职务头衔等，如"某公司负责人""某公司经理"。称呼之后的应酬语（承启语）起开场白的作用，问候语可长可短，即使短到"您好"两字，也体现出求职者的真诚。问候要契合双方关系，交浅不宜言深，以简捷、自然为宜。

2．内容要求

个人简历的内容要简练，针对招聘单位的特点和要求，突出相应的重点，表明对用人单位的重视。篇幅不宜过长，一般不超过两页纸，最好使用打印字体，绝对不能出现文字或语法错误，也不能有涂改痕迹。应尽量提供自己最优秀的一面，但不能不切实际，必须实事求是，诚实守信。

三、面试礼仪

★ **案例 4-2　面试礼仪助成功**

　　李一凡毕业前投了很多简历，可都石沉大海，没有结果。后来终于盼来两家企业面试的机会，可是，都没有成功。自己明明感觉不错，可就是没通过。于是他找到学校的就业指导老师进行咨询，才知道这里面有很多学问，于是他在做了职业生涯规划之后又接受了面试辅导，对面试前、面试过程中、面试之后的所有要求、做法和问题接受了全方位辅导，又针对专业和职业进行了场景训练。再次面试时他心中有了底，心态也非常好，信心十足，面带微笑，语气和缓，应对自如，不但顺利通过面试，还得到面试官的赞许。李一凡高兴极了，因为他终于用专业求职者的姿态，在众多竞争者中脱颖而出，进入了著名的铂斯商贸有限公司，找到了适合自己的工作。

（一）面试基本礼仪

1. 仪表礼仪

在求职面试活动中，面试人员首先是通过求职者的仪表来认识对方的，求职者要做到衣着整洁朴素、仪态自然大方，这是树立自己形象的需要，也是对他人的尊重。

2. 仪态礼仪

面试时，应聘者的外表、气质、举止和谈吐变得格外重要，一言一行都会向外界传递一定的信息。面试时要按面试现场布置，与面试人员保持一定的距离，不随意将座椅前后推移。遵从招聘方管理人员的规定，不自作主张、不强词夺理。在整个面试过程中，与用人单位面试人员接触都要谈吐清晰，举止得体，做到彬彬有礼。表现出一定能胜任工作的信心和干练作风，充分展示出自己的才华。

3. 见面礼仪

见面是面试的开始，见面礼仪是双方交流的开端，要做到：

（1）礼貌通报。到达用人单位面试的地点后，进门前一定要有礼貌地询问负责面试的工作人员，自己是否可以进入面试的办公室，得到允许后方可进入。进入办公室前，若门虚掩着，也应轻敲三下门或按一下门铃，得到允许后方可推门进入，大方地走到面试官面前，表情自然，动作得体。在对方没有允许入座之前不要主动坐下。

（2）面带微笑。笑容是所有身体语言中最直接有利的一种方式。微笑可以缩短人与人之间的心理距离，为深入沟通、交流创造温馨和谐的氛围。在面试中，求职者应把握每个机会展示自信、自然的笑容，展示亲切与礼貌。

（3）主动问候。进入面试官办公室后，求职者的形象、言谈举止自此开始接受面试官的评判，应该说真正的面试就开始了。从这时起，求职者应当立即进入角色。首先要面带微笑，向面试官点头致意，并主动问候。例如："您好，我是李一凡，是来参加面试的。"如果事前能够通过各种途径准确了解面试官的姓名及职务，在刚见面时，在对方没有做介绍的情况下，若能主动而准确地称呼对方，无疑可给对方一个惊喜，使面试官认可求职者收集资料的能力和办事效率，可以给求职者赢得宝贵的印象分。

（4）握手礼仪。见面时要在点头致意或问候的同时握手，但求职者不可先伸手，要等面试官先伸手（求职者是女性的例外），握手要坚定有力，热情大方。

4. 自我介绍礼仪

自我介绍是推销自己的关键。主题鲜明、彬彬有礼、恰到好处的自我介绍是成功的基本保证。

（1）目标明确。自我介绍一定要简明扼要，主题突出。主要介绍自己的姓名、年龄、籍贯、学历、学业情况、性格特点、爱好特长、工作能力、工作经历等。特别要注意按招聘方的要求准备介绍的内容。要针对所求职位的不同，或用人单位的要求，重点介绍相应的能力、特长、性格等。有时要特别注意，把自己与别人不同的特点突出介绍，这样才会给面试官留下思考的空间。

（2）真实生动。介绍要实事求是，不要胡编乱造。自我介绍尽量表现出新意、创意，有不同寻常的技巧。要使用简洁生动的语言陈述自己的基本情况和能力。

（二）面试过程中的礼仪

面试从进门状态、自我介绍、入座、应答到告别，时间只有短短的几分钟，所以每个环节都需要注意细节。

1. 准备阶段

在准备阶段首先要根据面试的职位选择合适的着装，最好选择正装。女士在妆容选择上，不宜化浓妆。同时，需要提前15分钟到达面试地点，将手机调至静音，耐心等待，给自己留出充足的时间，以应对突发情况，调整心情、熟悉环境。如果确实有迫不得已的原因，或中途有意想不到的事情而不能准时前往面试，要向招聘方解释清楚，并征求对方意见，是否可以重新安排面试。

2. 进门礼仪

进门时，应该先敲门3下，即使门开着也不要贸然进入，得到允许时再进入。进门后可侧身将门虚掩或关上，主动与面试官打招呼，例如行鞠躬礼并面带微笑向面试官问好。注意，行鞠躬礼时，应立正站好，保持身体端正，以腰部为轴，整个肩部向前倾15°～30°，同时说"您好""面试官好""谢谢"等。

3. 坐姿礼仪

坐下时，应坐在椅子的三分之二处，不可靠在椅子上。坐下后，可将背包放于身侧地上，不可放于面前桌子上。同时要保持上身挺直，采用标准式坐姿，女士两膝并拢，男士两膝略分开。

4. 应答礼仪

面试过程中应表现得轻松自然，要使用尊称"您"，不可使用"你""他"等。平视面试官，并面带微笑。认真聆听面试官的问题，回答问题条理清晰、语速适中、不可过快，确保给人以稳重的感觉。面试过程中，手脚无多余动作，不抖腿、跷腿、东张西望、摇晃身子。

5. 结束礼仪

面试结束后起立，鞠躬道谢，将座椅还原，后退一步转身离开，走到门口，再行鞠躬礼，面朝内关上房门。

面试是职场生涯的开始，特别是对于刚刚毕业的大学生来说非常重要，面试中的礼仪有很多，如果掌握了这些会为应聘者加分不少，求职之路也会更加顺畅。

单元二　办公室礼仪

办公室既可以表示办公空间，又可以表示特定的工作实体。这里特指商务企业处理日常事务，进行商务洽谈、协商、交接和办理日常业务的场所。遵守办公室礼仪不仅是对同事的尊重和对公司文化的认同，更是每个人为人处世、礼貌待人的最直接表现。在办公室遵守礼仪，是对职场人士的基本要求，一个办公室就是一个窗口，办公室人员的精神风貌、思想作风与工作效率，既体现企业的工作规范和管理水平，又体现社会道德风范。

一、办公室环境礼仪

办公室是工作人员工作的地方，同时也可能是公司接待来访人员的地方。办公室环境的好坏是人们对公司形象的一个直观的了解；办公室环境状况体现着整个公司的精神面貌以及做事风格；凡是成功的企业单位都非常重视办公室环境礼仪。

办公室环境礼仪是职场基本礼仪。办公室环境好，人们走进办公区时的情绪是积极的、稳定的，而且很快就会进入工作状态，不仅工作效率高，而且质量好；如果办公室环境糟糕，则人们工作效率低、质量差。所以每一个进入职场的人都应该了解基本的办公室环境礼仪内容。

（一）办公室环境的内容

（1）办公室空间环境。整洁、明亮、舒适的工作环境，可以使办公室人员产生积极的情绪，充满活力，提高工作效率。保持办公室的整洁美观，是每个办公室人员的责任和义务。办公室环境的设计风格，既不同于家庭环境的温馨舒适，也不同于宾馆饭店的豪华气派。办公室环境的设计风格应该是庄重、整洁、高雅、安全，并能够体现公司的特点及品位。

（2）办公室桌面环境。办公桌是工作阵地，也是展现自己工作作风、效率、形象的窗口。在一个整洁干净、格调高雅的办公室环境中，人们会不自觉地要求自己与环境相协调，从而自然而然地变得文明礼貌、庄重大方。

（3）办公室心理环境。人是感情动物。办公室工作人员在言谈举止、衣着打扮、表情动作上都可以体现出是否具有健康的心理素质。因此，在日常工作中，工作人员之间的关系是否和谐非常重要。办公室人员之间要经常保持微笑，体现友好、热情与温暖，使彼此的心情处于最佳境地。

（二）办公室环境的整理

1. 办公室环境布置

办公室的布置应给人以高雅、宁静的感觉。企业是一个开放的系统。从这个角度说，办公室既是工作的地方，也是社交的场所。所以，应注意采光合理，色彩选择恰当，保持空气清新。

办公室环境可以摆放花草，而且对枯萎、损坏的要及时更换；可装饰些风景画，有特殊意义的照片、名人的字画，或企业的徽标等；要经常保持整洁，要让环境渗透礼仪，创造浓厚的企业文化的气息，和能使主客心情愉快地交流信息和情感的环境。

2. 办公室卫生整理

（1）所有办公场所必须保持干净整洁，不要摆放与工作无关的个人用品（如餐具、玩具、装饰品等），每天至少做一次保洁，做到窗户明净，地面无污物，桌面无灰尘，随时清倒垃圾、废纸等，保持办公室空气清新。

（2）计算机硬件部分要保持整洁，键盘、屏幕擦拭干净，确保正常运转。

（3）不要在计算机安装与工作无关的软件（如聊天软件、游戏软件等），桌面（屏幕）定期清理，须保留原系统设置，工作时间不要用计算机玩游戏。

（4）办公用品摆放整齐，桌面上只摆放目前正在进行的工作资料；将要用的物品分类整理，放在随手即可拿到的位置，养成良好的习惯；在休息前应做好下一项工作的准备；不在桌上堆放与工作无关的物品。

（5）要有保密意识，文件资料要及时清理归档，因为用餐或去洗手间暂时离开座位时，应将文件覆盖起来；下班后的桌面上只能摆放计算机，而文件或资料应该收放在抽屉或文件柜中。

3. 办公室"心理环境"建设

办公室内的"心理环境"建设是需要在心理卫生方面下功夫的。因为"精神污染"会涣散人们工作的积极性，乃至影响工作效率、工作质量，实际上要比大气、水质、噪声的污染更为严重。

在办公室内需要不断提高心理卫生水平，学会选择适当的心理压力调节方式，不被"精神污染"。作为企业领导应主动关心员工，了解员工的情绪周期变化规律，根据工作情况，采取放"情绪假"的办法。工作之余多组织一些文娱体育活动，既丰富了文化生活，又运用积极方式宣泄了不良情绪。有条件的企业可以建立员工心理档案，并定期组织员工"心理检查"，这样可以防微杜渐，避免员工产生严重心理问题。

💡 小提示　办公室环境礼仪禁忌

（1）不要在办公室放置有味道的、刺激性强的物品。

（2）不要在办公室吸烟，以免污染环境和危害其他同事的健康。

（3）不要在办公室里化妆、涂指甲油，也不要穿暴露的衣服以及拖鞋。

（4）若携带手机进办公室，应将手机的声音调为振动或静音，以免影响他人；在办公室打电话时，应尽量放低声音；如果是私人电话，则应尽量减少通话时间。

（5）不要翻动其他同事桌上的文件资料，包括计算机、传真机上与自己无关的任何资料。

（6）不滥用公用物品，打印机、打印纸和其他办公用品等都不应私用。

二、人际交往礼仪

办公室是一个特殊的群体环境，大家既是同事关系又是朋友关系。办公室人际交往的关键是要把握好"度"，如果把握不好"度"，很多看起来不起眼的"小事情"就会影响到人际关系，以致影响一个集体正常的工作氛围和团队合作。

（一）人际交往礼仪原则

1. 体现企业精神

企业精神是在长期的经营活动中精心培育而逐渐形成的，它能激发全体员工的群体意识和信念，具有感召力、凝聚力和向心力，是企业最宝贵的精神财富。企业一定要珍惜、培育、坚持企业精神并使之不断发展和提高。办公室每位工作人员的言行举止都代表着企业形象，应该体现企业的精神。

2. 利于工作大局

企业是不同部门的众多员工共同工作的活动体，部门之间为了实现企业目标，应分工协作、互相配合、共同发展。员工之间要相互信任、关心、理解、尊重和支持，并养成严谨的作风。办公室人员更要遵循礼仪规则，围绕企业大局，协调各方关系，体现企业精神。

3. 利于共同进步

企业要进行经营活动，必然要与合作伙伴、竞争对手等共同配合工作，办公室就是其合作的桥梁。办公室人员要用规范的礼仪、细致的工作精神协调好各合作伙伴的关系，使他们能互惠互利，共同发展。

（二）人际交往礼仪规范

1. 互相尊重

同事间要互相尊重，每个工作人员都有自己的个性特点、工作方法。大家在一起工作，处理问题和探讨事情，发表意见时，要尊重他人的观点和意见，取长补短，发挥各自的优势，多沟通、多理解、多包容，和谐共处，做好工作。

2. 严格自律

由于工作分工不同，每个人都有自己的职责和任务。每个人要自觉地把份内的工作做好，把上级的指示贯彻好、执行好。同时还要互相帮助，做好整个办公室工作。这就要求办公室人员自觉遵守规章制度，自觉用制度和规范约束自己的行为，做到不迟到、不早退，不在同事间讲闲话，不随便扩散小道消息，维护团结，热爱本职工作。

3. 合作共事

办公室礼仪强调以全局为重，以工作为重。员工在工作中应服从领导的指挥，密切配合其他同事，出现问题先从自身找原因。如果自己做错了事情，要勇于承担责任，绝不可以相互推诿。

4. 相互信任

一般讲，同事之间、上下级之间的相处，信任是基础，信任可以避免相互之间的猜疑，可以减少内部矛盾，避免内讧。在办公室工作中，同事之间、和领导的接触中要树立相互支持、相互宽容、和谐共处的工作风气。

> 小提示　人际交往禁忌
>
> （1）不要在办公室里制造流言蜚语或传播小道消息。
> （2）不要在办公室里与同事发生财务纠纷。
> （3）不要拉帮结派、搞小圈子。
> （4）明确自己的职责范围，不宜擅自越位。
> （5）不要将工作和个人生活混在一起，不要在工作中处理私事。

三、空间距离礼仪

空间距离礼仪产生于人类对领域的占有欲和安全感。在非语言符号系统中，交往空间是一种特殊的无声语言。它是指人与人交往时，会在无形中感到彼此间应该有一种距离才能心定神安。

空间距离礼仪

（一）四种空间距离

美国著名人类学家霍尔博士在他的《无声的语言》一书中，首次提出了人际交往中距离的概念。他强调在交际中要保持适当的距离。他把人与人交往的距离划分为四种——亲密距离、私人距离、社交距离、公众距离。下面就来讲解商务场合如何把握好这四种空间礼仪。

1. 亲密距离

亲密距离是恋人之间、夫妻之间、父母子女之间以及至爱亲朋之间的交往距离。

2. 私人距离

这是一个更有"分寸感"的交往空间，只有亲密朋友、熟人才能进入这一区域。

3. 社交距离

社交距离体现的是一种社交性的，较正式的人际关系。

4. 公众距离

这是人际接触中领域观念的最大距离，是一切人都可以自由进入的空间。

★ **案例 4-3　汇报工作**

李一凡拿着一份报告到经理办公室向杜经理汇报。杜经理办公室的门开着，小李敲了三下，得到允许后进入了办公室，这是小李第一次进经理办公室，大大的办公桌好气派啊，旁边是沙发茶几，上面摆着工夫茶具。

小李双手把文件递送到杜总的办公桌上，后退一步说："杜经理，这是市场部这个月的业绩报告，请您审核并做指导。"

杜经理点了点头，指着一个数据询问小李，小李做了解释，并在自己的笔记本上做了记录。杜经理翻到文件最后一页准备签字，看了一下笔筒是空的，小李便双手递上了自己的签字笔，杜经理对小李笑着点了点头。

汇报完工作，小李走出经理办公室，碰到小王，小王搂着小李的肩膀悄悄问："进去这么长时间，经理都跟你说什么了？经理办公室的茶好喝吧？"

小李不置可否，避开小王的询问回到工位上继续忙手头的事情。

（二）空间距离的具体应用

1. 亲密距离

（1）近位距离。在 0～15 厘米之间，这是一个亲密无间的距离空间，在这个空间里，人们彼此可以肌肤相触。

（2）远位距离。在 15～46 厘米之间。这是一个人们可以肩并肩、手挽手的空间，在这个空间里，人们可以说悄悄话。在公众场所，是不允许一般人进入这个空间的，否则就是对对方的不尊重。即使因拥挤而被迫进入这个空间，也应尽量避免自己的身体、物品、气味、声音等打扰对方。不侵犯别人的私人空间是社交礼仪中至关重要的一部分，不要因为过分热情而遭到嫌弃。

2. 私人距离

（1）近位距离。在 46～76 厘米之间。在这一距离内，稍一伸手就可触及对方，双方可以亲切握手。在聚会中的这种交际距离比较常见，谈话双方会有一种亲切感。

（2）远位距离。在 76 ～ 122 厘米之间。在这一距离内，双方把手伸直，才有可能相互触及。由于这一距离有较大的开放性，亲密朋友、熟人才能进入这一区域。这一距离也是香水浓度的限制距离，也就是说香水的浓度不要让离自己 1 米以外的人都能闻到，否则就是打扰了他人的私人距离。

3. 社交距离

（1）近位距离。在 1.22 ～ 2.13 米之间，在工作环境中，领导与部下谈话、布置任务、听取汇报等一般保持这个距离。客户之间商谈事务时也采取这一距离，所以当与客户在会客室见面时，要掌握好这个距离。

（2）远位距离。在 2.13 ～ 6.1 米之间，这是正式社交场合、商业活动所采用的距离。采用这一距离主要在于体现交往的正式性和庄重性。在一些领导人、企业老板的办公室里，其办公桌的宽度在 2 米以上，设计这一宽度就在于领导与下属谈话时显示出距离与威严。

4. 公众距离

（1）近位距离。在 6.1 ～ 8 米之间，这通常是小型活动的讲话人与听众之间的距离。

（2）远位距离。在 8 米之外，这是大型报告会、发布会等演讲者、演员与听众、观众之间应当保持的距离。重要人物在演讲时需要与听众保持这一距离，以便在增强权威感的同时，增强安全感。注意，处于这一距离的双方如果打招呼只需要点头致意即可，大声喊话，是失礼的表现。

四、言谈礼仪

一个人的言谈反映着一个人的修养与学识，大方得体的言谈可以给他人留下良好的印象，也有助于更好地与他人再次交流与沟通，所以在职场中，言谈礼仪是特别重要的。

（一）礼貌语言

以礼待人，不但能显示出自身人格尊严，而且可以满足对方的自尊需要。为此，交谈中要随时随地、有意识地使用礼貌语言，这是每一个人都应当具备的基本素养，也是以敬人之心表示尊重的基本方式。

在交谈中多使用礼貌用语，是博得他人好感与体谅的最为简单易行的方法。所谓礼貌用语，简称礼貌语，是指约定俗成的、表示谦虚恭敬的专门用语。运用好基本的礼貌语言可以使人们显得更加彬彬有礼。

1. 问候语

"您好""早上好""先生您早""李经理好"等。

2. 迎接语

"欢迎光临""见到您真高兴""很荣幸能再次与您相遇""欢迎您的到来""欢迎阁下莅临指导"等。

3. 欢送语

"再见""慢走""您走好""欢迎再次光临""一路平安""一路顺风"等。

4. 致谢语

"谢谢您""非常感谢""感激不尽""非常感谢您的关心与支持"等。

5. 征询语

"您需要我的帮助吗？""我能够帮您做什么吗？""您觉得我这样处理，您满意吗？""对不起，请您重复一遍，可以吗？""对不起，我可以占用您一点时间吗？"等。

6. 请托语

"请您稍候""很对不起，让您久等了""劳驾您了""对不起，打扰您一下""麻烦您帮我一个忙""劳驾，让我先过一下"等。

7. 应答语

"对""好的""是""一定照办""没关系，这是我应该做的""您不必客气""请多多指教""没关系""不要紧""好的，一定为您办到"等。

8. 赞赏语

"很对""非常好""非常正确""您的意见非常宝贵""您对这个非常在行""这个意见对我们非常重要""你真棒，我要向你学习"等。

9. 道歉语

"对不起""非常抱歉""不好意思，请多包涵""十分抱歉，是我们的失误耽误了您的时间"等。

10. 推托语

"十分遗憾，我帮不了您""我们公司有规定……不能为您办理，请多包涵""您知道……所以请理解和支持我们的工作""很遗憾，不能满足您的要求"等。

11. 祝贺语

"节日快乐""新年快乐""新年好""祝您身体健康，万事如意""祝您旅途愉快"等。

★ **案例 4-4 学会赞美他人**

刘一佳跟着业务主管王璐去货运公司办理业务。在他们排队等待的时候，看到柜台后面的办事人员在称重、递出票据、签字确认、分发收据的过程中待人冷漠，没有好脸色。当轮到为她们办理业务时，王璐便对那位办事人员称赞道："真希望我也有你这样的头发。"办事人员抬起头，惊讶地看着王璐，随即泛出笑容，很客气地说："啊，已经不像以前那么好了。"王璐又说："或许没有过去的光泽，不过现在看起来，你的头发仍然极佳。"办事人员非常高兴地说："许多人赞美过我的头发。"她们走的时候，刘一佳看到，办事人员面带微笑地接待后面的顾客。

刘一佳问王璐："王姐，向您请教一个问题，您刚才赞美那个办事人员，是能得到什么好处吗？"王璐回答说："我确实想从她身上得到些好处，而且我已经得到了。那就是看到别人快乐的工作，也快乐自己。"

（二）言谈礼仪规范

1. 态度平和

同事间相处的基本要求是友善，说话和气，有亲切感。当大家意见不统一时，可以搁置争议，让以后的实践来判断对错。一些非原则的问题，也就根本没有必要争论。

2. 神态自然

交谈时，双方神态既要自然，又要专注，应正视对方，认真倾听，切忌东张西望，似听非听，或者翻阅书报，甚至自顾自处理一些与交谈无关的事务，这是极不礼貌的表现，它将会严重破坏谈话的气氛。不要随意打哈欠、伸懒腰，做出一副疲惫不堪的样子，或者不时看时间，显得心不在焉，这会给对方留下傲慢的印象。

3. 谈吐文明，使用敬语

在沟通交流过程中，多说"请""谢谢"等礼貌用语，不过分强调"你"和"我"之间的对立关系，而应该多说"我们"。谈话中使用外语和方言，需要顾及谈话的对象以及在场的其他人，假如有人听不懂，最好别使用，不然就会使他人感到是故意卖弄学问或有意不让他听懂。

4. 积极反馈

在聆听中积极反馈是必要的，适时地点头、微笑或简单重复一下对方谈话的要点，是令双方都感到愉快的事情。交谈要注意反馈。当一方在阐述自己的意见时，另一方要通过适当的眼神、手势或其他形体语言让对方感觉到自己在认真倾听，或及时适当地使用一些语气词或简单的语句进行反馈，如"啊""是吗？""那太好了！""讲得对。"等来烘托、渲染谈话气氛，激发对方兴致，如果让一方滔滔不绝，自己却对对方谈话不置可否，这也是失礼的表现。

5. 适当赞美

真诚地赞美对方，使对方产生亲和心理，关注对方的优点，使用赞美语言让对方感到心理的满足。

小提示　办公室言谈禁忌

（1）不人云亦云，要有自己的主见。在企业中，上司往往赏识那些有自己头脑和主见的员工。所以不管在公司的职位如何，都应该有自己的主见，敢于发出自己的声音，敢于说出自己的想法。

（2）不抬杠辩论，不争风逞强。在办公室里与同事相处要友善，说话态度要和气，即使有了一定的级别，也不能用强硬的命令口吻与别人说话，要多加"请"字。如果遇到需要与别人长篇辩论的情况，特别是一些可以占上风的话题，应友善地给别人台阶下，如果一味好辩逞强，会让同事们敬而远之。

（3）不提忌讳话题。在办公室里最忌讳的是谈论别人的是非。因为办公室里发生的事情，总是关系着原则、纪律、策略等。所以，在办公室里，不谈自己或同事的工资收入，不谈自己或同事与上司之间的个人关系，不谈自己与同事家人之间的交往，不谈自己的过往秘事，不谈别人和上司的隐私。当有人在谈论时，不要插话，但可以适时地制止。

单元三　商务礼仪文书

人们的社会交往活动和思想感情交流，有许多都是通过一定的礼仪形式和一定的文化活动进行的。

商务礼仪文书是企业在商务活动中为了礼仪目的或在礼仪场合使用的文书，商务文书应当准确适当地表示出礼仪上的要求，根据不同的时机和对象，力求把文书写得恰如其分、恰到好处，有时候可根据具体情况写进一定的实质内容，以便使礼仪文书达到更好的效果。

礼仪文书具有礼仪性、情意性和广泛性的特点。不仅文辞典雅、称谓谦恭、祝颂礼貌，而且在书写款式、书写材料等方面也颇为讲究，而且要表达真挚的情感。随着社会工作和生活中各种公关礼仪活动的经常开展，礼仪文书应各种活动的礼仪之需产生并发挥着重要的作用。

一、邀请书

邀请书是为邀请有关单位或人员出席重要会议、典礼或重要活动所用的礼仪书信。邀请书又称邀请信或邀请函。

（一）邀请书的基本知识

1. 邀请书的作用

邀请书是机关、企事业单位经常使用的一种文体。它除有邀请作用外，还有提供信息、联络情感等作用。

2. 邀请书的特点

（1）礼仪性。邀请书作为一种正式文书，其语言得体、规范、正式，表现出礼貌、诚恳、友好的态度，给受邀者留下良好的印象。邀请书的撰写应避免使用口语化的语言，避免出现错别字、语病等错误，以确保其礼仪性和正式感。

（2）明达性。邀请书需要清晰地表达邀请的目的、时间、地点、参与人员等重要信息，以便受邀者快速了解活动的详情。同时，邀请书的内容应该准确无误，避免出现歧义或错误信息，确保信息的明达性和准确性。

（3）书面性。邀请书的结构清晰明了，突出重点，让受邀者一目了然。同时，邀请书的排版应该规范整洁，字体大小、颜色等方面应该统一，符合一定的格式标准，以确保其书面性和规范性。

3. 邀请书的类型

（1）会议类邀请书，专为庆祝会、纪念会、座谈会等发出。

（2）活动类邀请书，专为仪式、宴请、执行活动等发出。

（3）工作类邀请书，专为成果的评审、鉴定、决策的论证而发出。

4. 邀请书的写作注意事项

内容要周详，措辞要得体，发送要提前。

（二）邀请书的结构与写法

邀请书通常由标题、称呼、正文和落款四部分组成。

1. 标题

一般有以下几种写法：①单独由文种名称组成，如可用大于正文的字体标出"邀请书"三个字。②由事由和文种名称组成，如"关于出席亚太经济发展会议的邀请书"，这种方式明确指出了邀请的事由，使得受邀人能够一目了然地了解邀请的具体内容和背景。③由发文机关、事由和文种名称组成，可在"邀请书"名称前标出发邀请书的单位名称。

2. 称呼

在正文的上一行顶格写被邀请者（个人或者单位）名称。姓名之后可加"先生""女士"或职务、职业尊称。单位名称要用全称，以示尊敬。称呼之后加冒号。

3. 正文

正文包括开头、主体和结尾三个部分。

（1）开头。一般要交代会议或活动的由来、目的或意义，有的先作简单问候，再交代缘由。

（2）主体。要写明会议或活动的内容、时间、地点、方式以及希望邀请对象承担的工作等。事项要写得清楚、周详，若内容较多，可分条列出。

（3）结尾。要写上礼貌性结语，如"恳请光临""恭候光临""敬请莅临指导"等礼貌用语。

4. 落款

署上发文单位名称或发文者姓名和发文日期。发文单位应加盖公章，以求慎重。

二、请柬

请柬又称请帖，是为邀请客人参加各种纪念活动，如婚宴、晚会、诞辰等发出的、制作精美的礼仪文书。

（一）请柬的基本知识

1. 请柬的特点

（1）礼节的庄重性。请柬通常用于正式的场合，如婚礼、宴会和庆典等，因此其整体风格正式而庄重，旨在展现主办方的礼貌和尊重。

（2）内容的告知性。请柬中应详细列出活动的时间、地点、内容、行程安排等信息，以确保邀请对象能够充分了解活动的相关事项，并做出准确的回复。

（3）制作的精美性。请柬的排版应整齐、简洁，文字和布局应当合理分配，在设计上体现主办方的用心和专业性。同时，请柬的纸质和印刷品质也应高质量，以示重视。

此外，请柬还应具有语言优美与得体的特点，使用正式、恰当的词汇和语法结构，同时注意语气的客套和委婉，以表达对邀请对象的真挚邀请和诚意。这些特点共同构成了请柬作为一种礼仪性书信的基本特征。

2. 请柬的种类

根据内容和性质，请柬可以分为集会庆典请柬、婚嫁庆贺请柬和日常应酬请柬三种基本类型。根据书写形式，请柬可以分为横式写法和竖式写法两种基本类型，其中竖式写法是从右边向左边写。

3. 请柬与邀请书的区别

请柬与邀请书相比，都具有"邀请"的作用，同样具有庄重性和礼仪性的特点，但存在以下几点区别：

（1）邀请书的使用范围比请柬广泛。

（2）邀请书的内容比请柬复杂，信息容量更大。

（3）邀请书的措辞及制作比请柬更朴实。

4. 请柬的写作注意事项

（1）内容准确无误。发请柬的目的要明确，时间、地点要准确。如果有需要注意的事项，如联系人、联系电话、食宿或携带物品、文件要求、交通路线等，要在请柬的后面注明。

（2）措辞简洁得体。请柬的措辞要简洁、文雅，除用礼貌用语外，语气还可带有希望、请求之意，以表诚心。

（3）制作精美大方。要精心制作请柬，力求美观悦目，字体书写工整流畅，把请柬制作成一个有珍藏价值的纪念品。若购买制好的成品请柬，要注意书写字迹必须端正工整，以示尊重对方。

（4）选择适合发送时机。请柬要提前发送给被邀请者，以便其有所准备。

（二）请柬的结构与写法

（1）封面。封面写"请柬"或"请帖"两字，这相当于请柬的标题，可横写或竖写，要字体美观、醒目，周围有吉祥、喜庆的装饰画面。

（2）称呼。顶格书写被邀请单位（或个人）的名称，姓名后要加称谓，如"某某先生""某某单位"等，称呼后面加上冒号。

（3）正文。正文即请柬的主体，另起行左（或上）空两字写明活动的内容。写明活动内容、时间、地点，及"敬请光临"等字样。还应注明如何接送或乘什么车辆可以抵达活动举办地点。若有其他要求也需注明，如"请准备发言""请准备节目"等。

（4）结语。结尾处写上"敬请光临""恭候光临（指导）""请拨冗光临""顺致崇高的敬意"等礼貌用语。

（5）落款。在右下角写上邀请单位（或个人）的名称和请柬发出日期。

（6）附言。如果是邀请客人观看文艺演出或其他表演，要在落款下一行左空两格后注明"附

×× 券 × 张"等字样。

三、致辞

致辞是指表达情感和适应礼节的需要而在特定的仪式上发表的礼仪性讲话。

（一）致辞的类别

致辞主要包括以下几种文体：

（1）欢迎词，即在迎接宾客的仪式上或会议开始时，主人对客人的到来表示热烈欢迎的讲话。

（2）欢送词，即在送往宾客的仪式上或会议结束时主人对客人的离去表示欢送的讲话。

（3）贺词，即某一单位、团体要举行重大的会议，受邀请单位派出的代表在会议上所说的表示祝贺的讲话。

（4）祝酒词，在喜庆宴会或外宾招待会上，主人以酒为媒介向宾客表示良好祝愿的讲话。

（5）答谢词，宾客对主人的热情接待表示感谢的讲话。

★ **案例 4-5　欢迎词**

铂斯商贸有限公司即将举办公司成立二十周年庆典暨贸易合作晚宴，销售部负责本次接待业务，销售部杨总让刘一佳起草一份欢迎词以便在迎接晚宴上做发言。这对文秘专业毕业的刘一佳来说可谓驾轻就熟，刘一佳斟酌语句，写了一篇欢迎词交给杨总，文章言辞情真意切，友善礼貌，营造出一种友好的气氛。晚宴当天杨总的发言赢得了现场合作商的热烈掌声。

女士们，先生们：

值此铂斯商贸有限公司二十周年庆典之际，请允许我代表铂斯商贸有限公司，向远道而来的贵宾们表示热烈欢迎。

朋友们不顾路途遥远专程前来贺喜并洽谈贸易合作事宜，为我司二十周年庆典更添了一份热烈及祥和的气氛，我由衷地感到高兴，并对朋友们为增进双方友好关系所做出的努力，表示诚挚的谢意！

今天在座的各位来宾中，有许多是我们的老朋友，我们之间有着良好的合作关系。我司成立二十年能取得今天的成绩，离不开老朋友的真诚合作和大力支持。对此，我们表示由衷的感谢。同时，我们也为有幸结识来自全国各地的新朋友感到十分高兴。在此，我谨再次向新朋友们表示热烈的欢迎，并希望能与新朋友们密切合作，发展相互间的友好合作关系。

"有朋自远方来，不亦乐乎"。在此新朋老友相会之际，我提议：

为今后我们之间的进一步合作，

为我们之间日益增进的友谊，

为朋友们的健康幸福，

干杯！

铂斯商贸有限公司销售部总监：杨阅

二〇二五年六月八日

（二）致辞的格式与写法

1．标题

（1）全称式标题。即由"致辞人＋致辞场合＋文种"构成，如"某某董事长在欢迎某某总经理仪式上的致辞"。

（2）省略式标题。即由"欢送场合＋文种"构成，如"在某某公司二十周年庆典上的欢送词"。

（3）文种式标题。只写文种，如"欢送词"。

2．称谓

人名要用全名，一般冠以"尊敬的""亲爱的"等礼节性修饰用词，姓名后加上头衔或"先生""女士"这类称呼语。

3．正文

这是致辞的中心部分。主要是回顾彼此间的友好交流、合作的情况及工作上所取得的成效，包括热情的鼓励、殷切的希望和双方的共同理想。

（1）开头。包括交代致辞人的身份，用简练的语言写出致辞的原因。常用"值此××之际，谨代表××向××表示……"。

（2）主体。根据不同的致辞对象，采用不同的主体内容与措辞，包括"回顾"和"介绍"，如祝贺对方取得突出成绩、祝贺会议召开、祝贺对方担任新职务等。

（3）结尾。包括"展望"和"期待"。写上表示祝愿的话，如"祝大会圆满成功""祝愿友谊长存"等。

4．落款

在正文右下方署上致辞者身份、姓名及成文日期。

💡 **小提示**　**致辞的写作要求**

（1）表达情感要真诚，不过分夸张，不堆砌过多的客套、应酬之语，避免给人以虚伪之感。

（2）注意需表达的感情色彩，做到不卑不亢，既热情有礼，又不媚俗轻浮。

（3）内容要实事求是，评价成绩要恰如其分，表示决心要切实可行，不可言过其实。

（4）文字力求简洁明白，不要堆砌华丽的辞藻，篇幅简短。

（5）语言要雅俗共赏，力求简明生动，有条理性。

四、申请书

申请书是个人、单位、集体向组织、领导表达愿望、提出请求，要求批准或帮助解决问题的专用书信。

（一）申请书的基本知识

1. 申请书的特点

（1）请求性。申请书的主要目的是向接收方提出某种请求，无论是请求批准、支持还是其他形式的协助，其核心在于表达请求者的具体需求或愿望。

（2）单一性。与请求性紧密相关的是申请书的单一性。每一份申请书应当专注于一个主题或请求，确保内容单一明确。这意味着一份申请书只表达一个愿望和只提出一个请求，避免在一份申请书中涉及多个不相关的请求，以保持文书的内容清晰和焦点。

2. 申请书的种类

（1）按内容分，申请书分为入党申请书、入团申请书、入会申请书、开业申请书、调动申请书等。

（2）按申请者分，申请书可分为个人申请和单位申请等。

3. 申请书的写作注意事项

（1）申请的事项要写清楚，涉及的数据要准确无误。

（2）申请理由要充分、合理，实事求是，不能虚夸和杜撰，否则难以得到批准。

（3）申请语言要准确、简洁，态度要诚恳、朴实。

（二）申请书的结构与写法

申请书包括标题、称谓、正文、结尾和落款几部分。

1. 标题

申请书的标题主要有两种写法。

（1）直接写"申请书"三字。

（2）在"申请书"前加上内容，如"入党申请书""开业申请书"等。

2. 称谓

顶格写明接受申请书的单位、组织或有关领导。

3. 正文

申请书的正文内容主要包括申请事项、申请理由和申请态度三部分。

（1）申请事项。申请事项应写得简明扼要，不宜写得太长。

（2）申请理由。申请理由应说明清晰、充分。

（3）申请态度。申请书一般需表达自己的申请被批准后的态度和决心。

4. 结尾

结尾写上"此致""敬礼"等祝颂语。

5. 落款

落款处署上"申请人"三字及姓名，在署名下行署上时间。

五、商务危机文书

危机是一种特殊情况，也是一种突发性事件，是由不平衡和混乱状态引发的。危机是企业经营活动中的突发性负面事件和事故，会产生严重的社会影响，直接关系到企业的生存和发展。

企业危机实际上是企业发展过程中因为若干方面的矛盾激化而导致的一种非常规的状态，和困难、灾难性事件不完全等同。企业危机是企业中已出现或潜在的危及企业生存与发展的因素，企业需要对自身进行有效的变革才能克服的非常规状态。

商务危机文书包括危机信息报告书、危机事件报告书、公告、对外声明、危机事务交涉函、新闻稿等。

（一）商务危机的特点

1. 突发性

危机的发生常常是人们无法预料的，它常常是在人们防范意识薄弱的地方发生，让人们措手不及。由于发生突然，容易使准备不足的企业手足无措，在慌乱之中决策有误，造成巨大损失。但突发性并不意味着人们对危机的发生毫无办法，只要企业正视危机，研究危机发生的条件及其变化规律，在日常工作中加强危机管理，就可以在很大程度上做好应对危机发生的准备工作，在危机发生时做到胸有成竹。

2. 两面性

两面性是指危机事件的危害与契机并存。危机事件的发生常有或大或小的危害性，无论是经济上的、名誉上的，其危害性有时不可估量，但如果企业能很好地利用危机，将其化为企业的契机，不但能度过危机，还能促进企业的发展，提高企业的品牌形象。危机的发生使企业成为信息源，得到媒体的关注和报道，而且会吸引消费者的注意，成为他们关注的焦点，这样企业就掌握了营销的主动权。

3. 紧急性

危机一旦发生，就有飞速扩展的态势，它会迅速蔓延，若不采取有效的制止措施，就容易使整个组织形象彻底遭到破坏。因此，危机事件往往会给企业带来巨大的心理和精神压力。一般来说，危机发生后，企业应当首先想方设法防止事态的进一步扩展，然后再采取具体而有效的措施修复和提高企业形象。自我保护应居首位，修复和补救次之，最后是提高，这是危机处理的基本原则。

（二）商务危机文书写作要点

在新媒体时代下，危机公关的爆发频率非常高，主要与当今社会信息的传播特点有关，信息传播速度快，人人都是自媒体。而在遇到危机公关后，化解危机公关是首要任务。商务危机文书的写作不像其他文案，撰写人员可以有较为充裕的时间精雕细琢、慢慢修改，而必须当即拟就，马上呈送，以便企业的危机管理机构及时采取应对措施。商务危机文书的撰写要注意以下要点，以免内容主旨不明、信息不清，使企业错失防范和处理危机事件的最佳时机。

1. 分析情况，重视问题

首先，每个企业遇到的危机情况不同，所以在撰写商务危机文书时，不能根据模板套用，需要学会根据具体问题具体分析，分析自身遇到的危机情况与别的企业有哪些共同点，哪些不同点，再有针对性地写出合理的方案。一定要把本次问题的情况作为处理问题的核心，所以一旦发生危机公关事件，企业不能单纯套用模板，一定要对自身问题分析清楚，分析透彻。

2. 详细分析，明确问题

在撰写商务危机文书之前，要考虑清楚文书想要达到什么样的公关效果，需要做出哪些改变，在此次危机事件中，企业存在哪些问题，如今处于什么地位。需要明确提出本次危机公关的问题，或者详细分析，明确问题，这些才是商务危机文书的核心部分。

3. 积极面对，澄清事实

积极澄清事实，承认错误，把事件的整个过程描述清楚。想要解决问题，就要分析问题，围绕着问题进行策划，一定要谨记，在处理危机公关事件时，一定要详细阐述事件，而不要一开始就选择回避。很多时候，企业正面澄清，会得到大众的理解，这样反而会有利于解决危机。

4. 诚恳表达，提出方案

根据问题写明解决办法，并且要考虑到对方的想法，要得到对方的原谅，才有利于企业后期恢复形象。要把明确的解决办法和自身承担的责任明确清楚，同时文字要表达出诚恳解决问题的态度，同样一句话表达不一样，最终带来的效果也是有很大不同，以什么样的态度来写商务危机文书，如何写能更好地解决危机公关事件，诚恳的态度是十分重要的。

传承发扬

传承优秀文化，弘扬社会主义核心价值观

中国人历来讲究"信"。《论语》中记载"人而无信，不知其可也"，《中庸》里记载"言顾行，行顾言"，说的都是人要在社会上立足，要保持诚信、言行一致。诚信即诚实守信，是人类社会千百年传承下来的道德传统，也是社会主义道德建设的重点内容，党的十八大提出，倡导富强、民主、文明、和谐，倡导自由、平等、公正、法治，倡导爱国、敬业、诚信、友善，积极培育和践行社会主义核心价值观。

诚信是社会主义核心价值观的基本要素和道德取向。诚信不仅是我国古代道德体系的基础和根本价值取向，也是我国当代道德体系的基础和根本价值取向，更成为社会主义核心价值观的道德基石。诚信是人类社会的基本道德规范，是市场经济运行的基本道德原则，也是人们自由发展应有的品质。

在现代职场，诚信强调诚实劳动、信守承诺、诚恳待人。诚信是个人在社会得以存续发展的基础，是人际和谐的纽带，是商务交往的基础，是处理一切人际关系和商务活动的基本准则。

能力训练

训练目标

该项目训练考察学生的商务办公礼仪运用能力。

训练情景

李一凡入职铂斯商贸有限公司半年后，马上要实习转正了，通过半年的实习，李一凡认为自己更适合行政部的工作，准备在明天的实习生述职会上申请行政部文员的职位。

训练内容

能力领域	技能点	名称	参考规范与标准
商务办公礼仪训练	技能1	求职面试礼仪运用技能	（1）掌握求职函电礼仪、简历编写礼仪、面试礼仪的规范要求 （2）结合实际，演练求职礼仪规范的运用
	技能2	办公室礼仪运用技能	（1）掌握空间距离礼仪、言谈礼仪的规范要求 （2）结合实际，演练办公室礼仪规范的运用
	技能3	商务礼仪文书写作技能	（1）掌握申请书写作的规范要求 （2）结合实际，进行申请书的写作

训练步骤

1. 以小组为单位，每组 5 ～ 6 人，每组确定一名组长。

2. 对本次的训练情景中需运用到的礼仪技能进行讨论。

3. 实际演练，模拟角色，记录礼仪技能点的具体操作规范及标准，形成《商务办公礼仪规范流程报告》以及《××岗位申请书》。

4. 小组总结，在班级交流分享。

成果形式

1.《商务办公礼仪规范流程报告》

2.《××岗位申请书》

能力拓展

　　铂斯商贸有限公司接待英国的客人一行三人来访，访问结束后，公司为客人举办了欢送晚宴。在晚宴上，销售部杨总代表公司向客人赠送了一对特制的瓷瓶，上面印有一对大象图样，象征着吉祥，并用中文和英文书写了"友谊长存、合作共赢"的字样。杨总本以为这件礼物会博得对方的喜爱，没想到对方却一脸的不高兴，晚宴中甚至一言不发。原来，象在我国的寓意是吉祥，但在英国却不怎么受欢迎，认为是蠢笨的象征。公司把两只象征蠢笨的东西送给他们，当然会遭到对方的不满。

　　议一议：请问馈赠对方礼物时应考虑哪些因素？商务馈赠应首选哪些礼物？

知识图谱

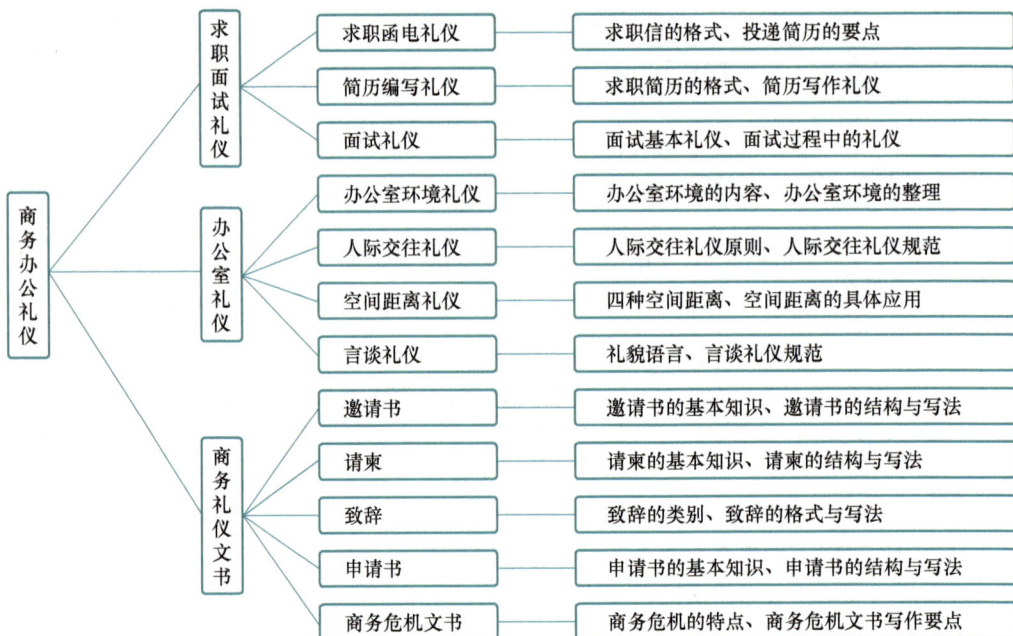

单元练习

一、填空题

1. 求职简历的格式有_____和_____两种形式。

2. 办公室环境的内容包括_____、_____以及办公室心理环境。

3. 空间距离包括_____、_____、_____、_____。

4. "非常正确""您的意见非常宝贵""这个意见对我们非常重要"属于礼貌用语中的_____语。

5. 致辞的类别主要包括欢迎词、_____、_____、_____和_____词。

二、判断题

1. 求职信的目的在于求职，带有"私"事公办的意味，因而称呼要求严肃谨慎，不可过分亲近，以免给人以"套近乎"或者阿谀、唐突之嫌。（　　）

2. 面试者与主考官见面握手时，求职者应先伸手表示热情。（　　）

3. 进入领导办公室时，应该先敲门 3 下，如果门开着可直接进入。（　　）

4. 文件资料要及时清理归档，因为用餐或去洗手间暂时离开座位时，应将文件覆盖起来。
（　　）

5. 客户之间商谈事务时的距离在 46 ～ 76 厘米之间。（　　）

三、简答题

1. 简述求职简历的格式。

2. 办公室环境整理的内容包括哪些？

3. 简述人际交往礼仪的原则。

4. 简述四种空间距离的应用。

5. 简述请柬与邀请书的区别。

四、案例分析

倒霉的早上

刘一佳入职铂斯商贸有限公司后被安排到销售部实习，这天她想着晚上有一个闺蜜聚会，出门前便仔细打扮了一番，穿着超短裙、高跟鞋，化了一个精致的浓妆，瀑布一般的头发披在肩膀，十分漂亮。

走进公司立刻吸引了办公室同事的目光："小刘，今天穿得真漂亮啊！"刘一佳听了心里美滋滋的。

由于早上忙着化妆打扮没有吃早饭，小刘坐在办公桌前，开始一边吃零食一边打开计算机，同时用手机点了一杯奶茶。市场部同事小王送来一份文件让小刘上报，这时奶茶送到了，小刘刚喝了一口，就觉得有一股怪味儿，忍不住吐了出来，却不小心溅到刚送来的文件上。小刘急忙翻手提包找纸巾来擦，一时没有摸到纸巾，手提包里其他的物品也跟着掉了出来，各式的化妆用品散落一地。小刘手忙脚乱，慌忙擦文件、捡东西，蹲下时由于短裙太短太紧，引来路过同事的侧目，十分尴尬。

小刘不由得在工作小组群里吐槽："今天真倒霉，楼下那家奶茶店不干净，大家注意避坑！"小刘觉得是自己好心，是提醒大家，谁知道另外一个同事不大赞同，反驳了几句，结果两人就在群里吵了起来，弄的小刘心情更差了。

这时主管王璐打来电话询问市场部送来的文件到了吗？小刘这才想起该做的工作还没做……

问题：请分析小刘的不妥之处。

分析提示：

1. 职场女士应该着职业套裙、中跟鞋，且裙子的长度要超过膝盖，化淡妆、头发扎起。
2. 办公桌要保持整洁，不应该放饮料、零食，更不应在办公时间吃零食。
3. 养成物品整理的习惯，不管是办公桌还是手提包里的物品都应该有条理。
4. 公私分明，在办公微信群里不要发与工作无关的消息，不应把不好的情绪带到工作中。

05

模块五 商务宴请礼仪

学习目标

知识目标

1. 认识商务宴请礼仪的重要性。
2. 了解商务宴请的主要形式以及主要内容。
3. 掌握中餐、西餐、自助餐、酒会以及茶会宴请礼仪的规范要求。

能力目标

1. 能根据宴会的不同形式进行宴会的准备，合理安排宴请程序，并能根据宴会类型选择合适的礼服、运用赴宴礼仪规范。
2. 能根据中餐宴请礼仪正确排列中餐席位，运用点菜、餐具使用以及敬酒礼仪。
3. 能根据西餐宴请礼仪正确排列西餐席位，运用点菜、餐具使用以及品饮酒水礼仪。
4. 能进行自助餐、酒会、茶会的策划以及运用相关礼仪。

素质目标

1. 通过商务宴请礼仪的训练，培养学生在宴请情景中分析问题、决策设计的能力。
2. 能传承运用中华优秀传统餐饮礼仪，文雅有礼，培养良好的文明礼仪素养。

礼仪溯源

夫礼之初，始诸饮食

"夫礼之初，始诸饮食"出自《礼记·礼运》，认为饮食活动中的行为规范是礼制的发端。

古人把饮食看作是礼仪最直接的表现形式，饭菜的摆放方式和宾主的座席自周代开始，在设宴招待宾客的场合，尤其讲究餐具、菜肴的摆设规则。宴饮开始之前，要进行进食的礼仪，宾先主后说一些互相激励祝福的话。然后再行祭食的礼仪，以报答先祖，表示不忘本。我国礼仪的发端是祭祀礼仪，而祭祀礼仪是从饮食礼仪起始的。

人活着要吃饭，这是人人习以为常的"饮食"，这不仅仅是一句"民以食为天"的古训，道出吃饭至上的观念，它还是儒家文化的核心思想——礼的本源。所谓礼之初始诸饮食，揭示了文化现象是从人类生存的最基本的物质生活中发生，这是中华民族顺应自然生态的创造。

案例导入

被拒绝的热情

铂斯商贸有限公司宴请美惠公司的马总及其采购部采购经理赵经理，杜总带着李一凡和刘一佳参加这次宴请。天气非常热，大家入座后，小李拿起毛巾托里的毛巾擦了一下脸，放在桌上，随后看着大家都拿起毛巾擦手，觉得不对劲，尴尬地笑了一下。等到菜上齐了，杜总说："欢迎马总和您的团队来我公司考察、指导，希望我们的合作长长久久，也祝大家身体健康、工作顺利。"大家都站起来举起酒杯喝了杯中的酒。

情景剧
被拒绝的热情

席间，小刘对旁边的赵经理说："赵经理，非常感谢您对我的支持哈，上次要不是您帮忙，我哪里能那么快地完成培训PPT啊。"说着还用自己的筷子敲了一下碗，然后夹起一块羊肉放到对方碟子里。赵经理非常的尴尬，目光看着小刘夹的肉放在自己盘子里，为难地说："谢谢，谢谢……"小刘接着说："快尝尝，这是这家餐厅的招牌菜。"赵经理不好意思地看着小刘："不好意思啊，我吃羊肉过敏。"

小李走到马总身旁，拿起分酒器给自己先倒上，又给马总倒上，说："马总，感谢您的光临，希望日后多多指导，支持我的工作，我干了，您随意。"小李单手拿起酒杯，酒杯高过马总酒杯，碰了一下，豪迈地一饮而尽，然后把酒杯倒转，示意自己喝光了。而马总拿着酒杯并没有喝酒，而是笑了笑，把酒杯放到了桌上。

小刘和小李的热情被客户拒绝到底是为什么呢？

　　在商务交往中，宴请是常见的活动之一。商务宴请礼仪是世界各国传统礼仪文化中形成最早和最基本的组成部分之一，是加强双方交流，增进彼此感情的一种重要形式，在商务礼仪中有重要地位。商务聚会是商务人士工作中必不可少的重要活动，是绝佳的交流和会谈的机会，是非常有效的沟通感情、传递信息的途径。作为一项多人参加的集体活动，要想使每个参加者都能愉快尽兴、心满意足，就需要大家共同遵守一定的礼仪。

单元一　宴请基本礼仪

一、宴请准备

餐饮宴请是一种社交性活动，是对宾客的一种礼遇，必须按规定礼节礼仪的要求进行准备。

（一）宴会的主要形式

宴会是比较正式、隆重的设宴招待，是宾主在一起饮酒、吃饭的聚会。宴会是正餐，出席者按主人安排的席位入座进餐，由服务人员按专门设计的菜单依次上菜。按其规格又有国宴、正式宴会、便宴、家宴之分。

1. 国宴

国宴特指国家元首或政府首脑为国家庆典或外国元首、政府首脑来访而举行的正式宴会，是宴会中规格最高的。按规定，举行国宴的宴会厅内应悬挂两国国旗，安排乐队演奏两国国歌及席间乐，席间宾主双方有致辞、祝酒。

2. 正式宴会

正式宴会除不挂国旗、不奏国歌及出席规格有差异外，其余的安排大体与国宴相同。有时也要安排乐队奏席间乐，宾主双方均按身份排位就座。许多国家对正式宴会十分讲究，对餐具、酒水、菜肴的道数及上菜程序均有严格规定。

3. 便宴

便宴是一种非正式宴会，常见的有午宴、晚宴，有时也有早宴。其最大特点是简便、灵活，可不排席位、不作正式讲话，菜肴也可丰可俭。有时还可以自助餐的形式进行，更显亲切随和。

4. 家宴

家宴即在家中设便宴招待客人。西方人士喜欢采取这种形式待客，以示亲切，且常用自助餐方式。西方家宴的菜肴不及中餐的丰盛，但由于通常由主妇亲自掌勺，家人共同招待，因而它不失亲切、友好的气氛。

（二）宴请准备的内容

1. 明确目的

宴请的目的是多种多样的，可以为某个人、某件事、某个节日举行，如签订合同、择日开张、庆祝节日、接风迎客、饯行话别、生日祝寿等。宴请目的不同，宴请的规格、内容、形式也就不同。因此，必须明确宴请的目的。

2. 列出名单

根据宴请的目的，列出被邀宾客，确定宴请范围，即确定邀请哪些人和多少人。应在照顾各方面关系的前提下，尽量控制范围，减少人数。特别要注意，防止把平时互有芥蒂的客人请到一起出席宴会，以免出现不愉快的情况。

3. 确定时间

宴请的时间应选择宾主双方都适宜的时间，最好先征求主宾的意见。注意不要选择对方参加重大节日，或有重要活动或有禁忌的日子和时间。此外还有一些特殊情况，如特定节日、纪念日等，宴请只能在节日、纪念日之前举行，而不能推迟。

4. 确定地点

选择宴请的地点，要根据邀请的对象、活动性质、规模大小及形式等因素来确定。例如，正式、隆重的宴会一般安排在高级酒店或客人下榻的酒店。

5. 发出邀请

各种宴请，一般均应发出请柬，这是礼节，也是对客人的提醒。邀请方式通常有书面、电话和口头邀请等。如果是便宴、工作餐，可以通过电话或者口头邀请。正式宴会一般发请柬邀请，请柬一般提前一周至两周发出。其内容包括活动的主题、时间、地点、形式、主人姓名及对服饰的要求、回复等内容。请柬信封要工整地写上被邀请人的姓名和职务，若已排好席次可在信封下角注明。请柬发出后，应及时落实出席情况，以便调整席位。

6. 拟定菜单

宴请的菜单，要根据宴请的规格"看客下菜"。以宾主双方的口味喜好和禁忌而定，要注意尊重宾客的饮食习惯和宗教信仰。整桌菜谱应有冷有热、荤素搭配、营养平衡、有主有次、主次分明。正式宴会上，菜单至少每桌一份，规格高的也可每位一份，菜单可给客人留作纪念。

7. 现场布置

宴会成功与否，环境和气氛至关重要。宴会环境的布置，取决于活动的性质和形式。商务宴会应突出喜庆、活泼、欢乐的气氛。可用鲜花、盆景作点缀，设置临时致辞台，准备好麦克风。若安排席间乐，应轻雅舒缓。

8. 席位安排

在商务宴请中，位次的安排往往比菜肴的选择更应注意。凡正式宴会，一般都事先为每位赴宴者安排好桌次和座次，并通知到每个人；非正式小型便宴，有时也可以不必安排座次。

不同形式的宴会，座位的排列各有不同。排列的依据，主要是国际惯例和本国的礼宾顺序，此外，还要考虑宾客之间的关系亲密、身份地位、职业和专业等因素。但无论如何，都应以主人为中心，把主宾夫妇置于最尊贵、最显要的位置上。

二、宴请程序

（一）宴请的类型

国际上通用的宴请形式有宴会、招待会、茶会、工作餐等，而至于采取何种形式，一般根据活动的目的、邀请对象以及经费开支等因素来决定。每种类型的宴请均有与之匹配的特定规格及要求。

1. 礼仪性质的宴请

如为迎接重要的来宾或政界要员的公务性来访，为庆祝重大的节日或举行一项重要的仪式等举行的宴会，都属于礼仪上的需要，这种宴会要有一定的礼宾规格和程序。

2. 交谊性质的宴请

主要是为了沟通感情、表示友好、发展友谊，如接风、送行、告别、聚会等。

3. 工作性质的宴请

主人或参加宴会的人为解决某项工作而举行的宴请，主要在餐桌上商谈工作。

以上三种情况又常交相为用，兼而有之。宴会的目的、形式、性质不同，但宾主双方所遵循的基本礼仪程序是一致的。

（二）宴请的流程

1. 迎宾

举行宴会，主人一般在门口迎接客人。官方正式活动除男女主人外，还可以有少数主要官员陪同主人排列成行迎宾，通常称为迎宾线。与宾客握手后，由接待人员引宾客入休息厅或直接进入宴会厅。当主宾到达后，主人即陪同主宾进入休息厅或宴会厅。

2. 入席

主人陪同主宾进入宴会厅，接待人员随即引导其他客人入厅就座，宴会即正式开始。若是主宾未到达，可暂时不开席，但要向其他客人表示歉意。一般情况下，宴会开席延误 10—15 分钟是允许的，万不得已时最多不能超过 30 分钟，否则将冲淡宾客的兴致，影响宴会的气氛。

3. 致辞

正式宴会上，一般均有致辞。有时一入席双方即讲话致辞；亦可在热菜之后、甜食之前由主人致辞，接着由主宾致答谢辞。冷餐会与酒会上的讲话时间更显灵活。

4. 上菜

中餐正式宴会，标准的上菜顺序是冷盘、热炒、主菜、点心和汤、水果拼盘。一般咸点心搭配咸汤，甜点心搭配甜汤。

西餐正餐宴会，标准的上菜顺序是头盘、汤类、副菜、主菜、蔬菜、甜品、饮品。

5. 敬酒

宴会开始时，主人应起身向全体宾客敬酒。一般情况下，敬酒要适度。如果是副手，敬酒时要讲究技巧，在主人敬酒后，副手可向宾客敬酒，也可以委婉地代表在场或不在场的领导向宾客敬酒。

6. 结束

宴会时间一般控制在 2 小时左右。过早结束，使客人感到未尽兴，会对主人的诚意表示怀疑；时间过长，又会使宾主双方感到疲惫，冲淡宴会气氛。一般吃完水果，主人示意主宾，宾主双方起立，即告结束。

主人应先将主宾送至门口，握手告别。然后，迎宾、送客人员再相继与其他宾客握手告别。

三、赴宴礼仪

宴请是较重要的商务活动，对于赴宴者来说，注意从入宴到告辞的细节，这既是个人素质与修养的表现，也是对主人的尊重。

★ **案例 5-1　小李的尴尬**

铂斯商贸有限公司销售部主管王璐带李一凡出差苏州，拜访一家日资外贸企业。业务洽谈非常顺利，两人回到酒店稍事休息后，在对方公司的邀请下共进晚餐。对方的接待人员特别安排了园区一家颇有特色的日式料理。

这家料理店具有浓厚的日式风格，黑色的条纹木质屏风上面绘制着浮世绘，用餐的包间是原木色的榻榻米，几位客人一进门，服务人员鞠躬问好并带领客人到达包间门口，请客人脱鞋到榻榻米上入座。小李暗想不好，早上穿袜子时就发现破了洞，还没来得及换。没办法，小李硬着头皮脱了鞋，整个用餐过程中他一直在掩饰穿着破洞袜子的那只脚，好不尴尬。

这次经历之后，小李再去企业拜访都会提前了解对方的企业背景，是否会安排晚餐以及晚餐的地点，以便在着装上做好准备。

（一）礼服的种类

礼服分男士礼服和女士礼服。从广义上讲，礼服泛指一切适合在庄重场合中或举行仪式时所穿的服装。

1. 男士礼服

（1）晨礼服，又称为英国绅士礼服，特色是外套剪裁为优雅的流线型，晨礼服的正式穿法为外套、衬衣、长裤，搭配背心、领结，适合于白天出席隆重的典礼穿着。

（2）燕尾服，是正式礼服的一种，在晚间 6 点以后穿着，适合晚宴、舞会、招待会等。燕尾服的后摆拉长，有收缩腰身拉长双腿的效果，燕尾服除了要配上背心以外，也可以搭配胸巾和领巾，以增加正式、华丽感。

（3）中山装作为中国人一度推崇的常式礼服，它同时也承载着一种文化，一种礼仪，适用于各种礼仪活动。

（4）西装礼服也可以说是一种现代的改良礼服，将西服的戗驳领用缎面制成，再搭配领结和腰封（或者背心），衬衣选择胸前打褶皱设计的礼服衬衣。西装礼服的正式穿法为外套、衬衣、长裤，搭配背心、领带或领结。

2. 女士礼服

（1）晨礼服，又名常礼服，通常是质料、颜色相同的上衣和裙子搭配而成，也可以是单件连衣裙，一般以长袖为准。晨礼服是白天出席社交活动时的正规穿着，如开幕式、宴会、婚礼、游园、正式拜访等场合穿用的礼服。它不像晚礼服那样规范严谨，显得更为活泼、浪漫，以表现穿者良好的风度为目的，通常表现出优雅、端庄和含蓄的特点，多采用毛、棉、麻、丝绸或有丝绸感的面料，小配件应选择与服装相应的格调。

（2）晚礼服，也叫夜礼服或晚装，是晚间6点以后在礼节性活动中穿用的正式礼服，为露背的单色拖地或单色不拖地连衣裙服装，可佩戴颜色相同的帽子和长纱手套以及各种饰物。可用于出席舞会、音乐会、晚宴等活动。

（3）旗袍，是中国和世界华人女性的传统服装，被誉为中国国粹和女性国服。有各种不同款式和花色，适用于各种礼仪活动，高贵典雅，具有特有的东方风韵。

（4）裙套装礼服，是职业女性在职业场合出席庆典、仪式时穿的礼仪用服装。裙套装礼服显现的是优雅、端庄、干练的职业女性风采。

（二）赴宴的礼仪规范

1. 应邀赴宴

从礼仪的要求出发，接到邀请后，无论是否接受对方的邀请，都应及时、礼貌地给予答复，以便主人安排。若遇特殊情况而不能出席，应婉言解释缘由，并表示歉意（包括登门致谢、致歉）。一旦表示能出席宴会，就不要随意改动。

出席宴会前，仪容仪表做到整洁、优雅。参加正式宴会，应按请柬规定的服饰赴宴。

2. 按时抵达

按时出席宴会是最基本的礼貌。赴宴者应根据活动的性质和当地的习惯，掌握好时间。迟到、早退或逗留时间过短均被视为失礼。身份高的客人可略晚些到达，一般客人应早些到达。西方习惯是身份高的人应正点或晚一两分钟到达；我国的习惯是正点或提前两三分钟抵达。

3. 问候致礼

抵达宴会地点，先到衣帽间脱下大衣和帽子，然后前往主人迎宾处，主动向主人问候。可按宴请性质和当地习惯，赠送礼物、花束或花篮。

4. 文明入座

进入宴会厅前，应先掌握自己的桌次与座次。若未设座席卡，稳妥的做法是待主人请入座时，方可入座。落座时，应从座椅的左侧入座。

若同桌中有长者、女士、职位高者，应待其入座后自己再坐下；作为男士，若邻座是长者、女士或职位高者，应主动为其拉开椅子，协助其入座。

入座后，坐姿要端正，应将椅子调整到离餐桌20厘米左右。俯身趴在餐桌上，或将双臂支在餐桌上，或乱动主人摆好的餐具，都是失礼的行为。

5. 沟通交流

参加任何宴会，无论处于何种地位，都少不了与同桌人交谈，特别是左右座。如果互相不认识，可先做自我介绍。宴请是一种社交场合，在餐桌上要关心别人，如果口内有食物，应避开说话，也不要敬酒。宴会上应营造和谐温馨的气氛，避开涉及死亡、疾病等影响用餐气氛的话题。

6. 文雅用餐

主人致辞后即可以进餐。取菜时不要一次取得太多，需增加时，待侍者送上再取。进食时要文雅，吃东西时应闭着嘴细嚼慢咽，尽量不发出声音；喝汤时不要啜，汤菜太热，等稍凉后再食用，忌用嘴吹去热气；嘴内有食物时切勿说话；吃剩的菜、用过的餐具、牙签及骨刺等都要放入骨碟内，忌随便乱扔；剔牙时，要用手或餐巾遮口。

单元二　中餐宴请礼仪

中餐宴请礼仪是指从席位安排、点菜、餐具使用、敬酒等方面的规则和礼节要求。由于地域差异，风俗习惯的不同，不同宴请形式会有不同的礼仪要求。因此，参加宴会的人必须深谙其中道理，才能表现得优雅得体，不失礼仪。

中餐宴请礼仪

一、席位排列

（一）桌次的排列

举行正式的中餐宴会时，所设餐桌往往不止一张，这时就要按"尊卑"之别排列桌次。主要应遵守如下原则。

1. "以右为上"

当餐桌有左右之分时，应以位于右侧的餐桌为主桌。这里所讲的左右，是由面对正门的位置来区分的，这种做法也叫"面门定位"（如图 5-1 所示）。

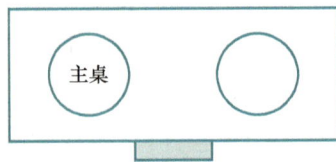

图 5-1　"以右为上"

2. "远门为上"

当餐桌距离餐厅正门有远近之分时，一般以距门较远的餐桌，即靠内侧的餐桌为主桌（如图5-2所示）。

3. "居中为上"

当多张餐桌并排排列时，一般居中央者为上（如图5-3所示）。

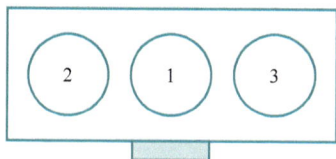

图5-3 "居中为上"

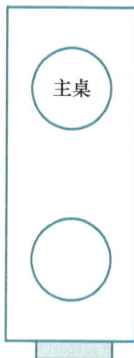

图5-2 "远门为上"

4. "主桌定位"

在大多数情况下，以上三条桌次排列的常规做法往往是交叉使用的。此外，在安排多桌宴请的桌次时，还应兼顾其他各桌与主桌的距离。距离主桌越近，桌次越高，这项规则亦称"主桌定位"（如图5-4所示）。

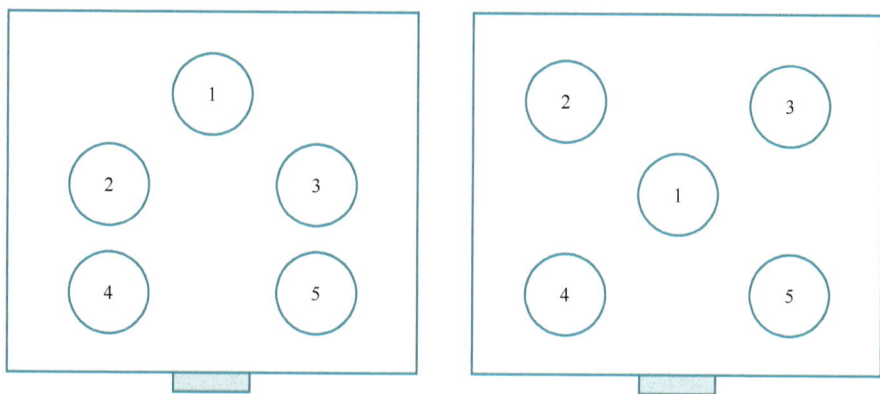

图5-4 "主桌定位"

（二）座次的排列

在中餐礼仪中，席位的排列是一项十分重要的内容。它关系到来宾的身份和主人给予对方的礼遇，所以受到宾主双方的同等重视。

举办中餐宴会一般用圆桌，每张餐桌上的具体位次有主次尊卑之分。宴会的主人应坐在主桌上，面对正门就座；同一张桌上位次的尊卑，根据距离主人的远近而定，以近为上，以远为下；同一张桌上距离主人相同的位次，排列顺序讲究以右为尊，以左为卑。在举行多桌宴会时，各桌之上均应有一位主桌主人的代表，作为各桌的主人，其位置一般应以主桌主人同向就座，有时也可以面向主桌主人就座。每张餐桌上，安排就餐人数一般应限制在10个人之内，并且为双数，人数过多，过于拥挤，也会照顾不过来。

129

在每张餐桌位次的具体安排上，还可以分为两种情况。

1. 每张桌上一个主位的排列方法

每张餐桌上只有一个主人，主宾在其右侧就座，形成一个谈话中心（如图5-5所示）。

2. 每张桌上有两个主位的排列方法

如果主人夫妇就座于同一桌，以男主人为第一主人，女主人为第二主人，主宾和主宾夫人分别坐在男女主人右侧，桌上形成了两个谈话中心（如图5-6所示）。

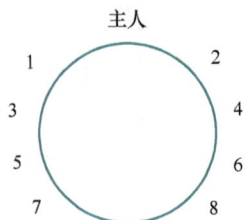

图 5-5　每张餐桌一位主人

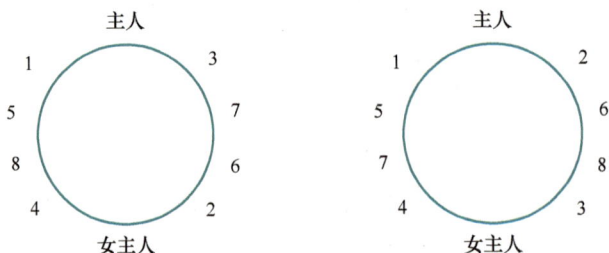

图 5-6　每张餐桌两位主人

如果遇主宾的身份高于主人时，为表示对他的尊重，可安排主宾在主人位次上就座，而主人则坐在主宾的位置上，第二主人坐在主宾的左侧。

二、点菜礼仪

（一）中餐菜系

我国是一个餐饮文化大国，长期以来在某一地区由于地理环境、气候物产、文化传统以及民族习俗等因素的影响，形成有一定亲缘承袭关系、菜点风味相近、知名度较高，并为部分群众喜爱的地方风味著名流派，即菜系。其中，鲁菜、川菜、粤菜、闽菜、苏菜、浙菜、湘菜、徽菜享称为"八大菜系"。

1. 鲁菜

山东菜简称鲁菜，可分为济南风味菜、胶东风味菜、孔府菜和其他地区风味菜，并以济南菜为典型，济南菜以清香、脆嫩、味厚纯正而著称，特别精于制汤，清浊分明。胶东风味菜精于海味，善做海鲜，珍馐佳品，看多海味，且少用佐料提味。孔府菜做工精细，烹调技法全面，制作过程复杂。

代表菜有：葱烧海参、糖醋鲤鱼、九转大肠、油焖大虾、糟熘鱼片、温炝鳜鱼片、清汤银耳、木须肉、糖醋里脊、红烧大虾、糖酱鸡块等。

2. 川菜

川菜吸收了南北菜肴之长及官、商家宴菜品的优点，形成了北菜川烹、南菜川味的特点，享有"食在中国，味在四川"的美誉。川菜讲究色、香、味、形，在"味"字上下功夫，以味的多、广、厚著称。川菜口味的组成，主要有"麻、辣、咸、甜、酸、苦、香"7种味道。有"一菜一格，百菜百味"的称誉。

代表菜有：干烧岩鲤、干烧鳜鱼、鱼香肉丝、怪味鸡、宫保鸡丁、粉蒸牛肉、麻婆豆腐、毛肚火锅、夫妻肺片、灯影牛肉、担担面、龙抄手等。

3. 粤菜

广东菜简称粤菜，主要由广州菜（也称广府菜）、潮州菜（也称潮汕菜）、东江菜（也称客家菜）三种地方风味组成，三种风味各具特色。粤菜的特点是丰富精细的选材和清淡的口味，讲究原料的季节性，特别注意选择原料的最佳部位。粤菜味道讲究"清、鲜、嫩、滑、爽、香"，追求原料的本味、清鲜味，追求清淡、鲜嫩、本味的特色。

代表菜有：白切鸡、烤乳猪、蜜汁叉烧、清蒸石斑鱼、白灼虾、椰汁冰糖燕窝、龙虾烩鲍鱼、干炒牛河、老火靓汤、沙茶牛肉、梅菜扣肉、盐焗鸡等。

4. 闽菜

福建菜简称闽菜，以福州菜为代表，素以制作细巧、色调美观、调味清鲜著称。福建菜以海鲜类为主，口味方面则具备咸、甜、酸、辣、香，咸的调味品有虾酱、虾油、豉油等；甜的调味品有红糖、冰糖等；酸的调味品有白醋等；辣的调味品有胡椒、芥末等；香的调味品有五香粉、八角、桂皮等。

代表菜有：佛跳墙、鸡汤氽海蚌、淡糟香螺片、七星鱼丸、糟醉鸡、煎糟鳗鱼、半月沉江、燕皮馄饨、福州线面等。

5. 苏菜

江苏的历代名厨造就了苏菜风格的传统佳肴，主要由金陵菜、淮扬菜、苏锡菜、徐海菜等地方菜组成。我国的国宴菜就是以淮扬菜为基准，汇集各地方菜系的特色，整理、改良而成。苏菜选料严谨，制作精细；擅长炖、焖、煨、焐、蒸、烧、炒等烹饪方法；口味清鲜、咸甜得宜、浓而不腻、淡而不薄。

代表菜有：松鼠鳜鱼、大煮干丝、扬州狮子头、无锡酱排骨、文思豆腐、叫花鸡、水晶虾仁、梁溪脆鳝、鸭血粉丝汤等。

6. 浙菜

浙江菜简称浙菜，是浙江地方风味菜系，主要由杭州、宁波、绍兴、温州四支地方风味菜组成。浙江菜以选料精细为特点，注重保持食材的原汁原味，擅长炒、炸、烩、熘和蒸等多种烹调方法，具有清鲜、爽嫩、精致、醇和等特点。

代表菜有：西湖醋鱼、龙井虾仁、宋嫂鱼羹、东坡肉、清汤越鸡、荷叶粉蒸肉、叫花鸡、冰糖甲鱼、烂糊鳝丝、西湖莼菜羹等。

7. 湘菜

湖南菜简称湘菜，以辛辣著称，并以腴滑肥润为主，多将辣椒当主菜食用，不仅有北方的咸，也有南方的甜。湘菜特别讲究原料的入味，技法多样，有烧、炒、蒸、熏等方法。湘菜的特殊佐料有豆豉、茶油、辣油、辣酱、花椒、茴香、桂皮等。

代表菜有：剁椒鱼头、腊味合蒸、东安子鸡、毛氏红烧肉、永州血鸭、麻辣子鸡、湘西外婆菜、辣椒炒肉、长沙霸王别姬、口味虾、农家小炒肉等。

8. 徽菜

徽菜是以皖南菜为代表的皖南菜、皖江菜、合肥菜、淮南菜、皖北菜的总称。其中皖南风味以徽州地方菜肴为代表，它是徽菜的主流和渊源。其主要风味特点为咸鲜为主，重油、重色、重火功，突出本味，注重食补。在烹调方法上以烧、炖、焖、蒸、熏等技艺为主。

代表菜有：徽州臭鳜鱼、徽州毛豆腐、徽州一品锅、黄山炖鸽、方腊鱼、火腿炖甲鱼、清蒸石鸡、李鸿章杂烩、符离集烧鸡等。

> **★ 案例 5-2　晚宴菜单**
>
> 　　铂斯商贸有限公司举办公司成立二十周年庆典暨贸易合作晚宴，销售部负责本次接待业务，销售部杨总安排杜经理与承办酒店拟定菜单。杜经理让李一凡根据参会名单梳理与会嘉宾的来源省份，李一凡梳理后发现本次参加合作晚宴的客人 60% 来源于四川、湖南省份，另有少量广东、福建、江西省份的客人。杜经理在与酒店拟定菜单时，充分考虑大多数客人的口味，同时也照顾到其他省份客人，酸、甜、咸、辣各种口味都有一两样，辣口味多一道。最后拟定的菜单荤素各半、有干有稀、有汤有饭、热多冷少、突出特色、营养健康、寓意吉祥。晚宴的菜品得到了现场客人的交口称赞，小李也从中学到了很多。

（二）菜单的安排

根据中国人的饮食习惯，与其说是"请吃饭"，还不如说成"请吃菜"。所以对菜单的安排是马虎不得的。它主要涉及点菜和准备菜单两方面的问题。

中国菜肴品种繁多，各地风味迥异。民间有"南甜、北咸、西辣、东酸"之说。中餐一般使用圆桌。根据中国传统习俗，正式的中餐应供应双数的正菜，称好事成双，如果十个人围坐一桌，正菜应是十道为最合适，这里暗含着十全十美之意。

1. 了解菜序

一顿标准的中餐大菜，不管它是什么样的风味，上菜的次序都是相同的。通常，首先上桌的是冷盘，接下来是热炒，随后上的是主菜，然后上点心和汤，最后上的是果盘。如果上咸点心的话，就要上咸汤；如果上甜点心的话，就要上甜汤。了解中餐标准的上菜次序，不仅有助于在点菜时巧作搭配，还可以避免因为不懂而出洋相、闹笑话。

2. 量力而行

点菜时，不仅要吃饱、吃好，而且必须量力而行。如果为了讲排场、装门面，而在点菜时大点、特点，甚至乱点一通，不仅对自己没好处，而且还会招人笑话。这时，一定要心中有数，力求做到不超支、不乱花、不铺张浪费。可以点套餐或包桌，这样费用固定，菜肴的档次和数量相对固定，也相对省事。也可以根据"个人预算"，在用餐时现场临时点菜，这样不但自由度较大，而且可以兼顾个人的财力和口味。

3. 客随主便

被请者在点菜时，可以告诉做东者，自己没有特殊要求，请对方随便点，这实际上正是对方欢迎的做法。或者是认真点上一个不太贵的而又不是大家忌口的菜，再请其他人点。别人点的菜，无论如何都不要挑三拣四。

4. 注意禁忌

在宴请之前，主人需要事先对菜单进行再三斟酌。在安排菜单时，必须考虑来宾的饮食禁忌，特别是要对主宾的饮食禁忌高度重视。通常饮食方面的禁忌主要有以下四条。

（1）宗教禁忌。宗教的饮食禁忌，一点也不能疏忽大意。例如，穆斯林通常不吃猪肉和未诵安拉之名宰杀之物，并且不喝酒。国内的佛教徒禁食荤腥食品，这不仅包括了肉食，也包括了葱、蒜、韭菜等吃起来气味刺鼻的食物。

（2）地方禁忌。不同的地区，人们的饮食偏好往往不同。对于这一点，在安排菜单时，也要兼顾。例如，我国湖南、四川省份的人普遍喜欢吃辛辣食物，少吃甜食。英美等国的人通常不吃淡水鱼、动物内脏、动物的头部和脚爪。

（3）职业禁忌。有些职业，出于某种原因，在餐饮方面往往也有各自不同的特殊禁忌。例如，国家公务员的公务宴请不准超过国家规定的标准用餐，不准喝烈性酒。再如，驾驶员在工作期间，不得饮酒。要是忽略了这一点，还有可能使对方犯错误。

（4）个人禁忌。有些人出于健康的原因，对于某些食品，也有所禁忌。例如糖尿病患者禁忌含糖量过高、辛辣、刺激性、油脂含量过高的食物，患有胃肠炎、胃溃疡等消化系统疾病的人禁忌刺激性强、淀粉含量高、难消化的食物，刺激胃酸分泌的浓茶、浓咖啡，寒凉性的食物及水果等也须禁忌。对于这类人的饮食禁忌，亦应充分予以照顾。

三、餐具使用礼仪

（一）餐具使用的礼仪规范

1. 筷子

中餐最主要的餐具就是筷子，筷子必须成双使用。在使用筷子时，筷子的两端一定要对齐，要注意筷子是用来夹取食物的，用来挠痒、剔牙或用来夹取食物之外的东西都是失礼的。与人交谈时，要暂时放下筷子，不能一边说话，一边像用指挥棒似地挥舞筷子。不论筷子上是否残留食物，千万不要去舔，因为用舔过的筷子去夹菜，会让旁人大倒胃口。

2. 食碟

食碟在中餐里的主要作用，是用于暂放从公用的菜盘中取来享用的菜肴。使用食碟时，一般不要取放过多的菜肴在食碟里，那样看起来繁乱不堪，十分不雅。不吃的食物残渣、骨头、鱼刺不要吐在饭桌上，而应轻轻取放在食碟的前端，取放时不要直接从嘴吐到食碟上，而要使用筷子夹放到碟子前端。如果食碟放满了，可示意让服务人员更换食碟。

3. 勺子

中餐里勺子的主要作用是舀取菜肴和食物。用筷子取食时，也可以使用勺子来辅助取食，但是尽量不要单独使用勺子取菜。在用勺子取食物时，不要舀取过满，以免溢出弄脏餐桌或衣服。在舀取食物后，可在原处暂停片刻，等汤汁不会再往下流时再移过来享用。用餐间，暂时不用勺子时，应将其放在自己身前的碟子上。若是取用的食物太烫，不可用勺子舀来舀去，也不要用嘴对着勺子吹，应把食物先放到自己碗里等凉了再吃。

4. 碗

碗是用来盛放主食、汤羹等食物的。在食用碗内的食物时，要用筷子、匙等辅助着吃，不能直接用嘴吸食。碗内的食物剩余不多时，不要直接全部倒进口中，更不要用舌头舔。暂时不用的碗不可以放杂物也不能将碗扣着放在餐桌上。

5. 水盂

宴会上，如吃螃蟹、龙虾等腥腻并需用手的食物时，服务员会送上水盂（洗手盅），多为铜质、瓷制或水晶制玻璃盅，水面漂有玫瑰花瓣或柠檬片，起点缀、去腥作用。洗时两手轮流沾湿手指，轻轻搓洗，然后用纸巾或小方巾擦干。

6. 牙签

用餐时尽量不要当众剔牙，非剔不可时，要用另一只手掩住口部，剔出来的食物，不要当众"观赏"，更不要随手乱弹、随口乱吐。剔牙后，不要叼着牙签，更不要用其来扎取食物。

7. 湿毛巾

中餐用餐前，一般会为每位用餐者上一块湿毛巾。这块湿毛巾的作用是擦手，擦手后，应该把它放回盘子里，由服务人员拿走。而宴会结束前，服务人员会再上一块湿毛巾，和前者不同的是，这块湿毛巾是用于擦嘴的，不能用其擦脸或抹汗。

★ **案例 5-3**　　**"小餐桌"折射"大文明"**

铂斯商贸有限公司宴请来自西班牙的客人品尝地道的中餐，销售部杨总、杜经理和李一凡一同前往，订餐时杨总特意叮嘱李一凡事先了解餐厅的公筷公勺配置情况，主动要求配备公筷公勺。

用餐时，杨总向客人介绍了餐盘边公筷和私筷的使用，同时不时用公筷公勺给客人布菜，推荐特色菜肴，地道的中餐让西班牙客人连连称赞，宾主相谈甚欢。

在中国人的饮食文化中，筷子有着特殊的象征意义。布菜和夹菜在聚餐中无意间增强了亲朋好友间的感情。筷来箸往，情味浓浓，但在客观上也增加了病毒传播的可能性。随着时代的发展，社会的进步，不少旧习惯得以打破，不少新做法得以形成。公筷、公勺、分餐非但不会显得生分，反而凸显了一份尊重。

（二）意外事件的处理

1. 食物呛喉

可用餐巾掩着嘴咳嗽一下，把食物咳出，如需要较久时间，可以表示歉意并离开座位。如果情况严重，应该求助。

2. 打喷嚏、咳嗽、打哈欠

这几种情况应该避免。有必要时，应立即用手帕或者餐巾掩住嘴、鼻子，如果未带手帕，应去洗手间。

3. 不慎打翻或者打破餐具

用餐时遇有酒水打翻、筷子掉地，碰到了邻座，要道声"对不起"，再请服务人员帮忙。

4. 想吸烟

吸烟应该去吸烟室，不应叼烟走动；吸烟中又被人招呼进餐时，应该熄灭烟头。

5. 中途道别

如果席前就准备中途告别，最好和主人提前打好招呼，说明情况。如果是中途临时离席，应对主人说明情况并表示歉意。

四、敬酒礼仪

（一）敬酒的顺序

1. 主客之间

主人应该先向客人敬酒，客人回敬，然后客人之间互敬。

2. 一般顺序

一般情况下敬酒应以年龄大小、职位高低、宾主身份为序。

3. 顺时针顺序

按照顺时针敬酒。敬酒前一定要充分考虑好敬酒的顺序，分清主次。若与不熟悉的人在一起喝酒，也要先打听一下别人的身份或是留意别人如何称呼，要做到心中有数，避免出现尴尬或伤感情的局面。要注意的是一杯酒敬一人，可多人敬一人，不要一人敬多人，只有领导和长辈可以以一敬多。

（二）敬酒的礼仪规范

1. 仪态礼仪

当有人提议干杯后，要手拿酒杯起身站立，上身挺直，双腿站稳，以双手将酒杯举起，并向对方微微点头示礼，敬酒时态度稳重，热情大方。

2. 碰杯礼仪

敬酒时应先给他人倒酒，再给自己倒。与倒茶七分满的礼仪不同，倒酒应该倒满杯才表示尊敬。敬酒时，右手握杯，左手托底，举起酒杯到达眼睛的高度。如果对方是尊者，自己的酒杯要低于对方，如果对方谦让，可用左手托住对方杯底，从而让自己的酒杯低于对方。碰杯后，将酒一饮而尽或喝适量，然后，手拿酒杯与提议者对视一下，以示结束。需要主人一一敬酒时，主人可依次到各桌敬酒，并提议大家一起干杯，这时主人只要举起酒杯示意即可，不必一一碰杯。

3．敬酒词

敬酒的目的是沟通感情，所以敬酒词也必不可少。如果敬陌生人可以说"第一次和您喝酒，希望您以后多多关照。"敬领导的时候应该说"王总，我是某某某，很荣幸和您一起喝酒，请多多指导，我先干为敬，您随意。"敬客人可以说"感谢您大驾光临，我敬您一杯，祝您事业通达，一帆风顺。"在主人和主宾致辞、祝酒时，应暂停进餐、交谈，注意倾听。

4．饮酒量

饮酒量要适度，当你敬对方酒时，最好视对方的酒量、态度情况而定，这是敬人的态度体现。当对方敬你酒时，要饮酒适度，适可而止，主人要尊重宾客的意愿，一般商务活动宴请，要求控制在自己酒量的三分之一即可。不善饮酒者，如自身的身体状况不适合饮酒或不胜酒力应当跟对方说明并表示歉意，可用其他饮料表示情谊。

单元三 西餐宴请礼仪

在欧洲，所有跟吃饭有关的事，都备受重视，因为它同时提供了两种最受赞赏的美学享受：美食与交谈。除了食物口感精致之外，用餐时酒与菜的搭配、优雅的用餐礼仪、调整和放松心态、享受环境和美食、正确使用餐具、酒具都是西餐礼仪的必修课。

西餐宴请礼仪

一、席位排列

（一）座次的排列原则

在西餐用餐时，座次的安排也非常重要。与中餐相比，西餐的座次排列既有不少相同之处，也有许多不同之点。

1．女士优先

在西餐礼仪里，往往体现女士优先的原则。排定用餐席位时，一般女主人为第一主人，在主位就位。而男主人为第二主人，坐在第二主人的位置上。

2．距离定位

西餐桌上席位的尊卑，是根据其距离主位的远近决定的。距主位近的地位要高于距主位远的地位。

3．以右为尊

排定席位时，以右为尊是基本原则。就某一具体位置而言，按礼仪规范其右侧要高于左侧之位。在西餐排位时，男主宾要排在女主人的右侧，女主宾排在男主人的右侧，按此原则，依次排列。

4. 面门为上

按礼仪的要求，面对餐厅正门的位子要高于背对餐厅正门的位子。

5. 交叉排列

西餐排列席位时，讲究交叉排列的原则，即男女应当交叉排列，熟人和生人也应当交叉排列。在西方人看来，宴会场合是要拓展人际关系的，这样交叉排列，用意就是让人们能多和周围客人聊天认识，达到社交目的。

（二）座次的排列方式

1. 法式就座方式

主人位置在中间,男女主人对坐,女主人右边是男主宾,左边是男次宾,男主人右边是女主宾,左边是女次宾，陪同客尽量往旁边坐（如图5-7所示）。

2. 英美式就座方式

桌子两端为男女主人，若夫妇一起受邀，则男主宾坐在女主人右手边，女主宾坐在男主人右手边，左边是次宾的位置，陪同客尽量往中间坐（如图5-8所示）。

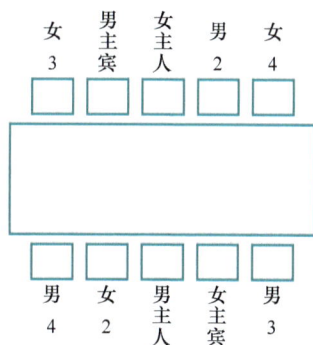

图5-7　法式就座方式排列　　　　图5-8　英美式就座方式排列

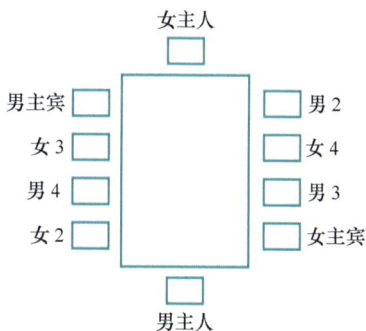

二、点菜礼仪

（一）西餐菜系

西餐是西方式餐饮的统称，广义上讲，也可以说是对西方餐饮文化的统称。西餐主要有六大菜系。

1. 法式菜肴

法式菜肴被誉为西餐菜系之首，选料广泛，用料新鲜，加工精细，烹调考究，滋味鲜美，花色繁多。比较讲究半熟或者生食，如牛排、羊腿就以鲜嫩为特点。选材时力求新鲜精细，食材选用比较广泛，蜗牛、马兰、百合等均可入菜。法式菜肴的名菜有：法式香煎鹅肝等。

2. 英式菜肴

英式菜肴选料广泛，口味清淡。烹调讲究鲜嫩，所以较少使用油和调味品，不过盐、胡椒、酱油、醋、芥末、番茄酱等调味品大多放在餐桌上由客人自己选用。英式菜肴的名菜有：鸡丁沙拉、烤大虾苏夫力、薯烩羊肉、烤羊马鞍、冬至布丁、明治排等。同时鱼与薯条是大众最熟悉的英式餐品。

3. 意式菜肴

意式菜肴是西餐始祖，汁浓味厚，讲究原汁原味，喜欢用橄榄油、番茄酱，调味用酒较重。意式菜肴以面制品见长，如通心粉、比萨饼等。意面就是意式菜肴中常见的一个。意式菜肴的名菜有：通心粉素菜汤、奶酪焗通心粉、肉末通心粉、比萨饼等。

4. 俄式菜肴

俄式菜肴口味较重，喜欢用油，制作方法相对简单。口味以酸、甜、辣、咸为主，酸黄瓜、酸白菜往往是饭店或家庭餐桌上的必备食品。烹调方法以烤、腌熏为特色。俄式菜肴的名菜有：什锦冷盘、鱼子酱、酸黄瓜汤、冷苹果汤、鱼肉包子、黄油鸡卷等。

5. 美式菜肴

美式菜肴是在英式菜肴的基础上发展起来的，所以口味也是较为清淡。口味甜中带咸，喜欢铁扒类的菜肴。喜欢用水果和蔬菜作原料来烹制菜肴，如苹果、葡萄、梨、菠萝等。美式菜肴的名菜有：烤火鸡、橘子烧野鸭、美式牛扒、苹果沙拉、糖酱煎饼等。各种派是美式食品的主打菜品。

6. 德式菜肴

德式菜肴不求浮华只求实惠营养，首先发明自助快餐。喜欢用水果、奶酪、香肠、酸菜、土豆等，也会将这些加入菜肴中一起烹调。同时也会加入啤酒到菜肴中烹煮，制作方法简单。德式菜肴的名菜有：酸菜咸猪脚、苹果烤鹅、鞑靼牛排等。

（二）点菜顺序

完整的西餐正餐由七道菜肴组成，上菜的顺序是开胃菜、汤类、副菜、主菜、蔬菜、甜品、饮品。西餐便餐的菜序则方便从简，通常由五道菜肴构成，上菜顺序是开胃菜、汤类、主菜、甜品、咖啡或茶。跟上菜的顺序不同，西餐点菜的顺序并不是由前菜开始点，而是先选一样最想吃的主菜，再配上适合主菜的其他菜肴。

1. 点主菜

西餐的主菜是西餐全套菜的精华，往往代表着此次用餐的档次和水平。主菜按照上菜顺序是第四道菜，包括肉、禽类菜肴。肉类菜肴的原料取自牛、羊、猪等各个部位的肉，禽类菜肴的原料取自鸡、鸭、鹅，通常将兔肉和鹿肉等野味也归入禽类菜肴。西餐主菜最有代表性的是牛排，点牛排时可从以下四个方面选择。

（1）牛排的部位。依据牛肉的不同部位可分为：肋眼牛排，即靠近胸部的肋肌部中间的排骨肉；菲力牛排，即牛腰内肉，是牛身上最贵的一块肉；沙朗牛排（西冷牛排），即牛后腰脊柱两侧的后腰脊肉；T骨牛排，即牛的上腰部脊肉、脊骨和里脊肉；牛小排，即牛的胸腔左右两侧含肋骨的部分。

（2）牛排的烹调方法。常用烤、煎、铁扒等。

（3）牛排的熟度。生排、一分熟、三分熟、五分熟、七分熟和全熟六个等级，这六个等级所做出来的牛排口感也有很大的不同，低熟度的口感软嫩，高熟度的口感厚实。

（4）配用的调味汁。常见的有波米滋汁、黑胡椒汁、蘑菇汁、红酒汁等。

2. 点副菜

副菜是起衬托主菜作用的一道菜，有刺激食欲的功能。放在主菜之前，作为第三道菜，在口感上作为主菜的前序和铺垫。因此副菜要根据主菜的味道和口感来选择。

副菜一般为水产类菜肴。品种包括各种淡水或海水鱼类、贝类及软体动物类。通常水产类菜肴与蛋类、面包类、酥盒菜肴均称为副菜。因为鱼类等菜肴的肉质鲜嫩，比较容易消化，所以放在肉类菜肴的前面。常见的副菜有柠檬龙利鱼、海鲜小酥盒、黄油焗龙虾、普鲁旺斯鲜贝等。

3. 点酒水

正式的西餐宴会上，酒与菜的搭配也十分严格，一般来讲，吃西餐时，每道不同的菜肴要搭配不同的酒水，吃一道菜便要换一种酒。

（1）西餐用酒的分类。西餐宴会上的酒水，可以分为餐前酒、佐餐酒和餐后酒三种。

1）餐前酒又称开胃酒，是在正式用餐前或吃开胃菜时饮用的。餐前酒大多是鸡尾酒、雪利酒和香槟酒。

2）佐餐酒又叫餐酒，它是在正式用餐时饮用的酒。常用的佐餐酒为葡萄酒，而且大多数是干葡萄酒或半干葡萄酒。西餐酒水的搭配讲究"红酒配红肉、白酒配白肉"，牛肉、羊肉和火鸡等红色肉类最好选用酒度较高的红葡萄酒；海鲜类选用无甜味的干白葡萄酒。

3）餐后酒指的是在用餐完毕之后，用来助消化的酒。最常见的是利口酒，又叫甜酒。最有名的餐后酒是有白兰地酒。

（2）食物和酒水的搭配。食物和酒类可以分为四种口味，这四种口味也就界定了酒和食物搭配的范围，即酸、甜、苦和咸味。

1）酸味：一般白酒不能和沙拉搭配，原因是沙拉中的酸会破坏酒的醇香。但是，如果沙拉和酸性酒水同用，酒里所含的酸就会被沙拉的乳酸分解掉，这当然是一种绝好的搭配。这时，可以选择酸性酒和酸性食物一起食用。酸性酒类与含咸味的食品共用，味道也很好。

2）甜味：用餐时，甜食会使甜酒口味减淡。在选择吃甜点时，糖分过高的甜点会将酒味覆盖，失去了原味，所以应该选择略甜一点的酒水，这样才能保持酒水原来的口味。

3）苦味：苦味酒和带苦味的食物一起食用苦味会减少。如果想减少或除去苦味，可以选择将苦味酒和带苦味的食物搭配食用。

4）咸味：一般没有盐味酒，但有许多酒类会大幅降低含咸味食品的盐味。许多国家和地区食用海产品如鱼类时，都会以柠檬汁或者酒水搭配，主要原因是酸味能降低鱼类的咸度，食用时鱼类味道更加鲜美可口。

4. 点其他配菜

（1）开胃菜。一般是冷菜，由蔬菜、水果、海鲜、肉食所组成的拼盘，以多种调味汁凉拌而成。因为是要开胃，所以开胃菜一般都具有特色风味，味道以咸和酸为主，而且数量较少、质量较高、色彩悦目、口味宜人。品种有鱼子酱、鹅肝酱、熏鲑鱼、鸡尾杯等。

（2）汤。西餐中的汤大都口感芬芳浓郁，有很好的开胃作用。一般来说，开始喝汤时才算正式开始吃西餐。西餐的汤大致可分为清汤、奶油汤、蔬菜汤和冷汤四类。品种有牛尾清汤、各式奶油汤、海鲜汤、美式蛤蜊浓汤、意式蔬菜汤、俄式罗宋汤、法式焗葱头汤。冷汤的品种较少，有德式冷汤、俄式冷汤等。

（3）点心。一般有蛋糕、饼干、吐司、三明治等。

（4）甜品。最常见的甜品有布丁、冰激凌、奶酪等。

（5）饮品。作为西餐的"压轴戏"，最正规的热饮有红茶或什么都不添加的黑咖啡，二者只能选择其一，不能同时享用。它们的主要作用是帮助消化。西餐的热饮饮用可以在餐桌上也可以换地方，如到客厅或休息室。

💡 **小提示**

（1）吃西餐点菜时应首先对菜名有所了解，不认识的菜名要谨慎，避免重复。
（2）如果自己没有把握，可请服务人员做介绍或推荐。
（3）点菜应考虑别人的口味和禁忌。

三、餐具使用礼仪

（一）西餐餐具种类

西餐餐具有很多，主要包括餐叉类、餐刀类、餐匙类、其他异形的专用餐具和服务用具。

1. 餐叉类

餐叉常用不锈钢、铝合金或银制成。常用的有正餐叉、鱼叉、甜品叉、海鲜叉、服务用叉等。

2. 餐刀类

餐刀也是西餐中不可缺少的用具。主要分为正餐刀、牛排刀、鱼刀、甜品刀、黄油刀、水果刀等。

3. 餐匙类

餐匙按形状、大小和用途可分为冰茶匙、甜点匙、汤匙、茶匙、咖啡匙等。

4. 其他异形的专用餐具和服务用具

如龙虾叉、牡蛎叉、蚝叉、蜗牛夹钳、龙虾钳、蛋糕刀、剔骨钢刀、冰夹、糕饼夹、糖夹、通心面夹、蛋糕托匙等。

★ **案例 5-4　细节体现教养**

　　铂斯商贸有限公司销售部杜经理带着李一凡宴请一位来自法国的生意伙伴。有意思的是，那一顿饭吃下来，令对方最为欣赏的，倒不是杜经理专门为其所准备的精美菜肴，而是杜经理在陪同对方用餐时的一处细小的举止表现。李一凡记得那位法国客人当时的原话是："杜先生，你在用餐时一点儿响声都没有，使我感到你的确具有良好的修养，我相信您公司的产品也是有品位的。"

（二）餐具使用礼仪规范

1. 刀叉

（1）刀叉的区别。在正规的西餐宴会上，通常讲究吃一道菜要换一副刀叉。享用西餐正餐时，在一般情况下，出现在每位用餐者面前餐桌上的刀叉主要有：吃黄油所用的餐刀，吃鱼所用的刀叉，吃肉所用的刀叉，吃甜品所用的刀叉等。要想正确地取用它们，关键是要记住，应当依次分别从两边由外侧向内侧取用。

（2）刀叉的使用。使用刀叉进餐时，要左手持叉，右手持刀（如图 5-9 所示）。

（3）刀叉的暗示。如与人攀谈时，应暂时放下刀叉。其做法是，将刀叉刀口向内、叉齿向下，刀右叉左呈汉字的"八"字形状摆放在餐盘之上。它的含义是：此菜尚未用毕（如图 5-10 所示）。

图 5-9　刀叉的使用

情景剧
餐具使用
礼仪错误案例

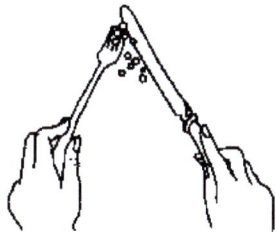

　　如果菜吃完了，或不想再吃了，则可以刀口向内、叉齿向上，刀右叉左地并排纵放。这种做法等于告知服务人员，请他连刀叉带餐盘一块收掉（如图 5-11 所示）。

图 5-10　刀叉"八"字放置

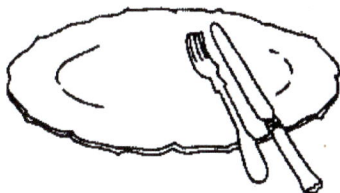

图 5-11　刀叉并排放置

2. 餐匙

　　在西餐的正餐里，一般会至少出现两把餐匙，它们形状不同、用途不一，摆放也有各自的既定位置。汤匙是个头较大的餐匙，通常被摆放在用餐者右侧的最外端，与餐刀并列纵放，喝汤时用餐匙由内向外舀，汤水剩下不多时，可稍微将汤盘向外侧倾斜以方便舀汤。甜品匙是一把个头较小的餐匙，在一般情况下，它应当被横向摆放在吃甜品所用刀叉的正上方，并与其并列。如果不吃甜品用不上甜品匙的话，有时它也会被个头同样较小的茶匙所替代。

3. 餐巾

（1）用来为服装保洁。将餐巾平铺于大腿之上，其主要目的就是为了"迎接"进餐时掉落下来的菜肴、汁汤，以防止其弄脏自己的衣服。

（2）用来擦拭口部。在用餐期间若要与人交谈，为尊重对方起见，应先用餐巾轻轻地擦拭一下嘴角，避免嘴角粘着食物。女士进餐前亦可用餐巾轻按一下口部，以除去唇膏。用餐巾擦拭嘴部时，使用部位应大体固定，最好只用其内侧。通常不应以餐巾擦汗、擦脸，擦手也要尽量避免。应特别注意的是，不要用餐巾去擦餐具，那样做等于向主人暗示餐具不洁。

（3）用来掩口遮羞。在进餐时，不要当众剔牙，也不要随口吐东西。万一非得剔牙和吐出东西，应用左手拿起餐巾挡住口部，然后用右手去剔牙，或是用右手持餐叉接住出口之物，再将其移到餐盘前端。关键是这些过程都需餐巾帮助遮掩。

（4）用来进行暗示。在用餐时，餐巾可用以进行多种特殊暗示。最常见的暗示有：暗示用餐开始，当女主人铺开餐巾时，就等于是在宣布用餐要开始了；当主人，尤其是女主人把餐巾放到餐桌上时，意在宣告用餐结束，请各位告退。其他用餐者吃完了的话，亦可用这种方式示意。若中途暂时离开，一会儿还要去而复返继续用餐，可将餐巾放置于本人座椅面上。见到这种暗示，服务人员就能领会其意，不会马上动手"撤席"，而会维持现状不变。

> 💡 **小提示** **用餐礼节**
>
> （1）吃鱼：用餐刀将其切开，轻轻地取出骨头、刺后，再把它切小块，以叉入口。残留在口中的鱼刺，应用餐巾遮住嘴部，用叉匙取出或轻吐在叉匙内，放在盘子边缘，直接往盘子里吐是很不礼貌的。
>
> （2）吃肉：用刀叉把肉切成一小块，大小刚好是一口。吃一块，切一块，勿一次将肉都切成块。
>
> （3）吃鸡腿：先用刀叉将骨头剔掉，再食之。
>
> （4）吃面条：用叉子先将面条卷起，再送入口中。
>
> （5）吃面包：面包一般瓣成小块，抹上黄油送入口中，不可直接啃整块面包。
>
> （6）吃水果：如苹果、梨等，应用刀切成四瓣再去皮核，用叉子叉着吃。现在，人们通常是用手拿着去皮的小块水果直接食用；香蕉应先剥皮，再切成数段食用。
>
> （7）喝咖啡：可放入糖或奶，用咖啡勺搅拌，然后将咖啡勺放在咖啡碟上，端起咖啡杯饮用。
>
> （8）用餐速度：切忌用餐的速度过快，大口吞咽食物不仅影响健康，也是失礼的表现，如果同他人共同进餐，那么要注意进餐的速度和大家保持一致。

四、品饮酒水礼仪

（一）西餐酒杯的种类

西餐酒杯一般分为香槟杯、红酒杯、白酒杯、甜酒杯、白兰地杯以及醒酒器等酒杯具，从功能角度又衍生出不同的杯形，为增添品尝的视觉享受。各种酒要选用不同种类的酒杯，才更能展现酒的香醇。酒杯的功能主要是留住酒的香气，让酒能在杯内转动并与空气充分结合。

1. 波尔多酒杯

波尔多酒杯的杯身呈椭圆形同时杯身较长，能更好地平衡波尔多红酒的酸味和较重的涩味，让口感更加均衡、和谐。高脚便于手握住杯子，以免手碰到杯腹而影响酒温。所以在晃动酒杯释放出香气的时候，葡萄酒有充足的表面积可以接触到氧气。

2. 勃艮第酒杯

勃艮第酒杯的特征是近于圆胖的形状，杯壁逐渐收缩，凝聚香气。相较之波尔多酒杯来说它浅一些，而且杯子直径更大一些，更易于散发葡萄酒的香气，适用于餐酒。

3. 白葡萄酒杯

与红葡萄酒不同，喝白葡萄酒的酒杯，杯肚和杯口都偏小，这样容易聚集酒的香气，不至于让香气消散得太快。

4. 香槟酒杯

香槟酒杯的特点是比较细长，适合盛载香槟酒，因为笛形杯身可令酒的气泡不轻易散掉，令香槟更可口。

5. 甜酒杯

甜酒杯杯口较为收敛。这种设计能够突出甜酒的浓郁果香和甜美口感，同时保持酒的高酸度，使甜酒在口感上更加平衡。也可以选择杯口像花瓣一样打开的酒杯，这样饮酒的时候可以让酒液直接流向位于舌尖的甜味区。

6. 白兰地杯

白兰地杯为杯口小、腹部宽大的矮脚酒杯。杯子实际容量虽然很大（240～300 毫升），但倒入酒量（30 毫升左右）不宜过多，以杯子横放、酒在杯腹中不溢出为量。饮用时常用手中指和无名指的指根夹住杯柄，让手温传入杯内使酒略暖，从而增加酒意和芳香。

具体如图 5-12 所示。

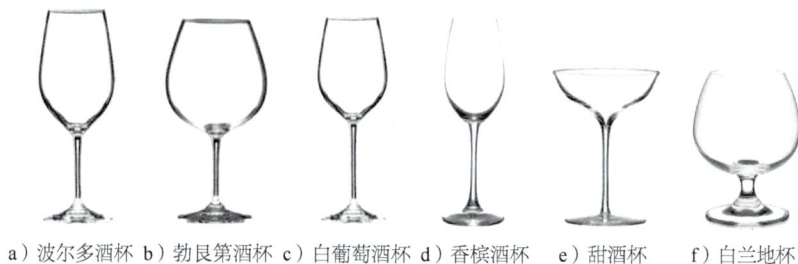

a）波尔多酒杯 b）勃艮第酒杯 c）白葡萄酒杯 d）香槟酒杯　e）甜酒杯　f）白兰地杯

图 5-12　西餐酒杯的种类

（二）饮酒礼仪规范

1. 开酒

主人点好酒后，服务人员会把红酒送到桌前，请主人辨认。应查看酒标上的酒名、酒庄、年份，相同品牌不同年份的红酒，味道是不同的，特别是欧洲产区的红酒。因为欧洲每年的天气变化都很大，酿酒葡萄的质量也不一样，从而导致酒味也不一样。

当服务人员把酒开瓶后，可以查看酒塞是否发霉，如果发霉了，则说明此酒储存不当，可以要求退换。服务人员会让主人试酒，将少量酒倒入酒杯中，让主人鉴别一下品质是否有误。当主人确认后，服务人员再进行斟酒服务。

2. 斟酒

服务人员斟酒时不需要捧着酒杯，只要将手放在桌面上或是膝盖上即可。此外在用餐中，当服务人员再次前来斟酒时，暂时停下手上的动作，对话也稍加节制一些会更加礼貌。若是自行斟酒时，将酒斟至杯身最宽的部分。这是因为当表面积越大时，越能充分享受葡萄酒的香醇。菜肴由客人的左方呈上桌，斟酒则是从客人的右方。

3. 酒杯的握法

葡萄酒杯无论是要品尝适合在常温下饮用的红酒，或是适合冰镇后饮用的白葡萄酒，同样都是以握住杯脚的部分来持杯。若是手握住杯身的话，手的温度将致使葡萄酒变温，将会改变葡萄酒风味。

4. 饮用方法

西餐饮酒时倾斜酒杯，轻轻摇动酒杯让酒与空气接触，从而醒酒以达到最好的口感，但不要猛烈摇晃杯子。认真欣赏一下它的色泽，然后用鼻子靠近杯子闻一闻酒香，最后再小呷一口，将酒放在舌头上滚动，细细品味。

5. 敬酒

干杯应由男主人提议，并请客人们共同举杯，为在座者说些祝福的话，不要忘掉任何一位。客人一般不宜提议为主人干杯，以免喧宾夺主；女士也不应当提议为男士干杯。干杯时如果客人较多，不必一一碰杯，举杯的同时用眼神示意一下即可。举杯时，应该手捏杯柄，微微倾斜，杯肚碰杯肚。

6. 品饮顺序

在一般情况下，品饮不同的酒水，要用不同的专用酒杯。在每一位用餐者面前桌面上右边餐刀的上方，会横排放置着四只杯子，分别是香槟酒杯、红葡萄酒杯、白葡萄酒杯以及水杯。取用时，可依次由外侧向内侧进行，亦可跟着女主人的选择而选择。

单元四　其他宴请礼仪

其他宴请招待是指各种不配备正餐的宴请类型，一般备有食品和酒水，通常不排固定的席位，可以自由活动，常见的有自助餐、酒会和茶会。

在商务交往中，尤其是在大型活动或一般性场合，自助餐、酒会和茶会是一种不错的聚餐选择。作为一种交际活动，这种形式给了人们极大的自由空间，在满足个性的同时，也有相应的礼仪要求。

一、自助餐礼仪

自助餐的聚会一般叫冷餐会，是目前国际上所通行的一种非正式的西式宴会，在大型的商务活动中尤为多见。一般在中午 12 时至下午 2 时，下午 5 时至 7 时举办，以风味独特的冷菜、饮料、低度酒为主，由就餐者在用餐时自行选择食物、饮料，然后或立或坐，自由地与他人在一起或是独自一人用餐。

（一）自助餐宴会策划

1．自助餐的适用场合

主人想要举办一次自助餐宴会，首先要关注其适宜举办的最佳场合。如果公司、企业、机关要在大型的活动之后安排宴会，那么自助餐肯定是最佳选择。例如大型行业会议，可能参会者有上千人，这时自助餐就是首选，而且自助餐长时间开放，人们可以随时到随时吃，能够很好地解决上千人的用餐问题。

因此，大型活动举办时，自助餐是待客用餐的首选。而且自助餐往往是辅助性项目，比如，开业、剪彩、庆典等仪式，自助餐实际上都是这些活动的延续，作为其辅助性项目存在的。

2．自助餐的场地选择

一般来说，自助餐的场地有以下三种最佳选择。①本企业场地。可在企业的礼堂、会场这样一些比较开阔的场地举行。也可以选择露天的庭院，如花园、园林、小型广场。②星级酒店。星级酒店本身会提供自助餐，能保证及时供应丰富的、新鲜的食物，是省事、省时、省钱的选择。③专营性的自助餐店。可选择有特色的自助餐店，提前与店家联系，订下场地。

3．自助餐的时间安排

一般来说，自助餐只限定开始的时间，并不限定结束的时间。自助餐本身的时长是两个小时左右。自助餐的参加者人数要和场地面积的比例相称，要保证人均占地一平方米左右，空间不要显得过于拥挤。此外，如果用餐人数较多时，还需要凭券入场，以便控制人流，保证餐食的供应。

★ **案例 5-5　吃不下的自助餐**

铂斯商贸有限公司的杜经理为了犒劳最近一段时间大家工作辛苦，带着工作团队一行 5 人来到著名的旋转餐厅吃自助餐。李一凡和刘一佳两个年轻人看到各自喜欢的餐点十分开心，刘一佳取了五块黑森林蛋糕、三个冰淇淋球，李一凡则取了满满一盘虾还有黑啤、白啤各两杯，两人坐下大快朵颐，很快就觉得吃不下了。刘一佳说："小李，帮我吃块蛋糕吧，巧克力口味的，特别好吃。"李一凡说："小刘，你尝尝这个白啤，很好喝的。"可两人都不喜欢对方选的餐食，连连摆手。这时看到杜经理走了过来，左手的餐盘上是一小块三文鱼和蔬菜沙拉，右手端着一碗洋葱汤，看到小刘、小李询问的眼神，杜经理说："吃自助餐取菜的顺序也跟西餐一样啊，先拿冷菜和汤开胃，再来热菜、点心，不求多，只求精，才能好好享受食物，另外，不要浪费哦。"两人面面相觑，看来不把自己餐盘的食物吃完是不行了。

（二）自助餐的礼仪

1. 排队取菜

在享用自助餐时，由于用餐者往往结伴而来的缘故，大家都必须自觉维护公共秩序，讲究先来后到，排队选用食物。

在取菜之前，先要准备好一只食盘。轮到自己取菜时，应以公用的餐具将食物装入自己的食盘之内，然后迅速离去。切勿在众多的食物面前犹豫再三，让身后之人久等，更不应该在取菜时挑挑拣拣，甚至直接下手或以自己的餐具取菜。

2. 循序取菜

在具体取用菜肴时，要首先了解合理的取菜顺序，然后循序渐进。按照常识，参加一般的自助餐时，取菜时的标准先后顺序，依次应当是：冷菜、汤、热菜、点心、甜品和水果。因此在取菜时，最好先在全场转上一圈，了解一下情况，然后再去取菜。

3. 量力而行

不限数量，保证供应，其实这正是自助餐大受欢迎的地方。商务人士在参加自助餐时，在根据本人的口味选取食物时，要量力而行。切勿为了吃得过瘾，而拿取过多食物，结果自己"眼高手低"，力不从心，导致了食物的浪费。严格地说，在享用自助餐时，多吃是允许的，而浪费食物则绝对不允许。这一条，被称为自助餐就餐时的"少取"原则。

4. 多次取菜

用餐者在自助餐上选取某一种类的菜肴，允许其再三再四地反复去取。每次应当只取一小点，待品尝之后，觉得它适合自己，那么还可以再次去取，直至自己感到吃好了为止。这一原则其实是说，在自助餐选取某菜肴时，取多少次都是可以的，一添再添都是允许的。相反，要是为了省事而一次取用过量，装得太多，则是失礼之举。

5. 送回餐具

通常用完自助餐之后，应自己送回所用过的餐具。有一些餐厅的餐盘、餐盒上都有餐具回收的标志，用餐场所都会提供柜子或者车子、架子。吃完之后，就可以把那些废弃的物品放到回收车里或回收柜中。用餐结束后干净的餐桌是礼仪修养的体现。

6. 沟通交流

自助餐礼仪中还强调自我照顾和照顾他人，要注重沟通交流。自助餐实际上是宴会的一种特殊形式，可跟老朋友叙叙旧，跟刚认识的人巩固关系，和主人打招呼、认识主宾等。任何宴会，实际上用餐只是形式，社交才是其真正的内容。要适度地和他人进行互动，善于照顾好别人，适当地介绍菜肴，但不能给别人夹菜。

💡 **小提示** **自助餐礼仪禁忌**

（1）取餐按照餐厅设定的方向顺向排队，不可逆向行进更不可插队。

（2）取餐时不要离餐台太近，以免弄脏衣服。

（3）根据个人食量取菜，一次不可取太多，吃完一盘后再去取用，避免在面前同时摆放多个盛满食物的餐盘。

（4）如是宴请或者聚餐，应等同桌所有人都取完菜落座后，一起开始用餐。

（5）再次取菜时，不使用已用过的餐具。

（6）不将食物带出餐厅。

二、酒会礼仪

在商务社交活动中，参加酒会的机会和主办酒会的机会都是很多的，酒会已经成为一种时尚、轻松的社交方式，其分为正餐之前的鸡尾酒会和正餐之后的酒会，正餐之后的酒会往往还会办舞会。

（一）酒会策划

1. 招待品

在一般情况下，正规的酒会均以鸡尾酒来唱主角，所以它又叫作鸡尾酒会。招待品以酒水为主，有鸡尾酒和各种混合饮料，略备三明治、小香肠、薯条等各种小吃。酒会上所提供的酒水、点心、菜肴均以冷食为主。

2. 时间

举行鸡尾酒会的时间较为灵活，上午、中午、下午、晚上均可，宾客参加鸡尾酒会可迟来早退，不受约束。

3. 地点

鸡尾酒会举行的地点可在室内，也可在室外，空间不受限制。鸡尾酒会进行的时间较短，一般为 60 分钟左右。

（二）参加酒会的礼仪

1. 不必准时

出席酒会时，来宾到场与退场的时间一般掌握在自己手中，不必像出席正规宴会那样，非要准时到场、退场不可。

2. 衣着适当

参加酒会时，若无特别要求，则穿着打扮上不必刻意修饰，不要太隆重，只要做到端庄大方、干净整洁即可。商务酒会的感觉要保留一点工作状态是最好的，服装要有半正式感，男士可以着西装，不必打领带。女士可以在裙装外加上质地精良的小西装，可用精致的高品质配饰作为点缀。

3. 不排席次

在酒会上，通常不为用餐者设立固定的座位，也就是说，它是不用排桌次、位次的。用餐者在用餐时，一般为站立，若找个座位稍作休息也可以。

4. 自由交际

因无席位限定，在酒会上用餐者完全可以自由自在地随便选择自己中意的交际对象，自由组合、随意交谈。

5. 自选菜肴

在酒会上，用餐者所享用的酒水、点心、菜肴均须根据个人口味和需要自己去餐台，或通过服务人员选取。

6. 礼貌告辞

酒会上，离开之前都应向主人当面致谢，这是礼貌。倘若因故而不得不早一些告辞，则与主人致谢时不要引起他人注意，以免使其他客人认为他们也该告辞了。

正餐之后的酒会告辞时间按常识而定，如果酒会不是在周末举行，那就意味着告辞时间应在晚间十一时至午夜之间，如果是周末则可以更晚一些。

> **小提示　酒会礼仪禁忌**
>
> （1）不要用拿过餐点、冰冷的、没有擦干净的手与人握手，记得应用左手拿酒水饮料及餐点。
> （2）与人谈话时不要东张西望，好像会错过哪个更重要的人物，这是非常不礼貌的。
> （3）抢着和贵宾谈话，不让别人有和他们对话的机会，这是不礼貌的。
> （4）不要硬拉着主人聊天，说个没完。要知道，主人还有其他客人需要照顾。
> （5）不要霸占餐点桌，以致别的客人没机会接近食物。
> （6）不要把烟灰弹到地毯上，或拿杯子当烟灰缸。

三、茶会礼仪

茶会是以茶会友的一种形式，逐渐成为朋友相聚的社交活动。现代的茶会，从着装、茶会礼仪到茶会的流程设置，精心的策划会让宾客体验到仪式感带来的轻松与美好。

（一）茶会的分类

1. 中式茶会

茶会是中国茶文化最好的展示形式，始于唐代。至宋代，宋人把插花、焚香、挂画与茶合称为"四艺"。现代的茶会多为在茶室举办，环境清新雅致，布置茶席、插花、茶点等。

茶会的流程首先会有主持人介绍今天要品饮的茶，接着有茶艺师冲泡让大家品饮，依次为：备具、赏茶、泡茶、奉茶、品茶、交流。茶会的主题，可以是茶叶的品鉴，可以是某品牌新品发布会，也可以是学术交流讲座，可边品茶边进行。

2. 日式茶会

在唐宋时期，中国茶道的发展达到了一个鼎盛的时期，吸引了不少异国他乡的游士前来学习，茶道因此传入了越来越多的国家，日本就是其中之一。根据自己的民族精神和见解，日本也开创了属于本民族的茶道，其中最出名的是"怀石料理"。

其他正式的日式茶会还有"晓茶会""朝茶会""正午茶会"等。

我们熟悉的"一期一会"也是从日本茶道精神中衍生的，"一期一会"出自江户幕府末期的大茶人井伊直弼所著的《茶汤一会集》，其寓意在于即使同主同客可反复举行茶事，也不能再出现此时此刻之事，劝诫人们应该珍惜在一起的时光。

3. 英式下午茶

十七世纪中叶，英国首次出现了"下午茶"的概念。1840 年，第七世贝德福德公爵夫人安娜·玛利亚·罗素每天都会吩咐仆人在下午 4 点备好一个盛有黄油、面包以及蛋糕的茶盘，这种茶歇很快便成了当时的社会潮流。

传统的英式下午茶一般会于下午 4 点至 6 点间供应。确切来说，这是一顿简餐，并非仅仅喝茶而已。餐点包括精致的三明治（去边面包制成的薄片黄瓜三明治是经典之选）、新鲜出炉的英式烤饼配上奶油和果酱，还有蛋糕和其他甜点。当然少不了搭配奶和糖的咖啡或茶。

（二）参加茶会的礼仪

一场茶会，有三个过程：①准备过程；②进行过程；③结束过程。三个过程也是三个阶段，每个阶段有每个阶段的礼仪。

1. 准备过程的礼仪

（1）核实邀请的主人、时间、地点、有无对服装等的要求。

（2）尽早回复对方是否出席，以表尊重。

（3）出席时间要掌握好，正点或提前五分钟到达。

（4）衣冠不求华美，但须整洁。

（5）装扮以素雅为上，口红、眼影、指甲油等淡薄，不浓妆艳抹。

（6）珠宝、钻戒首饰等最好不戴，不携宠物同行。

2. 进行过程的礼仪

（1）抵达茶会地点，先将背包、夹克、外套、帽子等放在指定地方，衣帽不加于他人衣帽上。

（2）主动向主人问好，见长者，应趋前致敬。

（3）欣赏茶会环境，茶挂、插花、摆设等。

（4）长幼有序，依次而坐。坐姿端正，轻松自如、落落大方，显得文静优雅。

（5）席间谈话礼貌。与同桌人交谈，特别是左右邻座，不要只同一两人说话。邻座如不相识，可先自我介绍。不隔席谈话，不高声喧哗扰乱视听。

（6）敬茶先长后幼，先尊后卑，先生后熟。

（7）品茶礼貌，多赞美，不挑剔茶食，杯中不留余茶。咳嗽必转身向后，以手掩口。

3．结束过程的礼仪

（1）客食未毕，主人不先起。

（2）茶会将结束。起席告辞，主人谦逊说慢待各位，客人感恩道谢。

（3）主宾退席后宾客再陆续告辞。

（4）确实有事需提前退席，应向主人说明后悄悄离去。也可事前打招呼，届时离席。

💡小提示　主办方应注意的事项

　　主办方根据茶会的目的，确定茶会的主题、规模、参与对象、时间、地点、茶会的性质、形式及经费预算。

　　在以上各方面做好之后，主办方要分工落实各项任务。发出请柬并同时注明茶会形式（室内、室外）、着装要求、来宾配合事项、茶会地点路线等。可由主办方联络组负责发通知、收回执、邀请相关人员，落实各个项目；可由主办方会务组负责落实地点、布置会场、分发资料；可由主办方生活组负责报到接待、茶水供应和相关的艺术表演。

传承发扬

以茶代酒尽礼数

　　我国饮茶文化底蕴浓厚，素有"以茶代酒"的习俗，每逢宴饮，不善饮酒或不胜酒力者，往往会端起茶，道一句"以茶代酒"，以尽礼数，既婉拒了饮酒，又不失礼节，而且极富雅意。

　　"以茶代酒"自古有之，最早的记载出现于《三国志·吴志·韦曜传》：

　　大臣韦曜博学多闻，且是孙皓父亲的老师，因此孙皓对其十分器重。孙皓嗜好饮酒，每次设宴，规定来客至少饮酒七升，不管能不能喝，都要喝到见底为止。韦曜的酒量不过两升，拒饮又不合乎礼节，于是孙皓悄悄让人把酒换成茶，让韦曜不至于因喝不下而难堪，这就是"以茶代酒"的典故。

　　如今，随着人们对饮酒观念的变化，"以茶代酒"俨然成为一种风尚，这个典故既有字面的本意，又有时代赋予其新的含义。近年来，茶的身影频频出现在饭桌上，在商务和社交场合得到灵活的运用。"以茶代酒"成为追求健康、传承文化的一种体现，让我们劝君更进一杯茶吧！

能力训练

训练目标

　　该项目训练考察学生的商务宴请礼仪运用能力。

训练情景

铂斯商贸有限公司销售部接待来自奥美公司一行 4 人，销售部杨总安排刘一佳负责中餐晚宴订餐，参加人员有杨总、杜经理、王主管、李一凡、刘一佳，对方公司有丁总监、李经理、张主管、销售员小赵，请问刘一佳安排晚宴过程中都需要考虑哪些问题?

训练内容

能力领域	技能点	名称	参考规范与标准
商务宴请礼仪训练	技能 1	宴请基本礼仪技能	（1）掌握宴请准备、宴请程序、赴宴礼仪的规范要求 （2）结合实际，演练宴请基本礼仪规范的运用
	技能 2	中餐宴请礼仪运用技能	（1）掌握席位排列、点菜礼仪、餐具使用以及酒水礼仪的规范要求 （2）结合实际，演练中餐宴请礼仪规范的运用

训练步骤

1. 以小组为单位，每组 9 ～ 10 人，每组确定一名组长。

2. 对本次的训练情景中需运用到的礼仪技能进行讨论。

3. 实际演练，模拟角色，记录礼仪技能点的具体操作规范及标准，形成《中餐宴请礼仪规范流程报告》。

4. 小组总结，在班级交流分享。

成果形式

《中餐宴请礼仪规范流程报告》

能力拓展

　　杜经理是铂斯商贸有限公司的销售部经理，一年夏天，杜经理带着新入职的销售员刘一佳，设宴招待一位来自英国的生意伙伴Linda女士及其助理。一行四人来到预定好的酒店包厢，杜经理请Linda女士入座，杜经理按照中餐座次礼仪为她安排了面门居中的位置。可Linda女士看了看那个座位并没有入座，礼貌地点了点头，其助理拉开了靠门口的一张椅子询问杜经理："Linda女士可以坐在这里吗?"杜经理忙解释主宾应该坐在尊贵的位置上，而根据中餐的礼仪，面门居中是最尊贵的位置。Linda女士听了解释后，抬头看了一眼空调又指了指自己身上的披肩笑着说："最尊贵的位置对着空调出风口，我恐怕肩膀会疼的。"

　　议一议：请问在实际宴会座次安排中尊位应考虑哪些因素?

知识图谱

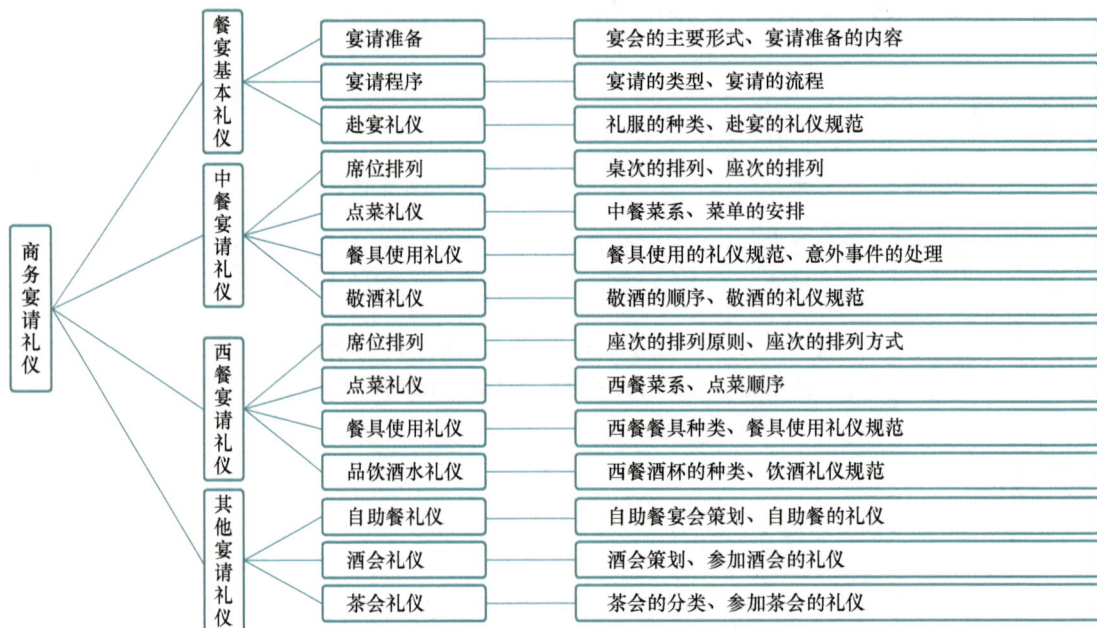

单元练习

一、填空题

1. 宴会的主要形式有_____、_____、_____、_____。

2. 我国的国宴菜是以_____为基准，汇集各地方菜系的特色，整理、改良而成。

3. 中餐桌次的排列原则是_____、_____、_____、_____。

4. _____是日式茶会中最正式的茶会类型。

5. 西餐中鱼类配_____酒，烤肉常用_____酒相配。

二、判断题

1. 凡正式宴会，一般都事先为每个赴宴者安排好桌次和座次，并通知到每个人。（　　）

2. 西餐宴会的上菜顺序与点菜顺序一致。（　　）

3. 参加鸡尾酒会，宾客可以晚来早走，不受时间约束。（　　）

4. 中餐宴会的主宾在主人的右手边就座。（　　）

5. 西餐的刀叉使用为左手刀，右手叉。（　　）

三、简答题

1. 简述宴请的类型。
2. 简述西餐宴会的上菜顺序。
3. 简述赴宴的礼仪规范。
4. 简述西餐座次的排列原则。
5. 简述吃自助餐的礼仪规范。

四、案例分析

刘一佳受邀参加惠景公司举办的一场西餐答谢晚宴，她按照宴请请柬上的要求穿着及膝的礼服裙提前五分钟到达了美豪酒店。等电梯时碰上了好友子珊，子珊开心地拉住小刘的手："一佳，今天穿得真漂亮，上次的项目多亏你的帮助啊，对了你是来参加惠景晚宴的吗？""是啊。""那太好了，一会儿我们坐一起。"两人到了晚宴现场，发现两人的位置就隔了一个座位，于是调换了席位卡，两个好朋友坐在了一起有说有笑。

晚宴开始了，刘一佳拿起叉子叉了一块面包到自己盘子里，然后用刀切起面包来，"嗯，这面包不错。"示意子珊尝尝。

副菜是法式鹅肝，小刘尝了一下不喜欢吃，一会儿大家的副菜空盘都被撤下了，上了主菜，而小刘的主菜还没有上，于是小刘招呼服务人员撤下了法式鹅肝。

小刘拿起刀叉先把整个牛排切成小块，然后用叉子叉着吃起来。两人一边喝着红酒一边自拍合影发朋友圈，玩得不亦乐乎。

晚宴接近尾声，小刘忙着回复朋友圈的评论，看到杜经理的一条评论：小刘，这次晚宴一定又结识了不少人脉吧？小刘才想起来还没有跟参加晚宴的其他客人打招呼呢！

问题：请分析刘一佳在晚宴中有哪些失误？

分析提示：

1. 西餐宴会的出席人数一般为双数，男女各半，座位安排遵循交叉排列的原则，男士女士间隔排列，刘一佳和子珊同为女士应该中间坐一位男士，而两人调换了席位卡是不恰当的。

2. 面包不能用刀叉切开，应该用手撕下一口的量，用黄油刀涂上黄油后进食。

3. 吃牛排应该右手持刀，左手持叉，用叉子固定牛排，用刀按照一个方向，从上向下切，切一块吃一块，不应把所有的肉都切成块再食用。

4. 西餐上菜的节奏是根据客人进食速度进行的，如果客人没有吃完上一道菜就不能上下一道菜，而客人把刀叉并排摆放就意味着这一道菜不再食用可以上下一道菜了。刘一佳的法式鹅肝没有吃完，又没有用餐具示意，所以服务人员没有给她上主菜。

5. 参加商务宴会的主要目的是进行商务社交，刘一佳忙于发朋友圈而忽略了与商务伙伴的交流机会，十分可惜。

06 模块六 商务活动礼仪

学习目标

知识目标

1. 认识商务活动礼仪的重要性。

2. 了解商务活动礼仪的分类以及主要内容等陈述性知识。

3. 掌握商务谈判礼仪、商务会议礼仪、商务仪式礼仪以及公共活动礼仪的规范要求。

能力目标

1. 能正确运用商务谈判礼仪规范进行商务谈判中的迎送、会见、谈判以及签约活动。

2. 能正确运用商务会议礼仪规范准备以及参加商务活动礼仪中的常见会议、新闻发布会以及展览会。

3. 能正确运用商务仪式礼仪准备以及参加开业、剪彩、颁奖等活动。

4. 能正确运用参观、舞会、观演、观赛等公共活动礼仪。

素质目标

1. 通过商务活动礼仪的训练,培养学生在商务活动情景中分析问题、决策设计的能力。

2. 通过系列技能操作的训练,强化相关职业道德教育,促进健全职业人格的塑造。

《周礼》中的"五礼"

早在西周时期，中国传统礼仪文化就已十分完备，其礼仪制度《周礼》被后世奉为"古制"，延续了几千年。

《周礼》中对礼法、礼仪做了权威的记载和解释，并制定了礼仪制度的基本结构，将"礼"划分为五类，称为"五礼"。《隋书·礼仪志一》记载："以吉礼敬鬼神，以凶礼哀邦国，以宾礼亲宾客，以军礼诛不虔，以嘉礼合姻好，谓之五礼。"后世修订礼典，大体都依：吉、凶、军、宾、嘉五礼为纲，对历代礼制有着深远的影响。

吉礼是指对先祖与各种神祇的祭祀。主要有祭天地、祭日月星辰、祭先祖、祭先王、祭社稷、祭宗庙等礼仪活动。

凶礼是指丧葬，即有关哀悯、吊唁、忧患的典礼。丧礼仪式包括停尸仪式、报丧仪式、招魂仪式、送魂仪式、做"七"仪式、吊唁仪式、入殓仪式、丧服仪式、出丧择日仪式、哭丧仪式、下葬仪式等。

军礼即有关军事活动的礼仪，军礼分为大师之礼、大均之礼、大田之礼、大役之礼、大封之礼、征战之礼、校阅之礼等。

宾礼即为天子接见诸侯、宾客，以及各诸侯国之间相互交往时的礼仪。随着发展，将皇帝遣使藩邦，外来使者朝贡、觐见及相见之礼等都归入宾礼。

嘉礼为古代礼仪中内容最丰富的部分，上至王位承袭，下至乡饮酒礼，婚冠、贺庆等无所不包，其最主要的内容有饮食之礼、婚冠之礼、宾射之礼、飨燕之礼、脤膰之礼、贺庆之礼、即位改元礼等。嘉礼旨在规范秩序与导正人心。

从古至今，随着时代的变迁，很多礼仪都已废除，但是也有很多礼仪经过演变成为现代礼仪的重要组成部分，影响着我们的日常生活，也彰显着源远流长的中华礼仪文化。

小李的颁奖

李一凡入职铂斯商贸有限公司一年了，因为他努力的工作态度和快速提升的工作业绩，被评为公司的"年度十佳员工"。在公司年会上将举行颁奖仪式，李一凡第一次接受如此隆重的嘉奖，自然是非常重视，激动的心情难以言表。颁奖仪式当天，李一凡在后台等待时特别紧张，一直在整理自己的领带和头发，生怕不够完美。到了"年度十佳员工"的颁奖环节，李一凡与其他获奖者一起走上了台，他怕自己站的位置不正，一直在看左右两边的距离。颁奖领导上台了，站在他面前的正好是公司的总裁。李一凡兴奋、热情地伸出手主动握住总裁的手，猛力地摇动，并不停地说："谢谢！谢谢！"总裁礼貌地回应说："祝贺！祝贺！"颁奖嘉宾颁完奖之后，其他获奖者都主动为颁奖嘉宾空出位置合影留念，李一凡还在握着总裁的手表达对总裁的崇拜和感谢，直到主持人提醒请获奖者和颁奖嘉宾合影留念，李一凡才感觉到自己的失态。

在商务交往中，常见的商务活动有商务谈判、商务会议、商务仪式以及公共活动，出席这些商务活动都有其规范的礼仪要求，是商务交往的双方加强交流，体现尊重以及增进联络的重要形式，是展示公司和个人形象的重要商务场合，在商务礼仪中有重要地位。

单元一　商务谈判礼仪

商务谈判礼仪是礼仪在商业活动中的具体体现。商务谈判，特别是对外谈判，由于本身的商业性、涉外性和正规性，对礼仪方面有着一些特殊的要求。

一、会见礼仪

1. 提出会见要求

应将要求会见人的姓名、职务以及会见什么人、会见的目的告知对方。接见一方应尽早给予回复，约妥时间。如果因故不能接见，应给予解释。

2. 会见通知

作为接见一方的安排者，应主动将会见时间、地点、主方出席人、具体安排及有关注意事项通知对方。作为前往会见一方的安排者，则应主动了解上述情况，并通知有关的出席人员。

3. 座位安排

通常将客人安排在主人的右侧，译员或记录员安排在主人和主宾的后面，其他人员按来宾次序分别在主宾一侧就座。主方陪同人员在主人一侧就座。如果座位不够可在后排加座。双方人员的排序由双方按照每个人的职务、地位、本次会见的内容等综合排定（如图6-1所示）。

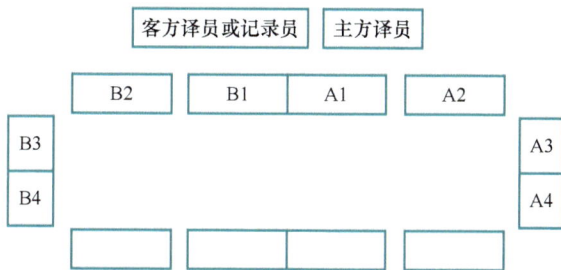

图 6-1　会见座位安排（A 为主方，B 为客方）

4. 迎接礼仪

客人到达时，主人在门口迎候。可以在大楼正门口，也可以在会客厅门口迎候。如果主人不到大楼正门口迎候，则应由工作人员代为迎接，将客人引入会客厅。如果有合影要求，宜安排在宾主握手之后，合影后再入座。

5. 合影礼仪

如果有合影要求，应事先排好合影图，人数众多应准备架子。合影图一般由主人居中，按礼宾次序，以主人右手为上，主客双方间隔排列。第一排人员既要考虑人员身份，也要考虑场地大小，即能否都摄入镜头。一般来说，队伍两端均由主方人员把边。

6. 介绍礼仪

在与来宾见面时，通常有两种介绍方式，一是由第三者介绍，二是自我介绍。自我介绍适用于人数多、分散活动而无人代为介绍的时候。自我介绍时应先将自己的姓名、职务告诉客人。主客双方见面时，按通常礼仪，应先把主人介绍给客人，然后把客人介绍给主人，介绍顺序以职务的高低为先后。

7. 送别礼仪

会见结束时，主人应将客人送至车前或在门口握别，目送客人离去后再回室内。

二、谈判礼仪

谈判是指不同的经济实体各方为了自身的经济利益和满足对方的需要，通过沟通、协商、妥协、合作等方式，把可能的商机确定下来的活动过程。

（一）谈判的分类

在正式谈判中，具体谈判地点的确定很有讲究。它不仅直接关系到谈判的最终结果，而且还直接涉及礼仪的应用问题。具体而言，它又与谈判的分类、操作的细则这两个问题有关。

按照谈判地点的不同进行划分，谈判可分为以下四类。

1. 主座谈判

所谓主座谈判，指的是在东道主单位所在地举行的谈判。这种谈判使东道主一方拥有较大的主动性。

2. 客座谈判

所谓客座谈判，指的是在谈判对象单位所在地举行的谈判。这种谈判使谈判对象一方拥有较大的主动性。

3. 主客座谈判

所谓主客座谈判，指的是在谈判双方单位所在地轮流举行的谈判。这种谈判对谈判双方都比较公正。

4. 第三地谈判

所谓第三地谈判，指的是谈判在不属于谈判双方所在单位所在地的第三地点进行。这种谈判较主客座谈判更为公平，干扰更少。

显而易见，上述四类谈判对谈判双方的利与弊不尽相同，因此各方均会主动争取有利于己方的选择。

（二）谈判礼仪的原则

1. 知己知彼的原则

知己，就是指要对自己的优势与劣势非常清楚，知道自己需要准备的资料、数据和要达到的目的以及自己的退路在哪儿。

知彼，就是通过各种方法了解谈判对手的礼仪习惯、谈判风格和谈判经历，切记不要违犯对方的禁忌。

2. 互惠互利的原则

商界人士在准备进行商务谈判时，以及在谈判过程中，在不损害自身利益的前提下，应当尽可能地替谈判对手着想，主动为对方保留一定的利益。

3. 平等协商的原则

谈判是智慧的较量，谈判桌上，唯有合理运用确凿的事实、准确的数据、严密的逻辑和艺术的手段，才能将谈判引向自己所期望的结果。以理服人、不盛气凌人是谈判中必须遵循的原则。

4. 人与事分开的原则

在谈判会上，谈判者在处理己方与对手之间的相互关系时，必须做到人与事分别而论。如需要进行谈判的一方是自己的朋友，要切记朋友归朋友、谈判归谈判，二者之间的界限不能混淆。

5. 求同存异的原则

商务谈判要使谈判各方面都有收获，大家都是胜利者，就必须坚持求大同存小异的原则，就是要注意在各种礼仪细节问题上，多多包涵对方，一旦发生不愉快的事情也以宽容之心为宜。

6. 礼敬对手的原则

礼敬对手，就是要求谈判者在谈判整个进程中，要排除一切干扰，时时、处处、事事始终如一地对对手表现出不失真诚的敬意。

★ 案例 6-1　电梯里泄露的秘密

惠景公司要向铂斯商贸有限公司订购一套特色工艺品，铂斯商贸有限公司的杜经理带刘一佳前往与对方谈判合同价格。为了了解对手，杜经理做了充分的准备工作，查找了大量有关该工艺品的成交资料，同时详细了解了惠景公司的业务方向，在临行前的团队会议上确定了合同价格底线。

根据约定，双方的谈判在不属于谈判双方所在单位之外的财富大厦进行。杜经理和小刘到了财富大厦，走进电梯，杜经理用眼角的余光看了一下电梯里的另外几个人，这时其中一位穿着西装戴着黑框眼镜的男士的电话响了，只听他接起了电话回复："好的，知道了，我已经到了，今天肯定定下来。"杜经理微笑着听着，两人走出电梯来到谈判会议室，坐定后发现对方谈判团队中的一人就是刚才电梯里接电话的男士——惠景公司的总经理助理王总助，双方握手对视时杜经理捕捉到王总助一丝闪躲的眼神。

在接下来的谈判中杜经理咬住价格不让步，王总助说："我们非常有诚意地来谈判，但是这个报价如果不能让步，我们没法继续谈下去了。"说完走出了会议室。刘一佳在一旁疑惑地看了看杜经理，心想："杜经理的报价超出了公司制定底价的20%，为什么杜经理不肯再让步呢？"杜经理望着走廊里来回踱步打着电话的王总助，微笑着对刘一佳说："小刘，看来我们今天谈不成了，我们也准备走了。"这时王总助又回到了谈判桌上，再次要求降价，杜经理委婉地说："要不今天的谈判就先到这里吧，我们还是需要回去向上级汇报再重新报价。见杜经理要走，王总助不得已又进行让步。"结果不出所料当天最后惠景公司以杜经理的报价签署了购货合同。

（三）座次排列

举行正式谈判时，有关各方在谈判现场具体就座的位次，要求是非常严格的，礼仪性是很强的。从总体上讲，排列正式谈判的座次，可分为双边谈判和多边谈判两种基本情况。

1. 双边谈判

双边谈判指的是由两方人士共同举行的谈判。在一般性的谈判中，双边谈判最为多见。双边谈判的座次排列，主要有两种形式可供选择。

（1）横桌式。横桌式座次排列，是指谈判桌在谈判室内横放，客方人员面门而坐，主方人员背门而坐。除双方主谈者居中就座外，两方的其他人士则应依其具体身份的高低，以中为上，以右为尊，自高而低地分别在己方一侧就座（如图6-2所示）。

（2）竖桌式。竖桌式座次排列，是指谈判桌在谈判室内竖放。具体排位时以进门时的方向为准，右侧由客方人士就座，左侧则由主方人士就座（如图6-3所示）。在其他方面，则与横桌式座次排列相仿。

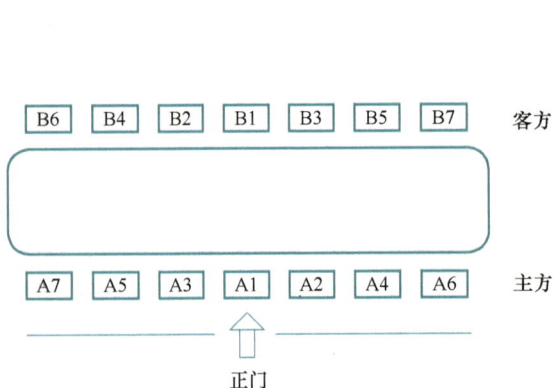

图6-2 双边谈判的横桌式座次排列

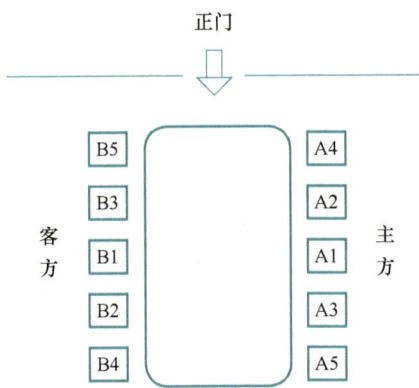

图6-3 双边谈判的竖桌式座次排列

2. 多边谈判

多边谈判，是指由三方或三方以上人士共同举行的谈判。多边谈判的座次排列，主要也可分为两种形式。

（1）自由式。自由式座次排列，即各方人士在谈判时自由就座，而无须事先正式安排座次。

（2）主席式。主席式座次排列，是指在谈判室内面向正门设置一个主席位，由各方代表发言时使用。其他各方人士，则一律背对正门、面对主席位分别就座。各方代表发言后，亦须下台就座。

💡 **小提示　谈判有风度**

> 参加谈判前，应认真修饰个人仪表，着装简约、庄重，发型端庄、雅致，男士应剃须，女士化妆应当淡雅清新，自然大方，不可以浓妆艳抹。
>
> 在整个谈判进行期间，每一位谈判者都应当自觉保持风度。具体来说，在谈判桌上保持风度，应当主要兼顾以下两个方面。
>
> （1）心平气和。在谈判桌上，每一位成功的谈判者均应做到心平气和，处变不惊，不急不躁，冷静处事。既不惹怒谈判对手，也不会让自己生气。在谈判中始终保持心平气和，是任何一名高明的谈判者所应保持的风度。
>
> （2）争取双赢。谈判往往是一种利益之争，因此谈判各方无不希望在谈判中最大限度地维护或者争取自身的利益。然而从本质上讲，真正成功的谈判，应当以适当妥协即有关各方的相互让步为结局最佳。这也就是说，谈判不应当以"你死我活"为目标，而是应当使有关各方互利互惠，互有所得，实现双赢。在谈判中，只注意争利而不懂得适当地让利于人，或只顾己方目标的实现，而让对方一无所得，是没有风度的表现，也不会真正赢得谈判的。

三、签约礼仪

签约礼仪通常是指订立合同、协议的各方在合同、协议正式签署时举行的正式仪式。举行签约仪式，不仅是对谈判成果的一种公开化、固定化，也是有关各方对自己履行合同、协议所做出的一种正式承诺。

（一）签约的程序

1. 宣布开始

有关各方人员应先后步入签字厅，签字人员入座，其他人员分主方和客方按照身份顺序排列于各方的签字人员座位之后。双方的助签人员分别站立在各自签字人员的外侧，协助翻揭文本及指明签字处。

2. 签署文件

签署文件通常的做法是签署应由己方所保存的文本，然后再签署应由他方所保存的文本。

依照礼仪规范，每一位签字人员在己方所保留的文本上签字时，应当自己的名字名列首位。因此，每一位签字人员均须首先签署由己方所保存的文本，然后再交由他方签字人签署。此种做法通常称为"轮换制"。它的含义是：在文本签名的具体排列顺序上，应轮流使有关各方均有机会居于首位一次，以示各方完全平等。

3. 交换文本

在签完己方所保存的文本后，由助签人员互相传递文本，再在对方保存的文本上签字，然后由双方签字人员交换文本，相互握手，并互换方才用过的签字笔，以作纪念。全场人员应热烈鼓掌，以表示祝贺之意。

4. 举杯庆贺

有关各方人员一般应在交换文本后当场饮上一杯香槟酒，并与相关人士一一碰杯。这是国际上通行的增加签字仪式喜庆色彩的一种常规性做法。

5. 有序退场

签约仪式完毕后，先请双方最高领导者退场，然后请客方退场，主方最后退场。整个仪式以半小时为宜。

（二）座次排列

举行签约仪式最重要的礼仪当属举行签约仪式时座次的排列方式问题，一般而言，举行签约仪式时，座次排列的具体方式共有三种基本形式，它们分别适用于不同的具体情况。

1. 并列式

并列式座次排列，是举行双边签约仪式时最常见的形式。它的基本做法是：签字桌在室内面门横放，双方出席仪式的全体人员在签字桌之后并排排列，双方签字人员居中面门而坐，客方居右，主方居左（如图6-4所示）。签字桌摆放各自的文本，文本上端分别放置签字的工具。如果是国家间的签约，签字桌中央摆放一个悬挂双方各自国家国旗的旗架。

2. 相对式

相对式座次排列与并列式基本相同。二者之间的主要差别，只是相对式将双方参加签约仪式的随员席移至签字人的对面（如图6-5所示）。

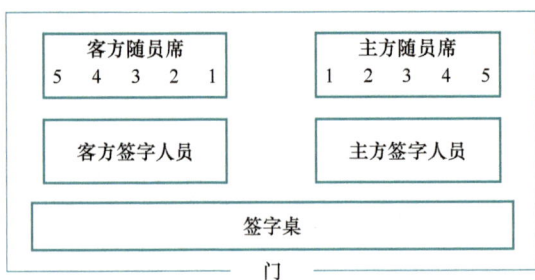

图 6-4　并列式签字位　　　　图 6-5　相对式签字排位

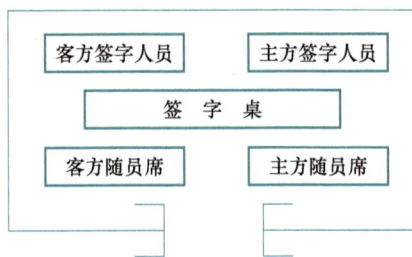

3. 主席式

主席式座次排列主要适用于多边签约仪式。其操作特点是：签字桌仍须在室内面门横放，签字席仍须设在桌后面对正门，但只设一个，并且不固定其就座者。举行仪式时，所有各方人员，包括签字人员在内，皆应背对正门、面向签字席就座。签字时，各方签字人员应以规定的先后顺序依次走上签字席就座签字，然后即应退回原处就座。

单元二 商务会议礼仪

会议是有组织有领导地商议事情的一种活动，有效的会议是提高管理工作效率的重要辅助手段，是商务活动的重要组成部分。

一、常见会议礼仪

★案例 6-2 **摆错的名签**

铂斯商贸有限公司年度销售工作总结大会召开在即，前一天李一凡和业务部门的同事一起布置会场，最后在摆放名签时，杜经理特意嘱咐小李："名签摆放应左大右小。"小李自以为明白了，先将董事长的名签放在主席台的中间位置，然后依次是总经理、副总经理分别列其左右。不过小李摆放名签时，是面对着主席台的，这样一来左右位置刚好颠倒过来了。

第二天会议按时召开，就座时，总经理也没看主席台上的台签，习惯性地坐到了董事长的左侧。坐下后总经理发现面前的台签上写的不是自己的名字，他自我解嘲地笑着起身和副总经理换了位置，似乎并没在意。但坐在台下的小李却浑身不自在，特别是看到杜经理投来的埋怨眼神时，他心里真是懊悔不已。

（一）会议的程序

1. 会议筹备

（1）确定接待规格。根据会议的种类、参加会议的主要领导人的身份来确定会议的接待规格。

（2）发放会议通知。写明会议时间、地点、主题、参会要求等。

（3）选择会场。根据接待规格和参会人数选择会场。

（4）会场布置。装饰布置、座次安排、主席台布置。

（5）准备会议资料。装订整齐并用文件袋装好。

2. 接待服务

（1）签到。签字台备好签到簿，接待人员双手递签字笔、发放资料。

（2）引座。接待人员将客人引入会场就座，重要领导引入休息室。

（3）送茶。及时递茶送水，双手奉茶，茶杯放在与会者右手处，续水时，注意不要淋湿桌上的文件，茶水倒至八分满。

3. 会后工作

（1）宴请。根据餐饮礼仪排好菜单、定好形式、排定座次。

（2）演出。观看文艺节目，一般以第七、八排座位为最佳。观看电影则是第十五排座位前后为好。专场演出要把贵宾席留给主人和主要客人，其他客人可排座位，也可自由出入。

（3）参观游览。结合来访目的、客人意愿和兴趣、来宾是否参观过进行安排。项目确定之后，应列出详细计划，例如先看什么、后看什么，在哪儿停车、在哪儿介绍、在哪儿上卫生间、在哪儿上车，以及中间如何引导、如何衔接、由何人介绍情况等，都要向接待单位交代清楚。

（4）送别。工作人员应根据情况安排车辆把客人送到车站、码头或机场，待客人登上车、船、飞机，与客人告别后方可离去。

（二）座次排列

1. 主席台会议

当主席台人数较多时，可设立一排以上的主席台，领导分排就座。以面向台下来看，当主席台人数为单数时，1号人员居中，2号人员在1号人员左手位置，3号人员在1号人员右手位置，以此类推。当主席台人数为双数时，1号人员在中心点偏右的位置，2号人员在中心点偏左的位置，即1号、2号人员之间的中心点即为主席台的中心点，3号人员在1号人员右手位置，4号人员在2号人员左手位置，以此类推（如图6-6所示）。

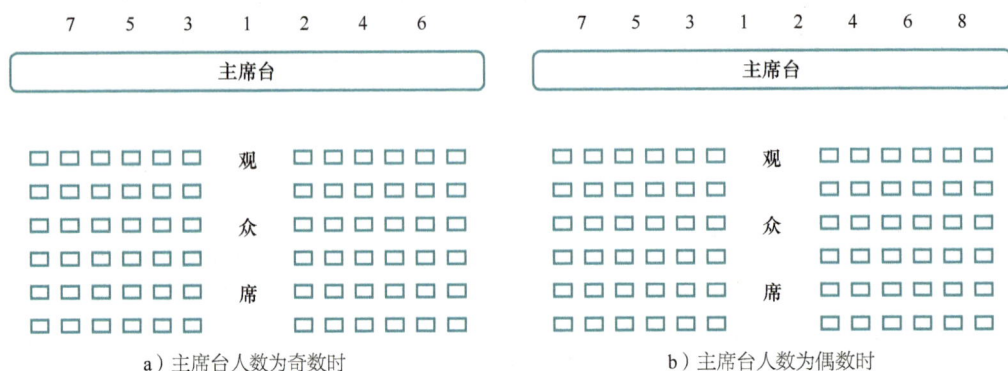

图 6-6 会议主席台座次安排

有发言安排的要准备"发言席"席卡，会前摆放到位。发言前5分钟，要请发言人员到达主席台后面靠近发言台的一侧，准备发言，发言后回到自己的座位上。

2. 双边会谈

双边会谈通常用长方形桌子，宾主相对而坐，以正门为准，主人坐背门一侧，客人坐面门一侧，主谈人居中。如果会谈长桌一端向正门，则以入门的方向为准，右为客方，左为主方。记录员可安排在后面，当会谈人员较少时，记录员也可安排在会谈桌上就座。双方人员的排序也由双方按照每个人的职务、地位、本次会见的内容等综合排定。小范围的会谈，也可不用长桌，只设沙发，双方座位按会见座位安排。

二、新闻发布会礼仪

新闻发布会，简称发布会，也称记者招待会，是专门为记者组织的会议，是企业为公布与解释重大事项而公开举行的会议。新闻发布会礼仪，一般是指有关新闻发布会的礼仪规范。

（一）新闻发布会的准备

1. 主题的确定

确定主题就是要明确为什么举行新闻发布会，想要达到何种目的。新闻发布会主题确定得是否得当，直接关系到企业的预期目标能否实现。发布会的主题一定要有新闻价值，否则无法引起记者的兴趣。同时，发布会主题应集中、单一，不能同时发布几个不相关的信息。

2. 时空的选择

发布会要选择恰当的时机召开，尽量避开重大节日和社会活动，避免与新闻宣传报道的重点"撞车"。发布会的地点一般可在企业内或较有名气的酒店、会议厅等举行。若希望造成全国性影响，则可在首都或某大城市著名酒店、会议厅举行。

3. 媒体的邀请

根据发布会的主题，有选择地邀请相关记者参加，要充分考虑新闻的地域（全国、地方）和形式（网络、报纸、杂志、广播、电视）等因素。邀请对象确定后，要提前一周送请柬，会前一两天通过电话落实。

4. 人员的安排

记者大都见多识广，加之又是有备而来，因此在发布会上大都会提出一些尖锐而棘手的问题，这对会议的主持人和发言人都提出了很高的要求，基本条件是：见多识广、思维敏捷、反应灵敏、口齿伶俐，善于把握大局，有现场调控能力。主持人大都由主办单位的公关部部长担任，新闻发言人一般由企业高级领导人来担任。

5. 材料的准备

根据会议主题，全面收集有关资料，针对记者可能提出的问题，写出通俗、准确、生动的书面发言稿供新闻发言人参考。另外，应事先归纳出宣传内容的要点和背景，整理成详细的资料，即报道提纲。同时可准备一些与会议主题有关的图片、实物、影像等辅助资料。材料要编写得系统、简洁。

6. 会场的布置

要提前布置会场，调试好灯光、音响设备等，以保证记者工作的方便。

（二）新闻发布会礼仪规范

1. 主持人与发言人礼仪

在新闻发布会上，代表企业出场的主持人、新闻发言人，被媒体视为企业的化身和代言人。

按照正式场合仪容仪表的要求，主持人、新闻发言人要进行必要的化妆，并且以化淡妆为主。发型应当庄重而大方，男士穿深色西装、白色衬衫、黑袜黑鞋、打领带，女士则宜穿单色套裙、长筒肉色丝袜、高跟皮鞋。服装必须干净、挺括，一般不宜佩戴首饰。

在面对记者时，主持人、新闻发言人要举止自然大方，面含微笑，目光炯炯、坐姿或站姿端正。

发言时，要简明扼要、条理清楚、重点集中，语言要生动、自然、准确，谈吐轻松，咬字清晰。不要卖弄口才、口若悬河、啰唆冗长。

2. 工作人员礼仪

一般工作人员的着装是制服，迎宾员按照礼仪接待人员的要求着装。工作人员在发布会上要坚守岗位、尽职尽责。举止要大方得体，语言要文明礼貌，态度要热情周到。

三、展览会礼仪

展览会是一种以实物、模型、文字、图表、影像资料等方式来展示成果、树立形象的商务宣传性活动。它是企业重要的公共关系活动之一，也是一种常见的营销活动。展览会礼仪，通常是指商界单位在组织、参加展览会时，所应当遵循的规范与惯例。

（一）展览会的组织

一般的展览会，既可以由参展单位自行组织，也可以由社会专门机构组织。不论组织者由谁来担任，都必须精心组织，力求使展览会取得完美的效果。

1. 明确展览主题

任何一个展览会都有一个鲜明的主题和特定的目的。只有主题明确，才能对所有展品进行有机排列，充分展示展品的风采。否则，主题不明，杂乱无章，势必影响展览的效果。

2. 确定参展单位

一旦决定举办展览会，邀请什么单位来参加是非常重要的。在具体考虑参展单位的时候，必须注意"两厢情愿"，不得勉强。邀请或召集参展单位的主要方式为：刊登广告、寄发邀请函、召开新闻发布会等。不管是采用何种方式，均应明确展览会的宗旨、展出的主要题目、参展单位的范围与条件、举办展览会的时间与地点、报名参展的具体时间与地点、咨询有关问题的联络方法、参展单位应负担的基本费用等。对于报名参展的单位，主办单位应根据展览会的主题和具体条件进行必要的审核，切勿良莠不分，来者不拒。

3. 宣传展览内容

为了引起社会各界对展览会的重视，扩大影响，主办单位有必要对其进行大力宣传。宣传的重点应当是展览的内容，即展览会的展示陈列之物。宣传的形式多种多样，如举办新闻发布会、公开刊发广告、张贴有关展览会的宣传画；在展览会现场散发宣传材料和纪念品；在举办地悬挂彩旗、彩带或横幅等。在进行具体形式选择时，可只择其一，亦可多种方式并用。但一定要量力行事，并且要严守法纪，注意安全。

4. 布置展览现场

展览会布展的基本要求是让各种展品围绕既定主题，合理搭配、互相衬托、相得益彰，使之在整体上井然有序、浑然一体。具体包括展位的合理分配，文字、图表、模型与实物的拼装，灯光、音响、饰件的安装，展板、展台、展厅的设计与装潢等。

（二）展览会的礼仪规范

1. 维护整体形象

参展单位的整体形象，主要由展示之物的形象与工作人员的形象两个部分构成。二者同等重要，不可偏废其一。

（1）展示之物的形象。主要由展品的外观、质量、陈列、布置、发放的资料等构成。用作展览的展品，外观上要力求完美无缺，质量上要优中选优，陈列上要既整齐美观又讲究主次，布置上要兼顾突出主题与吸引观众注意力。而在展览会上向观众直接散发的有关资料，则要印刷精美、图文并茂、资讯丰富，并且注有参展单位的主要联络方法。

（2）工作人员的形象。主要是指在展览会上直接代表参展单位露面的人员的穿着打扮。在一般情况下，要求统一着装。最佳的选择，是身穿本单位的制服，或者是穿深色的西装和套裙，同时佩戴标明本人单位、职务、姓名的胸卡。在大型展览会上，参展单位若安排专人迎送宾客时，女士最好身穿色彩鲜艳的单色旗袍，胸披写有参展单位或其主打展品名称的大红绶带。

2. 注意待人有礼

在展览会上，参展单位的工作人员必须意识到观众是自己的上帝，为其热情而竭诚地服务是自己的天职。

（1）迎宾。展览一旦正式开始，全体参展单位的工作人员应各就各位，站立迎宾。不允许在观众到来之时静坐不起，怠慢对方。

（2）问候。当观众走近自己的展位时，工作人员要面含微笑，主动问候："您好！欢迎光临！"并用手势示意，向对方说："请您参观。"

（3）参观。当观众在本单位的展位上参观时，工作人员可随行其后，以备对方向自己咨询；也可以请其自便，不加干扰。对于观众提出的问题，工作人员要认真回答，不允许置之不理，或以不礼貌的言行对待对方。

（4）送客。当观众离去时，工作人员应当真诚地向对方欠身施礼，并道以"谢谢光临！"或是"再见！"

3. 善用解说技巧

展览会上，解说人员的解说词要灵活多变，即解说既要具有针对性，又要突出自己展品的特色。在实事求是的前提下，要注意对相关内容扬长避短。在必要时，还可邀请观众亲自动手操作，或由工作人员对其进行现场示范。

单元三　商务仪式礼仪

在商务活动中，经常会举行各种商业仪式，仪式在商务礼仪中占有重要地位，关系到企业的公众形象，安排好这些仪式有助于商务活动的顺利开展。

一、开业典礼礼仪

开业典礼是各类公司、商场、酒店等在成立或开张时，为表示庆贺或纪念，按照一定程序隆重举行的专门仪式。它是企业对社会公众的第一次"亮相"，借此可树立形象、扩大影响，招徕顾客。开业典礼的礼仪，一般指在开业典礼的准备与运作的具体过程中应当遵从的礼仪惯例。

（一）开业典礼的准备

开业典礼的基本要求是热烈、欢快、隆重。一般来说，开业典礼的内容安排主要包括舆论宣传、邀请来宾、布置现场、接待服务、礼品馈赠等方面的工作、遵循热烈、节俭、慎密三条原则。

1. 舆论宣传

举办开业典礼的主旨在于塑造企业的良好形象。因此，就要对其进行舆论宣传。企业可运用大众传播媒介进行集中性的广告宣传，或在告示栏中张贴开业告示，以吸引社会各界对企业的关注，争取社会公众对企业的认可或接受。

广告或告示的内容一般包括开业典礼举行的日期、地点、企业的经营范围及特色、开业的优惠情况等。开业广告或告示一般宜在开业前的 3～5 天内发布。企业还可邀请一些媒体记者，在开业典礼举行时到现场采访、报道，予以正面宣传。

2. 邀请来宾

开业典礼影响的大小，往往取决于来宾身份的高低和数量的多少。一般来讲，参加开业典礼的人士包括：上级领导、社会名流、新闻界人士、同行业企业代表、社区负责人等。

为了体现对来宾的尊重，请柬应认真书写，并装入精美的信封，派人提前送达，亦可通过邮局邮寄。给有名望的人士或主要领导的请柬可由企业主要负责人登门邀请，以示诚恳和尊重。请柬的发放应及时，席位的安排要讲究（一般按身份与职务高低确定主席台座次及贵宾席位），迎宾车辆要备好等。

3. 布置现场

开业典礼场地多选在开业现场正门外的广场或是正门内的大厅。根据惯例，举行开业典礼时，主宾一律站立，故一般不设主席台或座椅，可在来宾站立处铺设红色地毯。仪式现场四周悬挂横幅、标语、气球、彩带等；在醒目处摆放来宾赠送的花篮、牌匾；在适当位置放好签到簿、本企业的宣传材料、待客的餐食等。此外，已备好的音响、照明设备也应一一认真检查、调试。

4. 接待服务

在举行开业典礼的现场，一定要有专人负责来宾的接待服务工作。年轻、精干、五官端正的男女青年负责一般来宾的迎送、引导、陪同、招待等；来访贵宾则需本企业的主要负责人亲自出面接待。

5. 礼品馈赠

举行开业典礼赠予来宾的礼品，一般属于宣传性传播媒介的范畴。可选用本企业产品，或带有组织标志、广告用语、产品图案及开业日期的文具和其他日常用品。那些与众不同、具有本企业鲜明特色并体现对来宾的尊重和关心的纪念品会受到来宾的青睐。

（二）开业典礼礼仪规范

开业典礼活动所用的时间不长，但事关重大，所以对开业典礼的程序安排要求很严格，一般由以下几项组成。

1. 迎宾

接待人员仪容整洁、着装规范统一，在会场门口接待来宾，请其签到，引导其就座。若不设座位，则应告诉来宾其所在的具体位置。

2. 典礼开始

出席本企业开业典礼的人员应严格遵守时间，不得迟到、无故缺席或中途退场。开业典礼应准时开始与结束，以向社会证明本企业是言而有信的。

主持人宣布开业典礼正式开始后，全体起立（不设座位站立时，应立正），奏乐，宣读重要嘉宾名单。

3. 致辞

由企业负责人致辞，主要是向来宾及祝贺单位表示感谢，并简要介绍本单位的经营特色和经营目标等。

4. 致贺词

由上级领导和来宾代表致贺词，主要表达对开业企业的祝贺，并寄予厚望。对外来的贺电、贺信等不必一一宣读，但对其署名的单位或个人应予以公布。

5. 揭牌

由上级领导或嘉宾代表和本单位负责人揭去盖在牌匾上的红布，宣告企业正式成立。在场全体人员在音乐声中热烈鼓掌祝贺。

6. 参观

引导来宾参观，介绍本单位的主要设施、特色商品及经营策略等。

7. 迎客

揭牌后，会有大批消费者随出席开业典礼的来宾一道进入公司或商场。可采取让利销售或赠送纪念品的方式吸引消费者，也可选择一些有代表性的消费者参加座谈，虚心听取消费者的意见，拉近与消费者的距离。

8．结束

如有必要，可安排来宾就餐、看文艺节目等。总之，开业典礼的整个过程要紧凑、简洁，整个开业程序可视具体情况有所增减，避免时间过长，内容杂乱，使来宾产生不快。

💡 **小提示　宾客礼仪**

（1）准时到场。一般来说，可提前半小时左右到场。对于主办单位而言，来宾过早来或迟到都会造成不便。若有特殊情况不能到场，应尽早通知主办单位，不要辜负主人的一番好意。

（2）赠送贺礼。来宾参加开业典礼，一般会送些贺礼（如花篮、镜匾、楹联等）以表示对开业方的祝贺，并在贺礼上写明庆贺对象、庆贺缘由、贺词及祝贺单位。

（3）礼貌祝贺。见到主人应向其表示恭贺，多说顺利、发财、兴旺等吉利话。

（4）贺词简明。贺词要简明精练。致贺词时，不可随意发挥、拖延时间，注意文明用语，少用含义不明的手势。

（5）认真听讲。主人讲话时，应认真听讲，表示赞同、点头或鼓掌。不可无休止地和左右来宾讲话，或闭目养神，更不可长时间地接打电话或发信息等。

（6）礼貌告别。典礼结束后，来宾离开时应与主办单位领导、主持人等握手告别，并致谢意。不可迫不及待地匆匆离开（特殊情况除外，但要提前说明），也不可不辞而别。

二、剪彩仪式礼仪

剪彩仪式是指商界的有关单位，为了庆贺公司的设立、企业的开工、商店的开张、银行的开业、宾馆的落成、大型建筑物的启用、道路或航线的开通、展销会或博览会的开幕而隆重举行的一种礼仪性活动。剪彩作为一种庆典活动，既可以在开业典礼中进行，也可以举行专门的剪彩仪式。

（一）剪彩仪式的准备

剪彩仪式的准备工作与开业典礼的准备工作有相同之处，如前期宣传、发送请柬、场地布置等，但剪彩仪式还有特殊的准备工作。

1．准备剪彩工具

剪彩仪式上需要一些特殊的用具，如红缎带、新剪刀、白手套、大托盘以及红地毯等。对这些用具要做到恰当地选择、仔细地准备。

（1）红缎带。即剪彩中的"彩"，是非常重要的物品。按传统做法，应选择一整匹未使用过的红色绸缎，在中间结上数朵大而醒目的花团。为了节约，使用两米左右的红缎带、红布条、红线绳或红纸条作为替代品也很值得提倡。

（2）新剪刀。新剪刀是专供剪彩者剪彩时使用的，必须是崭新、锋利的，且人手一把。剪彩仪式结束后，主办方可将每位剪彩者使用的剪刀包装后，赠送给对方以作纪念。

（3）白手套。在正式剪彩仪式上，剪彩者在剪彩时最好每人戴上一副白色薄纱手套，以示郑重，但一般情况下可以不准备。如果准备，要确保手套洁白无瑕、人手一副、大小适度。

（4）大托盘。托盘用作盛放剪刀、手套和红缎带，最好是崭新、洁净的。托盘首选银色的不锈钢制品，并在上面铺红色绒布或绸布。在剪彩时，礼仪人员可以用一只托盘依次向各位剪彩者提供剪刀和手套，也可以为每位剪彩者提供一只托盘。

（5）红地毯。红地毯铺设在正式剪彩时的站立之处，其长度可视剪彩者人数的多少而定，宽度应在一米以上。在剪彩现场铺设红地毯，主要是为了提高仪式档次，营造一种喜庆气氛，有时亦可不铺设地毯。

2. 确定剪彩人员

（1）剪彩者。剪彩者是剪彩仪式的关键，其身份地位与剪彩仪式的档次有着密切的关系。通常情况下，可由上级领导、单位负责人、社会名流、合作伙伴、员工代表等担任剪彩者。剪彩者可以是一人，也可以是多人，但一般不超过五人。

（2）助剪者。助剪者指的是在剪彩仪式中，为剪彩者和来宾提供服务的工作人员。多由东道主一方的女职员担任或是邀请几位专业礼仪人员。主要负责引导宾客、拉牵彩带、递剪接彩等工作。助剪者一般要求容貌端庄、气质优雅、反应敏捷，穿着打扮尽量整齐划一。

★ **案例 6-3** **不顺利的剪彩**

铂斯商贸有限公司在某市的分公司举行开业剪彩仪式，邀请了当地名流和有关业务单位领导参加，特别有幸邀请到了包括该市主管商贸工作的王副市长以及一位 76 岁的著名商界人士在内的 3 人一同剪彩。当嘉宾就座后，仪式开始，主持人宣布了出席今天剪彩仪式的嘉宾名单，并宣布"请王副市长下台剪彩！"却见王副市长端坐未动，脸上还露出了一丝不愉快的神情，主持人又说了一遍："请王副市长！"这时，王副市长才不情愿地起来去剪彩。

当三位嘉宾就位，主持人宣布"剪彩！"只见那位高龄的商界人士拿起剪刀，却怎么也剪不断红绸带，其他两位剪彩者已经剪断绸带，把剪刀放回托盘了，这位老者还未剪断，无奈助剪者上前帮忙剪断了绸带。

（二）剪彩仪式礼仪规范

剪彩仪式以短为佳。短则 15 分钟，长则不超过 1 小时。基本程序如下。

1. 来宾就位

在剪彩仪式上，一般只安排剪彩者、来宾和本单位主要负责人的座位。一般情况下，剪彩者应就座于前排。若多人剪彩时，应按剪彩时的顺序就座。

2. 仪式开始

主持人宣布仪式开始，同时奏乐，全体人员热烈鼓掌。随后，向全体人员介绍到场的重要来宾。

3. 奏国歌

奏国歌时，全体人员必须起立并脱帽。

4. 简短发言

发言者依次为东道主单位的代表、上级主管部门的代表、地方政府的代表、合作单位的代表等。这种发言言简意赅，充满热情，一般不超过 3 分钟。

5. 进行剪彩

主持人宣布剪彩后，礼仪人员在欢乐的乐曲声中率先登场。拉彩者拉起红缎带及彩球，助剪者站在拉彩者身后一米左右处，在礼仪人员的引导下剪彩者上台剪彩，剪断红绸、彩球落盘时，全体人员报以热烈掌声。

6. 参观现场

剪彩后，东道主应陪同来宾参观现场，即参观剪彩的项目。随后，可向来宾赠送纪念品，或设宴款待来宾。

> **小提示　剪彩者的礼仪**
>
> 　　剪彩者是剪彩仪式的主角，其举止直接关系到剪彩仪式的效果和企业形象。因此，剪彩者既要有荣誉感，又要有责任感。剪彩者应注意以下几点。
>
> 　　1. 注重仪表修饰
>
> 　　剪彩者的仪表要整洁、庄重，着装要正规、严肃，西装、中山装或职业制服都可以。头发要梳理好，颜面要洁净，给人以容光焕发、精干而有修养的好印象。
>
> 　　2. 举止大方文雅
>
> 　　剪彩过程中，剪彩者要使自己保持一种稳重的姿态。起身剪彩时，应面带微笑稳步走向待剪的红缎带，行至既定位置后，应向拉彩者、捧花者含笑致意。当礼仪人员用托盘呈上剪刀、手套时，亦应微笑表示谢意。剪彩时，要聚精会神、严肃认真地一刀剪断红缎带；如果多名剪彩者共同剪彩，应协调一致，力争同时剪断红缎带，还应与礼仪人员配合，让彩球落于托盘内。剪彩完毕，将剪刀放回托盘，举手向人们致意或鼓掌。
>
> 　　3. 谈笑节制有度
>
> 　　剪彩仪式开始后，剪彩者应全神贯注地听别人发言，关注仪式进展程序，不宜喋喋不休地与人交谈。剪彩完毕，应先和主办单位的代表握手致贺，礼节性地交谈几句，或与其他剪彩者进行赞赏性的交谈，但时间不宜过长。在仪式过程中，剪彩者不能因为自己地位高而指手画脚、自以为是，令主办单位为难。

三、颁奖仪式礼仪

颁奖是指授予奖品或奖金，多见于一些庆功场合，颁奖仪式气氛可庄重、欢快或热烈，是职场人士都可能会参加的场合。

（一）颁奖仪式的准备

1. 邀请来宾

在一些颁奖典礼上，所有候选人或初审入围者都将被邀请，而获奖名单将在最后一刻被揭晓。有一些典礼则只有获奖人以及嘉宾出席。前种形式将令人心情激荡，后种形式则更具庆典气氛。组织颁奖典礼，可列出一份被邀请者名单和一份候补名单，如果有人退出，就以此候补。

2. 准备流程单

准备清晰的流程单，以使现场所有人（包括会场服务人员与负责视听设备的人员与嘉宾）都确切知道活动程序。

3. 物料准备

准备颁奖物品、奖品、奖杯、证书，膳食酒水安排恰当，准备能满足人们不同饮食需求、令人愉悦的食品。

4. 确定工作人员

预约主持人、礼仪人员、会场服务人员、工程人员等。

5. 舞台准备

舞台布景、签到台等提前设计好，行进路线设计合理，提前演练好引导获奖人及授奖人的路线。并应提前计划如何安排嘉宾离场。

6. 应急方案

如果出现失误，应启动应急计划，如做好相关人员缺席的预案。

（二）颁奖仪式礼仪规范

1. 上台礼仪

在礼仪人员的引导下登上领奖台，调整自己的步速，稳重大方。如果是一批获奖者等待颁奖，在礼仪人员示意的位置站立，等待其他获奖人上台，面向颁奖嘉宾准备领奖。如果是台阶式的领奖台，应走到自己名次的领奖台后，登上领奖台。

2. 授奖礼仪

单人授奖时，由引导员把授奖者引导上台，礼仪人员托托盘随授奖者身后上台，或站立在获奖人一侧，待嘉宾颁奖时，上前一步请颁奖人颁奖。多人授奖时，主持人宣布颁奖时，礼仪人员用托盘托住奖品从获奖人身后分别行至对应获奖人身后左侧，待嘉宾走到相应获奖人位置时，礼仪人员上前一步请嘉宾颁奖。

授奖者先与获奖者握手表示祝贺，再将奖杯、证书、鲜花等奖品授予获奖者。除握手祝贺外，授奖者还可根据具体的场合以及人物关系采用其他的礼节，如拥抱礼、贴面礼等。

3. 庆祝礼仪

获奖者表示感谢后接过奖品与授奖者合影留念，获奖者可用举起奖杯、亲吻奖牌、展示奖品等方式表示庆祝。

4. 退场礼仪

授奖者和获奖者应在礼仪人员的引导下有序退场。

颁奖仪式是庆祝获得荣誉的庄严、喜庆的场合，无论是获奖者还是授奖者都应该重视仪式中的礼仪，留下值得纪念的一刻。

单元四　公共活动礼仪

　　商务人士常参加一些公共活动，如参观、游览、文化节、艺术节、演出等。在公共活动中的人际交往、言行举止代表着商务人士以及所在企业的形象，因此公共活动礼仪成为商务礼仪重要的组成部分。

一、参观礼仪

商务活动中的参观，指的是有计划、有准备地对特定的项目进行的实地观摩与考察。

（一）安排参观工作要点

1. 项目的选定

参观游览项目的选择，主要考虑以下几个因素。

（1）访问的目的、性质，以使参观项目的安排有一定的针对性。

（2）客人的意愿与兴趣，以及特点。

（3）结合当地实际情况，选定参观的项目。

（4）客人提出的要求，在可能情况下尽量予以满足。如果确有困难，不能安排，可如实告知，并做适当解释。

2. 安排布置

项目确定之后，应做出详细计划，包括先看什么，后看什么，中间是否休息，参观前有无介绍，参观前后是否有座谈，各参观点之间徒步前往还是乘车前去等。这些细节和某些具体要求一旦确定下来，应向接待单位交代清楚，并周知全体接待人员。这样便于大家主动做工作，参观过程中如果出现问题，也易于处理。

3. 陪同

按国际交往礼节，来宾前往目的地参观时，一般由身份相应的人员陪同。如有身份高的来宾，应由主人陪同，宜提前通知对方。接待单位应有一定身份的人员出面，并根据情况安排解说员，游览则安排导游人员。为了保证参观现场有良好的秩序，陪同、导游人员不可太多，更不要层层加码。参观生产建设单位，在场的生产人员可表示欢迎，在欢迎仪式后应回到生产岗位，切勿围观。遇来宾问话，应有礼貌地回答。

4. 介绍情况

对于参观项目，既可先介绍后参观，也可先参观后介绍。介绍情况要实事求是，相关数字、材料要准确，但如有需要保密的内容则不要介绍。参观项目的基本概况尽可能事先发书面材料，这既能节约参观介绍时间，让来宾多实地观看，又可以让来宾事前对项目有所了解，参观起来印象更深，效果更好。陪同人员要了解来宾对参观的要求，参观单位负责人、解说员和导游人员还应该对各位来宾可能提出的问题有所准备，不能一问三不知。确实不了解，或者表述不清的，可以表示自己不清楚。如果参观人多，宜分组介绍，或用扩音设备，使前后人员都能听到。

5. 摄影

通常可以参观的地方，都允许摄影。遇到不让摄影的项目，应事先向来宾说明，或在现场竖立说明标志。

6. 用餐安排

参观地点遥远或是外出游览，要考虑用餐的时间和地点。如果是郊游，则应准备食品、饮料、餐具等。有的地方还要预订休息室。

7. 其他

参观前一天要检查车辆，人多时宜准备备用车。参观游览的出发时间、集合地点，应周知全体有关人员。

（二）参观者礼仪规范

博物馆、纪念馆、展览馆等公共场所是一个环境相对特殊的地方，要特别讲究礼仪，做一个有素质的参观者。

1. 参观展览的服饰

展览是环境相对特殊的场所，这些场所一般展出的都是具有很高纪念价值的文物或艺术品，因此参观展览对馆内环境要求非常高，对参观者也有着一定的礼仪要求。比如在着装方面，由于馆内的气氛都是高雅的，所以如果参观者衣着不合适，就会和馆内环境产生冲突，甚至是对博物馆里的其他参观者、工作人员以及展品都是一种不尊重、不讲礼仪的行为，会破坏整个参观环境。

2. 参观展览要肃静

展览场合同图书馆一样，是一个十分讲究安静的场所，安静的环境才能使参观者静下心来感受艺术品带来的艺术美感。因此，参观者在馆内应该始终保持肃静，尽量不高谈阔论，更不能大声喧哗，这些做法会导致馆内秩序混乱，影响他人参观的情绪，分散他人的注意力，是不文明、不讲礼仪的行为。对讲解人员的解说要专心倾听，遇到不懂的可以请教，参观时不要对展品妄加评论。如果自己很欣赏某件展品，在不妨碍他人的情况下可以多欣赏一会儿；如果别人停住欣赏某件展品，而自己不得不从其面前穿过时，一定要说"对不起"。

3. 参观展览动眼不动手

展览展出的艺术品一般都是十分珍贵的，具有极高的艺术价值和经济价值。但少数参观者在参观时总是觉得"不过瘾"，一定要亲手触摸展品，这种做法对展出的艺术品是一种极大的"伤害"，甚至可能破坏展品。很多参观展览都有"不要触摸展品"的规定，对于那些价值极高的文物，博物馆也采取了设玻璃罩、隔离线等保护措施。

二、舞会礼仪

舞会，一般是指以参加者自愿相邀共舞为主要内容的一种文娱性社交聚会。无论国际还是国内的舞会，都是一个高雅、讲究礼仪的社交活动。

（一）舞会的准备

1. 时间安排

舞会的规模可根据具体情况而定，大型舞会一般安排在节假日里，小型舞会可安排在周末。每次舞会以 2 ～ 3 个小时为宜。

2. 场地选择

舞会的场地要选择宽敞、平滑的地方。场地大小要根据参加舞会的人数而定。一般来说，舞池内平均每两平方米容纳一对舞者比较合适。

3. 会场布置

会场的布置要突出欢快、热烈的氛围，场地空间可用彩色花环、飘带、彩灯等加以装饰。灯光应调节好，既不能太亮，也不能太暗，最好用白炽灯或彩色节日串灯。同时，还要考虑乐队的位置，如果没有乐队，则要准备好音响设备和音乐，排好音乐的顺序，舞会开始后依次播放。另外，舞池四周应摆放好桌椅，预备好饮品，供参加者休息、饮用。

4. 人数统计

正式舞会一般要凭票入场，这样可以控制参加者的人数。发放舞票时要把人数统计准确，同时协调好男女比例。举行家庭舞会，事先也应选好约请的客人，男女比例应得当。

5. 舞曲选择

舞曲的选择，要注意安排不同节奏、不同情绪的舞曲。整场舞会的进行过程中，慢的或快的、热烈的或抒怀的舞曲交替进行，使参加者在跳舞的过程中有张有弛，始终精神饱满。

（二）舞会礼仪规范

1. 仪表礼仪

参加舞会时，应注意仪容仪表和举止文明，做到庄重典雅、整洁大方。舞会的服饰要求与舞会的类型相关，但总的来说参加舞会要求服饰端庄，不过也有例外，如化装舞会等。

2. 邀舞礼仪

舞曲奏响以后，男士应大方地走到女士面前邀请，如果女士的亲属同在，则应先向女士的亲属点头致意，并征得他们的同意后，再走到女士面前立正，微欠身致意说："女士，可以请您跳舞吗？"有时还要向陪伴女士的男士征求说："先生，我可以请这位女士共舞吗？"得到允许后，再与女士走进舞池共舞。

一般情况下，女士是不用主动邀请男士的，但特殊情况下，需要请长者或者贵宾时，则可以不失身份地表达："先生，请您赏光。"或："我能有幸邀请您吗？"两位男士同时发出邀请时从国际礼仪的角度考虑不难解决，女士面对两位或者两位以上的邀请者，最能顾全他们面子的做法，是全部委婉地谢绝。如果两位男士一前一后走过来邀请，则可以"先来后到"为顺序，接受先到者的邀请，同时诚恳地对后面的人表达很抱歉，下一曲再共舞，并要尽量兑现自己的承诺。

3. 交换舞伴

依照舞会的讲究，结伴而来的一对男女，只要一同跳第一支舞曲就可以了。从第二支舞曲开始，大家应该有意识地交换舞伴，以认识更多的朋友。

4. 绅士风度

在舞会上最能体现男士的绅士风度。例如，跳舞中要保持一定的距离，左手轻扶舞伴的后腰（略高于腰部），右手轻托舞伴的右掌，尤其在旋转的时候，男士一定要舞步稳健，动作协调，同舞伴一起享受舞曲的优美。万一发现女士晕眩，男士一定要做好"护花使者"，护送其返回原位。在一支舞曲结束后，要礼貌地将女士送回原座位，道谢后，再去邀请另一位女士共舞下一曲。

5. 离场礼仪

无论是参加朋友的私人舞会，还是正式的大型舞会，遵守时间是首要的礼仪，要准时到达，而离开舞会的时间则因人而异。朋友的私人舞会最好要坚持到舞会结束后再离去，以表示对朋友的支持。大型的舞会，在舞会规定的结束时间前向主人礼貌道别即可。

小提示　参加舞会的禁忌

（1）参加舞会前，不宜吃葱、蒜等食物，不宜饮酒，以免有怪异的味道。

（2）不要轻易拒绝邀请。舞会是通过跳舞交友、会友的场合，所以在舞会上女士不要轻易拒绝他人的邀请。女士可以拒绝个别"感觉不佳"的男士的邀请，但要注意分寸和礼貌用语，要委婉地表达。不应在同一支舞曲中拒绝前者又接受后者的邀请。

（3）同性之间不应相邀共舞。根据国际惯例，两位男士共舞等于宣告他们不愿意邀请在场的任何一位女性。两位女士也应尽量不共舞，尤其是在有外宾的情况下，更要注意这一点。

（4）进出舞场不可在舞池中穿行。

三、观演礼仪

演出是指演出单位或个人在特定的时间内、特定的环境下举办的文艺表演活动，把戏曲、舞蹈、曲艺、杂技等才艺在观众面前表演出来。详细地说就是演员通过某种艺术表演形式和服装道具、舞美、灯光、音响的特殊艺术效果，现场把舞台艺术品展现给观众的过程。

（一）演出的分类

1. 根据运作手段不同划分

根据演出组织者是否以盈利为目的，演出分为营业性演出和非营业性演出。非营业性演出包括纪念性演出、会议演出、慰问演出、公益性演出和庆典演出等。对演出团体来说，非营业性演出并不简单等同于"无偿演出";对演出组织者来说,非营业性演出也不意味着演出组织者从中不获得任何收入。非营业性演出与营业性演出划分的界限在于,演出的主要目的是否为演出组织者的直接商业目的。例如,某些商业团体为了纪念公司成立若干周年而组织的演出就属于纪念演出,演出活动并不是为了达到直接的商业目的,所以不是营业性演出。再如,在为自然灾害组织的募捐义演中,演出团体或演员会收取必要的演出补助费用,而演出组织者会通过演出售票或现场接受捐赠取得钱财,但演出组织者取得收入的目的是为了捐助灾区,所以是非营业性演出。

2. 根据演出主体划分

根据演出主体的不同,演出分为个人演出和团体演出。

3. 根据演出节目形式划分

根据演出节目形式划分,演出分为单剧种演出和综艺性演出。单剧种演出有交响乐演出,歌剧、舞剧、芭蕾舞演出,戏曲演出,杂技专场演出,作品音乐会演出等。综艺性演出则是歌舞、小品、戏曲、曲艺表演等多种艺术形式组合的演出。

4. 根据演出时间特点划分

根据演出时间特点,演出分为节日演出、庆典演出、纪念日演出、演出季演出、固定性演出和非固定性演出等。各种节日通常是公司、企业举办演出活动的重要时机,如三八妇女节、教师节、儿童节、元旦、春节、中秋节等。对演出组织者和演出经纪机构来讲,针对不同节日的特点,组织运作不同的演出十分重要。

5. 根据演出地点和场所划分

根据演出地点和场所划分,演出分为国内演出与国外演出、室内演出和室外演出等。

6. 根据演出场所的大小及参演人员的多少

根据演出场所的大小及参演人员的多少划分,演出分为室内超小型演出、小型演出、正常剧场演出、大型演出及超大型演出五种类型。

★ **案例 6-4　开心的小李**

铂斯商贸有限公司举行 20 周年庆典,既为职工提供免费晚餐,又安排了大型文艺晚会,其中就有李一凡崇拜的某位歌星登台献艺。小李别提多兴奋了,邀请了一些好友一同来看演出,期待着这一刻的尽快到来。

庆典正在紧张而隆重地进行着,上级领导、来宾讲话正在进行中,小李和他的朋友们就等不及了,盼着仪式快些结束,好早点一睹那位歌星的风采。最后一位发言嘉宾是单位的一位老领导,老领导亲历了公司的发展历程,内心很激动,回顾历史津津乐道,越说越激动。小李的朋友们坐不住了,先是毫不顾忌地议论纷纷,发展到最后是喝倒彩,并且毫无来由地鼓掌……弄得嘉宾非常尴尬,最后不得不草草地结束了发言。

（二）观演礼仪规范

1. 观演准备

（1）着装适宜。衣着整洁，不宜穿背心、拖鞋等。

（2）提前去卫生间，以免中途离场打扰他人。

（3）手机应当关机或静音，以免影响观演情绪以及其他人的欣赏效果。

2. 入场礼仪

观演一般提早 15 分钟进场，对号入座；如果迟到，应先就近入座，或在外厅等候，等到幕间休息时再入场；如果入座时打扰了他人，应表示歉意，通过让座者时要与之正面相对，切勿让自己的臀部正对着他人的脸，这是一个有失礼仪的动作。如果戴着帽子应摘下，以免影响后排观众观演。

3. 观看礼仪

观看演出时，不大声说话或交头接耳；不随便走动；不吃带皮带壳和其他会发出声响的食物；音乐会中乐队演奏完一支乐曲时、歌剧中独唱结束时、芭蕾舞独舞结束时方可鼓掌。

4. 有序退场

一般不应中途退场。演出全部结束后，应起立鼓掌；若演员出场谢幕，应再次鼓掌；谢幕结束后顺序退场。如遇嘉宾上台接见演员，应在接见仪式结束后再退场，并把全部垃圾带出演出场地。

💡 **小提示**　观影礼仪

（1）如果事先买好了零食准备在看电影的时候吃，要在电影开始前打开包装袋。

（2）观影时保持安静，在看电影时，不要大声喧哗，也勿随便向周围人提问和大声地评论，如果你看过这部电影，请不要说出后面的情节。

（3）电影近尾声时不要抢先站起离开，应该在影片字幕播放结束后再退场。一般字幕通常都有几分钟时间，所以人们经常会提前退场。实际上看完字幕，这是对一部电影的众多制作者的尊敬。

四、观赛礼仪

运动竞赛一般指体育赛事，指比较有规模有级别的正规比赛，在观看比赛过程中遵守一些约定俗成的礼仪规定不仅可体现观众的高素质，更体现了一个国家的高素质。

（一）运动竞赛的常见分类

运动竞赛的分类方法较多，常见的有以下几种。

1. 运动会

运动会指包括许多比赛项目的运动比赛。全球规模最大的综合性运动会是国际奥林匹克委员会主办的"奥运会"，每四年一届。

2. 联赛

联赛是一种长期、循环式的比赛形式，是由可持续、多轮次、相互关联的竞赛组成的大型赛事。联赛的成绩往往取决于整个赛季的表现，而非单一比赛的结果。

3. 锦标赛

锦标赛指进行一个运动项目的比赛，并确定个人或团体冠军，又称为"单项锦标赛"或"冠军赛"，是为检查某一单项运动发展情况和训练成绩定期举行的比赛。国际锦标赛由各运动项目的国际组织定期举行。国家锦标赛由国家主管体育运动的机关或各项运动的全国性协会定期举行。

4. 杯赛

杯赛即以某种奖杯命名的运动竞赛，亦属于锦标赛性质。通常包括两种，一种是具有特定冠名权的"某某杯"，获胜方会在一定时期或永久性获得象征比赛胜利的奖杯；另一种是指某一类比赛，获胜者会得到由主办方签名的荣誉证书。各类杯赛的含金量往往与主办方权威程度、参赛者实力、社会影响力三者紧密相关。由于这类比赛的奖品一般是做成杯状的，因此得名。

5. 邀请赛

邀请赛指由一个单位或几个单位联合发出邀请，有许多单位参加的体育比赛，需要获得主办方邀请才可以参加。

6. 对抗赛

对抗赛指由两个或几个运动技术水平相当的国家或单位联合组织的比赛。

7. 公开赛

公开赛指不限制参加人员身份，职业及业余者皆可参加的比赛。每年举办一次或每年举办多次公开赛的运动项目有：网球、高尔夫球、羽毛球、桌球、围棋和国际象棋等。公开赛是以单人或双人为主体的运动项目。

8. 表演赛

表演赛是为宣传体育运动，扩大影响交流经验而举办的比赛。着重于技术和战术演示，或活跃群众生活，一般不计名次。

（二）观赛礼仪规范

1. 入场、退场礼仪要求

（1）观众入场前应根据场地要求着装，有些场地、场馆对观众穿鞋有特殊要求，应提前了解，做好相应准备。不带易燃易爆等危险物品及酒瓶、凳子、刀具等硬件物品入场；不带易拉罐等罐装物品入场；不带宠物入场。尽量提前或准时入场；如有安全检查规定，应积极配合；如开车前往，按规定路线行驶、停车。有序入场，注意礼让老年人、妇女儿童等。外国友人入场，如有需要，为其引路指座。

（2）比赛中，尽量减少在场馆内走动，若要提前退场，在不打扰他人的情况下尽快离开。比赛结束时，向双方运动员鼓掌致意。退场时，按座位顺序退场，向最近的出口缓行或顺着人流行进。应主动将饮料杯、矿泉水瓶、果皮果核等杂物带出场外。如比赛中突然停电，观众应保持安静，坐在自己的座位上，不随便走动。手中持有小手电或是荧光棒，可以打开照亮，但不要使用打火机、火柴等明火照明。如比赛延期，要听从工作人员的指挥，借助应急灯灯光，按照安全出口指示灯的指示有序退场。

2. 赛场升国旗、奏国歌时的礼仪要求

当赛场宣布举行升国旗、奏国歌仪式时，现场所有人员都应起立、脱帽，身体转向旗杆方向，等待升旗。升国旗、奏国歌仪式开始后，应肃立并面向国旗行注目礼，并跟着乐曲用正常音量唱国歌。如果是升他国国旗、奏他国国歌，观众也应像尊重本国国旗、国歌一样肃立，行注目礼。

3. 啦啦队的礼仪要求

啦啦队在入场、助威和退场时要有组织、有秩序。使用的口号、标语及所呼喊的内容要健康，不要有污言秽语，不要恶语伤人，不要做变相广告。要尊重裁判，理智对待比赛结果。要了解比赛项目的有关知识，适时助威、喝彩。要掌握时机，如果使用锣鼓、乐器助威，要注意节奏，有张有弛。

啦啦队要遵守赛场纪律，文明助威，不与其他啦啦队人员发生争吵。经过允许带入场内的口号牌、横幅尺寸不宜过大，在不影响正常比赛和其他观众观赛的前提下方可亮出。

4. 观众使用手机和照相机的礼仪要求

进入观赛场地后，要将手机关闭或设置成振动状态。如有事，可用信息交流，或当比赛告一段落时，走到场外接打电话。应遵守一些比赛场馆不允许带相机入场、不允许使用闪光灯拍照的规定。凡是运动员有仰视动作或需高度集中注意力等的比赛项目，都不得使用闪光灯拍照。

💡**小提示** **与残疾运动员交往的礼仪要求**

（1）尽量淡化其残疾色彩。打招呼时，尽快判断其伤残的类别。如发现对方是聋哑人，通过握手、拍肩膀等动作或用手语表示问候。与残疾运动员交谈时，眼睛正视对方，不紧盯残疾部位；不询问致残原因，避免涉及隐私和伤心话题。

（2）向残疾运动员表示祝贺要注意方式。如对双上肢残疾的运动员，不做与其握手的动作，可以与其拥抱；献花时先示意是献给他（她）的，然后可把花放在运动员身边的地上或者交给他（她）的陪同人员。对乘轮椅的残疾运动员，应躬身与其握手或拥抱，也可使用合掌或抱拳等手势表示祝贺。

（3）注重忌讳，戒掉不良口头禅。对残疾运动员不能使用"残废人""哑巴""聋子""瞎子""瘸子""傻子""瘫子"等带有侮辱、歧视色彩的蔑称和贬称。与视力残疾运动员交谈时，不说"在前面""在那里""你看"等话语；与高位截瘫的残疾运动员交谈时，不要说"在后面""在下面"等话语。

传承发扬

国庆 70 周年阅兵仪式：创新设计，意蕴深长

庆祝中华人民共和国成立 70 周年阅兵式（简称"国庆 70 周年阅兵"或"2019 年国庆阅兵"）是 2019 年 10 月 1 日为庆祝中华人民共和国成立 70 周年开展的众多庆祝活动中一项重要的活动。

阅兵通过三军列阵受阅、庄严致敬、铿锵宣示、方队行进等形式，宣示坚持党对军队绝对领导的不变军魂，宣示坚决听从党中央、中央军委和习主席指挥的坚强意志，宣示坚定不移忠诚核心、拥戴核心、维护核心的高度自觉。在阅兵式、分列式开场的重点环节，精心设计的标兵就位、吹奏号角、报告致敬等仪式，营造国之大典的浓厚氛围。运用直升机编组字样、飞机喷拉彩烟、空地旗帜展示等形式，寓意在伟大、光荣、正确的中国共产党坚强领导下，新中国建设发展走过的 70 年辉煌历程，人民军队现代化建设取得的历史性成就。奏唱体现新时代特色的崭新歌曲，演奏昂扬向上的爱国主义乐曲，烘托浓厚热烈的节日气氛。演奏曲目达 50 多首，也是历次国庆活动最多的一次。

这次阅兵安排受阅的高级指挥员数量超过了历次阅兵，着力树立带兵打仗、砺将谋胜的鲜明导向，展现身先士卒、以上率下的良好形象，宣示绝对听党指挥、勇于担当尽责的高度自觉。值得一提的是，女兵方队安排两名女将军担任领队，以飒爽英姿亮相阅兵场，这也是历次阅兵首次在徒步方队安排女将军受阅。

庆祝中华人民共和国成立 70 周年阅兵式是中国特色社会主义进入新时代的首次国庆阅兵，彰显了中华民族从站起来、富起来迈向强起来的雄心壮志。人民军队以改革重塑后的全新面貌接受习主席检阅，接受党和人民检阅，彰显了维护核心、听从指挥的坚定决心，展示了履行新时代使命任务的强大实力。

能力训练

训练目标

该项目训练考察学生的商务活动礼仪运用能力。

训练情景

铂斯商贸有限公司将举办公司成立二十周年暨合作商大会，届时将有来自全国各地的 152 位合作商代表参会，出席大会的有铂斯商贸有限公司董事长刘董、公司总经理高总、公司副总经理李总、销售部杨总监、销售部杜经理，会议期间将安排合作商参观公司新的产品线，会议后将

安排与奥美公司的合作签约仪式，销售部杜经理安排刘一佳进行系列活动的流程安排。参加签约仪式的人员有铂斯商贸有限公司杨总监、杜经理、王主管、李一凡、刘一佳，奥美公司丁总监、李经理、张主管、销售员小赵，请问刘一佳都需要考虑哪些问题？

训练内容

能力领域	技能点	名称	参考规范与标准
商务活动礼仪训练	技能 1	商务会议礼仪运用技能	（1）掌握常见会议的程序、座次排列的规范要求 （2）结合实际，演练商务会议礼仪规范的运用
	技能 2	参观礼仪运用技能	（1）掌握安排参观工作以及参观者礼仪的规范要求 （2）结合实际，演练参观礼仪规范的运用
	技能 3	签约仪式礼仪运用技能	（1）掌握签约程序、座次排列的规范要求 （2）结合实际，演练签约仪式礼仪规范的运用

训练步骤

1. 以小组为单位，每组 9 ～ 10 人，每组确定一名组长。

2. 对本次的训练情景中需运用到的礼仪技能进行讨论。

3. 实际演练，模拟角色，记录礼仪技能点的具体操作规范及标准，形成《商务会议礼仪规范流程报告》以及《签约及参观礼仪规范流程报告》。

4. 小组总结，在班级交流分享。

成果形式

1. 《商务会议礼仪规范流程报告》

2. 《签约及参观礼仪规范流程报告》

能力拓展

　　李一凡明天要跟杜经理前往惠景公司参加该企业的招标会，这是小李第一次参加招标会议，他非常重视，提前定好了闹钟，查好了路线。第二天李一凡着装整齐，精神饱满，按时出发了。按照往常的路线小李需要先坐一段公交车再转乘地铁，平时都很顺利，可是今天也许是前面出了交通事故，小李左等右等公交车就是不来。眼看着再不去坐地铁就赶不上会议时间了，小李打开打车软件发送了订单，却一直没有司机接单。焦急的小李一边等车一边给杜经理打电话，杜经理的电话是忙音，小李好不容易打到了车，转乘地铁赶到惠景公司还是迟到了 10 分钟。

　　议一议：参加重要会议应提前做好哪些准备？如果迟到了应怎么处理？

知识图谱

单元练习

一、填空题

1. 双边谈判的座次排列主要有_____和_____两种形式，多边谈判主要有_____和_____两种形式。

2. 签约仪式的并列式排座，双方签字人员居中面门而坐，客方_____，主方_____。

3. 舞会上，如果两位男士一前一后走过来邀请一位女士，则女士可以_____为顺序，接受_____的邀请。

4. 现场观看比赛时，当赛场宣布举行升国旗、奏国歌仪式时，现场所有人员都应_____、_____，_____，等待升旗。

5. 谈判的礼仪规范有_____、_____和_____。

二、判断题

1. 举行双边签字仪式时最常见的形式是并列式排座。 （   ）

2. 会见与会谈的座位安排是一致的。　　　　　　　　　　　　　　（　　　）

3. 剪彩作为一种庆典活动，既可以在开业典礼中进行，也可以举行专门的剪彩仪式。

　　　　　　　　　　　　　　　　　　　　　　　　　　　　　　（　　　）

4. 音乐会中乐队演奏完一支乐曲时、歌剧中独唱结束时、芭蕾舞独舞结束时方可鼓掌。

　　　　　　　　　　　　　　　　　　　　　　　　　　　　　　（　　　）

5. 观看演出如果迟到，应弯腰低头快速找到自己的座位入座。　　　　（　　　）

三、简答题

1. 简述谈判礼仪的原则。
2. 简述会议礼仪的程序。
3. 简述剪彩仪式的准备。
4. 简述开业典礼的礼仪程序。
5. 简述安排参观、游览的工作要点。

四、案例分析

今天刘一佳的重点工作任务是一个小型会议的布置，接待来自惠景公司的丁总监以及总监助理小张。这是一个炎热的夏天，小刘选择了一套果绿色的及膝连衣裙，化了淡妆，穿上凉鞋便出门了。到了公司小刘先打扫了会议室，放上席位卡，会议桌为横桌，小刘把惠景公司丁总监的名签放在门对面居中的位置上，把小张的席位卡放在丁总监右侧的位置上，把铂斯商贸有限公司杨总监的名签放在背向门居中的位置上，把杜经理的名签放在杨总监右侧的位置上。

接下来小刘准备好会议资料、茶杯、茶叶、开水，准备迎接客人。惠景公司的丁总及小张提前5分钟到达，小刘站在客人左前方0.5米处进行引领。双方落座后，小刘用暖水瓶依次往提前摆好的杯子里倒热开水，倒至八分满，茶叶香气很快飘了出来，小刘做完这些环顾了一下会议室，走到门口处面朝内轻轻关上了门。

问题：请分析刘一佳的会议接待中有哪些得失?

分析提示：

1. 仪表礼仪

职场女士应化淡妆，着裙装不得短于膝盖，不得穿露脚趾的凉鞋。

2. 会议准备

会场布置的座次安排为横桌式，客人应坐在面朝门的一侧，客方按照先右后左的顺序排列，因此小张的位置应该在丁总监的左手边。同理，铂斯商贸有限公司杜经理的位置也应该在杨总监的左手边。

会议准备需准备好会议资料、茶水。

3. 接待服务

（1）引座。接待人员在左前方 0.5 米处将客人引入会场就座。

（2）送茶。及时递茶送水，双手奉茶，茶杯放在与会者右手处，续水时，注意不要淋湿桌上的文件，茶水倒至八分满。但是应考虑到炎热的夏天，如果是热茶应该在会议开始前 10 分钟冲泡，或者等客人抵达时询问客人的喜好。

4. 退出会议室

退出会议室时应环顾一周，走到门口处面朝内轻轻关上门。

参 考 文 献

[1] 崔玉环，祝永志. 商务礼仪 [M]. 2 版. 北京：高等教育出版社，2014.

[2] 史锋. 商务礼仪 [M]. 4 版. 北京：高等教育出版社，2018.

[3] 杜明汉，刘巧兰. 商务礼仪：理论、实务、案例、实训 [M]. 3 版. 北京：高等教育出版社，2019.

[4] 徐汉文，张云河. 商务礼仪 [M]. 大连：东北财经大学出版社，2017.

[5] 齐琳，曹培培. 旅游职业礼仪 [M]. 北京：中国轻工业出版社，2020.

[6] 蔡少惠. 中华文明礼仪教程 [M]. 北京：中国人民大学出版社，2021.

[7] 程洪莉. 实用文明礼仪生活礼仪故事 61 则 [M]. 北京：机械工业出版社，2018.

[8] 程洪莉. 实用文明礼仪职场礼仪故事 51 则 [M]. 北京：机械工业出版社，2018.

[9] 张德付. 中华日常礼仪基础教程：第一册　容礼 [M]. 北京：中华书局，2018.